# MASCULIN/FÉMININ

DU MÊME AUTEUR
CHEZ ODILE JACOB

*Le Sel de la vie*, 2012.
*Une pensée en mouvement*, 2009.
*De la violence II*, 2005.
*De la violence I*, 2005.
*Corps et Affects* (sous la dir. de, avec Margarita Xanthakou), 2004.
*Masculin/Féminin II. Dissoudre la hiérarchie*, 2002.
*Contraception : contrainte ou liberté ?* (sous la dir. de, avec Étienne-Émile Baulieu et Henri Leridon), 1999.
*De l'inceste*, 1994.
*Les Deux Sœurs et leur mère*, 1994.

# FRANÇOISE HÉRITIER

# MASCULIN/FÉMININ

## LA PENSÉE DE LA DIFFÉRENCE

© ODILE JACOB, 1996, SEPTEMBRE 2012
15, RUE SOUFFLOT, 75005 PARIS

www.odilejacob.fr

ISBN : 978-2-7381-2834-8
ISSN : 1621-0654

Le Code de la propriété intellectuelle n'autorisant, aux termes de l'article L. 122-5, 2° et 3° a), d'une part, que les « copies ou reproductions strictement réservées à l'usage privé du copiste et non destinées à une utilisation collective » et, d'autre part, que les analyses et les courtes citations dans un but d'exemple et d'illustration, « toute représentation ou reproduction intégrale ou partielle faite sans le consentement de l'auteur ou de ses ayants droit ou ayants cause est illicite » (art. L. 122-4). Cette représentation ou reproduction, par quelque procédé que ce soit, constituerait donc une contrefaçon sanctionnée par les articles L. 335-2 et suivants du Code de la propriété intellectuelle.

*À la mémoire
de Marie Bonnefoy,
ma grand-mère.*

**AVANT-PROPOS**

Ce livre est composé à partir de travaux sur la question du masculin et du féminin, écrits et publiés au cours des dix dernières années. Il a paru utile à quelques-uns de mes collègues et de mes lecteurs, et à moi-même, de présenter ces réflexions sur la différence des sexes en un ensemble cohérent.

Je lui ai donné comme sous-titre : La pensée de la différence. De quoi est-il question en effet dans ce texte ? Non pas de conter et compter la nature, les variations et les degrés de la différence et des hiérarchies sociales établis entre les sexes dans toutes les parties du monde, mais d'essayer d'en comprendre, sur le mode anthropologique, les raisons. Il s'agit de débusquer, dans les ensembles de représentations propres à chaque société, des éléments invariants dont l'agencement, bien que prenant des formes diverses selon les groupes humains, se traduit toujours par une inégalité considérée comme allant de soi, naturelle. « Les progrès de la raison sont lents, les racines des préjugés sont profondes », écrivait Voltaire. Ce sont ces racines que je voudrais exposer aux regards, à défaut de pouvoir les extirper.

Comme on le verra, la question amène à fouiller dans des secteurs cachés de notre imaginaire d'être humain, par rapport au corps et aux fluides qu'il sécrète, surtout.

De la permanence des idées et des pensées de la différence ainsi mises à jour ne doit pas naître le constat que tout effort pour faire disparaître les disparités établies est condamné inexorablement à l'échec, mais au contraire la certitude que pour mieux lutter, encore faut-il connaître, pour adapter le combat, la nature de l'ennemi. Le dévoilement peut seul permettre de trouver les leviers adaptés qui feront peut-être bouger l'obstacle. Il nous faut admettre, avec Georges Picard[1], que « l'adhérence aveugle au monde » reste le plus grand commun dénominateur des hommes, même si l'on peut ne pas tirer de ce constat les mêmes conclusions que lui, à savoir qu'il serait « inutile de refaire les choses quand elles sont faites en nous ». Cette adhérence aux choses faite en nous, c'est me semble-t-il ce que j'appelle ici le fonctionnement par prétérition qui est propre à l'homme dans ses institutions, ses représentations, la vie quotidienne : les éléments principaux qui constituent notre monde ne sont jamais remis en question, dans la mesure où, n'étant pas perçus comme premiers, ou n'étant pas perçus du tout, ils ne peuvent être de ce fait questionnables ni mis en cause. Mais dans l'expression « adhérence aveugle au monde » se trouve l'adjectif « aveugle ». Il y aurait déjà un grand progrès accompli si cette adhérence n'était plus aveugle. La conscience, sinon la raison, est un puissant ressort pour faire bouger les choses.

Je voudrais donner ici, en avant-goût, un exemple de cette permanence aveugle à partir de croyances en des caractérisations propres aux deux sexes, et, en amont, aux cellules germinales. Dans un numéro récent d'un hebdomadaire populaire, un tableau comparatif présente les actes à accomplir pour avoir, selon son goût, un garçon ou une fille. Les laitages, jaunes d'œuf, poireaux, salade, sont jugés bons pour engendrer des filles, à l'instar des régimes prônés par Hippocrate, mais aussi dans des

---

1. Georges Picard, *Histoire de l'illusion*, Paris, José Corti, 1993.

sociétés amérindiennes ou africaines. De façon très remarquable, les spermatozoïdes porteurs du caractère X (féminin) sont jugés plus lents que ceux porteurs du caractère Y, ce qui implique des moments favorables pour la conception, variables selon le sexe désiré de l'enfant.

L'idée de cette relative lenteur et atonie du caractère X se retrouve, on le verra *infra*, sous la plume de biologistes, sous la forme de l'inertie des cellules germinales féminines qui doivent être « activées par le principe du masculin ». Enfin, comme dans la pensée chinoise, qui fait à cela un sort particulier, il convient, pour engendrer un mâle, de raréfier les rapports, d'éviter les éjaculations afin « de préserver le plus possible de Y présents dans le sperme », et d'opérer des pénétrations profondes qui « favorisent la vivacité des Y ». Le langage utilisé ici – concentration, vivacité, profondeur – pour décrire le caractère masculin de la cellule illustre et conforte la définition du caractère viril supérieur de l'homme. Ce vocabulaire n'est à aucun moment mis en question : il va de soi, et pour le journaliste qui a écrit ces lignes et pour les lecteurs, chez lesquels il rencontre une commune culture déclenchant l'adhérence à l'idée émise.

De la même manière, le *Grand Dictionnaire universel du XIX*$^e$ *siècle, 1866-1876*, il y a donc à peine plus d'un siècle, écrivait à l'article « Femme » : « En quoi consiste l'infériorité intellectuelle de la femme ? [...] Que lui manque-t-il ? De produire des germes, c'est-à-dire des idées », assimilant par un tour rapide de la pensée et de l'écriture l'idée créatrice à la semence procréative. L'infériorité intellectuelle féminine est ainsi postulée d'emblée, sans avoir à être interrogée : pas de semence, pas de germes, pas d'idées, retrouvant ainsi sans avoir à l'élaborer conceptuellement la notion quasi universelle d'une continuité entre la matière cérébrale et la matière séminale. Et de conclure : « L'infériorité intellectuelle de la femme doit nécessairement, comme son infériorité physique, entraîner des conséquences sociales. »

Les conséquences sociales, non de l'infériorité ainsi

postulée, mais de l'ensemble complexe des idées et des valeurs qui s'attachent à la motiver, nous les voyons à l'œuvre, à l'heure actuelle, dans toutes les sociétés humaines. La Conférence mondiale des femmes tenue à Pékin en septembre 1995 a montré qu'un accord n'était possible entre les États que sur les plus petits dénominateurs communs, tant les enjeux sont grands. Ainsi, *Le Monde* (17-18 septembre) soulignait que plus de quarante États, catholiques et musulmans, ont émis des réserves sur les passages reconnaissant pour la première fois aux femmes le droit de « contrôler et décider librement de leur sexualité » et de « leur santé sexuelle, sans coercition, discrimination et violence ». Le Bureau international du travail constate que les femmes sont toujours très largement minoritaires dans les emplois élevés du secteur privé, et cela dans les pays développés également : « Au rythme actuel du progrès, il faudrait 475 ans pour arriver à la parité. » Le *Rapport mondial sur le développement humain 1995* de l'ONU (PNUD) analyse des disparités de traitement qui s'aggravent parfois, et constate que « l'égalité des chances entre femmes et hommes ne se rencontre dans aucune société actuelle [2] ».

Il est donc urgent et toujours nécessaire, toujours d'actualité, de comprendre les raisons profondes de cette mise en sujétion. C'est bien ainsi qu'il faut entendre ce livre, comme un déchiffrement de choses obscures, enfouies, qui peut être aussi un déchiffrement de notre avenir. L'action est possible parce que le réel n'est pas entièrement déterminé, certes, mais aussi parce que aucun système de représentation n'est clos totalement sur lui-même. Tous présentent des béances, des failles, et négocient au coup par coup avec le réel. Aucun ne va jusqu'au bout de sa logique ; tous supportent des exceptions.

Ce sont ces béances, ces ouvertures, qui, si nous savons les voir, permettront d'engager des actions réfléchies.

---

2. *Parité-Infos*, n° 11, octobre 1995.

Ce livre est organisé de la façon suivante : deux chapitres de théorie anthropologique montrent les fondements de la valence différentielle des sexes et ses applications dans l'organisation du domaine de la parenté. Les quatre chapitres qui suivent mettent en évidence des pivots clairement visibles (fécondité et stérilité) et d'autres cachés (statut des humeurs du corps) de cette grande construction de la différence hiérarchique des sexes. Les chapitres 7 à 10 présentent des images culturelles fortes de la masculinité et de la féminité. Enfin, les chapitres 11 et 12 prolongent la réflexion à partir des représentations modernes liées aux techniques de procréation médicalement assistée.

Un mot pour finir. Un certain type d'écriture, en anthropologie sociale, fait qu'on utilise le présent et la forme affirmative pour inventorier et décrire le contenu de systèmes de représentations. Je n'échappe pas à la règle. Là où j'écris : « Le sang est le produit de la coction des aliments », il faut donc entendre : « Pour ce peuple, le sang est censé être le produit de cette coction. » Ainsi je ne dis pas ce faisant ma vérité ou la réalité des choses, mais une interprétation particulière, qui est faite par des hommes situés dans une histoire, de la réalité qu'ils voient exposée sous leurs yeux.

CHAPITRE I

LA VALENCE DIFFÉRENTIELLE DES SEXES
AU FONDEMENT DE LA SOCIÉTÉ ?

L'intérêt que j'ai manifesté, à un certain moment de mon parcours scientifique, pour la distinction sociale des sexes est fondé à la fois sur l'expérience de terrain et sur des rencontres occasionnelles.

En 1984, au moment où l'on a commencé à s'intéresser aux nouvelles techniques de procréation, j'ai été contactée par des médecins et des juristes pour donner un point de vue anthropologique sur la question des incidences sociales potentielles de ces nouvelles techniques, et pour apporter quelques informations sur la façon dont les phénomènes vitaux de la procréation – gestation, constitution de l'enfant, lactation, etc. – et les phénomènes sociaux liés au droit de la filiation étaient représentés et traités dans les sociétés dites « traditionnelles »[1]. Par ce biais, étaient abordées nécessairement les questions du rapport du masculin et du féminin.

Antérieurement, en 1976, les promoteurs de l'*Enciclopedia Einaudi* m'avaient demandé de prendre en charge l'ensemble des questions tournant autour de la parenté,

---

1. Françoise Héritier-Augé, « Don et utilisation de sperme et d'ovocytes. Mères de substitution. Un point de vue fondé sur l'anthropologie sociale », *in* Hubert Nyssen éd., *Génétique, Procréation et Droit*, Paris, Actes Sud, 1985, p. 237-253.

et le paquet de concepts que j'avais à traiter comportait l'opposition masculin/féminin [2].

Enfin, je peux également citer, comme occasion incitatrice, ma participation au haut conseil de la Population et de la Famille, où l'une des questions fondamentales posées par le président de la République portait sur les incidences sociales à venir des procréations médicalement assistées, ainsi que d'autres techniques (diagnostic anténatal, carte génétique, thérapie génique, etc.), sur la population d'ici à trente ans. Par définition, dans le travail accompli par ce groupe de réflexion, on abordait aussi la question du rapport des sexes. Ces sollicitations et travaux divers ont formé la toile de fond de mes rencontres occasionnelles avec ce sujet.

Par ailleurs, en tant qu'anthropologue et africaniste, il y a le travail que j'ai mené sur le terrain.

Ce travail était axé essentiellement, dans un premier temps, sur les systèmes de parenté, et en particulier sur le fonctionnement des systèmes semi-complexes d'alliance que l'on trouve notamment chez certaines sociétés d'Afrique noire [3].

Au fil de mes recherches, observant qu'il existait une corrélation étroite entre les règles prohibitives d'alliance – autrement dit les interdictions d'épouser tel ou tel – et les conceptions relatives au sang, à sa fabrication et à sa transmission, je me suis orientée, dans un deuxième temps, vers les représentations et la symbolique du corps : ces notions que sont la reproduction, l'inscription corporelle, les composantes de la personne, les humeurs du corps... Par ce biais, j'ai donc là aussi rencontré nécessairement sur ma route la question du rapport des sexes.

---

2. Françoise Héritier, « Maschile / Femminile », *in Enciclopedia, VIII – Labirinto Memoria*, Turin, Einaudi, 1979.
3. Françoise Héritier, *L'Exercice de la parenté*, Paris, Le Seuil-Gallimard, 1981.

*Les pouvoirs sociaux et l'anthropologie*

Question qui se pose en permanence au plan social. À cet égard, il serait présomptueux de croire que les travaux des chercheurs en sciences humaines influencent profondément le législateur et les décideurs en la matière, et même qu'ils soient compris et entendus dans les médias. Cependant, des anthropologues sont désormais consultés et présents dans des instances régionales ou nationales qui ont à traiter, par exemple, de questions de bioéthique ou de questions où interviennent les rapports sociaux de sexe, ce qui permet de faire entendre un message le plus souvent considéré par nos partenaires comme inhabituel, parfois incongru. Au moins est-il prononcé ; de là à prétendre qu'il est entendu, il y a un pas. Mais l'important est sans doute qu'on observe, à l'heure actuelle, une plus grande disponibilité de la part de l'État, des corps constitués, à nous considérer comme des partenaires pouvant influer sur la décision à prendre, sur le plan législatif ou autre, et aussi que les anthropologues font plus d'efforts que par le passé pour se faire entendre publiquement.

Je pense aussi à un autre type de rencontre avec des partenaires qui ont des possibilités d'action dans leur pratique quotidienne : le corps médical, par exemple. En 1991, je devais parler à un congrès d'éthique médicale des attitudes des sociétés traditionnelles devant les épidémies [4]. D'après les réactions du public, il est certain qu'une partie au moins des auditeurs s'est rendu compte que nous fonctionnons, qu'eux-mêmes fonctionnaient, avec un système de représentations qui diffère peu de celui que l'on trouve dans les sociétés traditionnelles,

---

4. Françoise Héritier-Augé, « Les " sociétés traditionnelles " face aux épidémies », *in* Ordre des médecins éd., *Troisième Congrès international d'Éthique médicale. Paris, 9-10 mars 1991. Les Actes*, Paris, 1992, p. 293-299.

sous-jacent à leur compréhension rationnelle du fait épidémique, et qu'il faut tenir compte de ces représentations, notamment dans les actions de prévention pour la santé. Nous ne sommes pas exactement là dans le registre du rapport des sexes, mais c'est fondamentalement le même type d'action : faire comprendre l'existence et la profondeur d'ancrages symboliques qui passent inaperçus aux yeux des populations qui les mettent en pratique.

Force est de constater que les rapports hommes-femmes reviennent sans cesse dans les interrogations des différentes instances que j'ai citées. À cette nuance près que, par rapport au travail de l'anthropologie, nous sommes alors confrontés à une double difficulté : il s'agit toujours de problèmes sociaux concrets et urgents.

Ainsi les procréations médicalement assistées, le « double travail » féminin, à l'extérieur et au foyer, la place des femmes immigrées, les conséquences de l'allongement de la vie, surtout féminine, sur le régime des retraites, etc., qui sont autant de domaines concrets où le politique a besoin de conseils et d'orientations, mais essentiellement d'ordre pragmatique et à visée immédiate. L'approche anthropologique, qui vise à faire comprendre la logique des situations, ne les intéresse que si elle peut déboucher sur des prises de position concrètes, ou cautionner d'une certaine façon des décisions d'ordre éthique ou technique. Il y a une forme de surdité sélective. Ainsi il m'a fallu longtemps, au haut conseil de la Population et de la Famille, pour faire entendre des choses élémentaires ; par exemple que les nouveaux modes de procréation n'auraient pas d'influence sur le système de filiation, qu'on ne pouvait pas inventer, sauf par le clonage ou en instaurant la république platonicienne, qui supprime le rapport des parents aux enfants, de « nouveaux » modes de filiation, et qu'il était donc inutile de légiférer en ce sens.

Nos écrits circulent relativement en vase clos. Il nous faut donc continuer de faire cet effort d'information pour atténuer autant que faire se peut cette surdité sélective dont je viens de parler et accéder à un niveau de communication qui nous permette d'être entendus pleinement par la puissance publique.

Autrement dit, il faut franchir de hauts barrages pour faire comprendre que ce dont nous parlons ne réfère pas à des « autres » totalement exotiques, étrangers à nous-mêmes, à des mentalités archaïques, à des modes de vie disparus, ni même à des survivances, mais à nous-mêmes, à notre propre société, à nos propres réactions, comportements et représentations.

Pour en revenir à mon parcours, l'anthropologie dite des sexes n'a jamais été pour moi un objet d'études en soi, comme c'est le cas pour certains de nos collègues. Je n'en ai jamais fait, presque volontairement d'ailleurs, mon domaine de recherches, dans la mesure où je récuse le fractionnement de la discipline anthropologique en secteurs autonomes : anthropologie de la santé, du politique, du religieux, etc. Le regard, la méthode, sont les mêmes. Bien sûr, les chercheurs se spécialisent sur des ethnies, des régions, des problématiques. Mais la discipline est une, et la découper en catégories autonomes me paraît être une opération mutilante et exclusive du reste.

*La différence des sexes,
butoir ultime de la pensée*

Cela dit, il m'apparaît que c'est l'observation de la différence des sexes qui est au fondement de toute pensée, aussi bien traditionnelle que scientifique. La réflexion des hommes, dès l'émergence de la pensée, n'a pu porter que sur ce qui leur était donné à observer de plus proche : le corps et le milieu dans lequel il est plongé. Le corps humain, lieu d'observation de constantes – place des organes, fonctions élémentaires, humeurs –, présente un trait remarquable, et certainement scandaleux, qui est la différence sexuée et le rôle différent des sexes dans la reproduction.

Il m'est apparu qu'il s'agit là du butoir ultime de la pensée, sur lequel est fondée une opposition conceptuelle essentielle : celle qui oppose l'identique au différent, un de ces *themata* archaïques que l'on retrouve dans toute pensée scientifique, ancienne comme moderne, et dans tous les systèmes de représentation.

Support majeur des systèmes idéologiques, le rapport identique/différent est à la base des systèmes qui opposent deux à deux des valeurs abstraites ou concrètes (chaud/froid, sec/humide, haut/bas, inférieur/supérieur, clair/sombre, etc.), valeurs contrastées que l'on retrouve dans les grilles de classement du masculin et du féminin. Le discours aristotélicien oppose le masculin et le féminin comme respectivement chaud et froid, animé et inerte, souffle et matière. Mais si nous prenons des exemples plus récents, les discours médicaux de médecins hygiénistes des XVIII$^e$ et XIX$^e$ siècles, ou également le discours médical contemporain, nous pouvons montrer la permanence, formulée ou implicite, de ces systèmes catégoriels d'opposition. Dans l'édition parue en 1984 de l'*Encyclopædia Universalis*, au sein de l'article « Fécondation », la rencontre entre l'ovule et le spermatozoïde, dont le mécanisme reste toujours inexpliqué, est présentée par des biologistes comme la rencontre d'une matière inerte, végétative, qui a besoin d'être animée par un principe actif, une énergie qui apporte la vie. Je vois là non une survivance d'une connaissance philosophique dont nous aurions hérité, mais la manifestation spontanée d'une grille d'interprétation, valable aussi bien dans le discours scientifique que dans le discours naturel, qui englobe les genres, les sexes, et même – on le voit – les gamètes dans ce système d'oppositions qui trouve son origine dans l'observation primale de la différence irréductible des sexes.

Je me situe en fait à un niveau très général d'analyse des rapports de sexe au travers des systèmes de représentation, sans m'impliquer dans le débat conceptuel autour des catégories de sexe ou de genre. La construction sociale du genre, néanmoins, est un sujet qui m'intéresse, sous deux aspects : comme artefact d'ordre général fondé sur la répartition sexuelle des tâches, laquelle, avec la prohibition de l'inceste/obligation exogamique et l'instauration d'une forme reconnue d'union, constitue l'un des trois piliers de la famille et de la société, selon Claude Lévi-Strauss [5] ; comme artefact d'ordre particulier résultant d'une série de manipulations symboliques et concrètes portant sur des individus, cette deuxième construction s'ajoutant à la première.

Certaines sociétés, néo-guinéennes ou inuit, présentent des situations exemplaires de ce point de vue. Chez les Inuit, notamment, l'identité et le genre ne sont pas fonction du sexe anatomique mais du genre de l'âme-nom réincarnée. Néanmoins, l'individu doit s'inscrire dans les activités et aptitudes qui sont celles de son sexe apparent (tâches et reproduction) le moment venu, même si son identité et son genre seront toujours fonction de son âme-nom [6]. Un garçon peut être, de par son âme-nom féminine, élevé et considéré comme une fille jusqu'à la puberté, remplir son rôle d'homme reproducteur à l'âge adulte et se livrer dès lors à des tâches masculines au sein du groupe familial et social, tout en conservant sa vie durant son âme-nom, c'est-à-dire son identité féminine (*cf. infra*, chapitre 8).

J'évoque donc ces questions du sexe et du genre sous un éclairage anthropologique général, à partir de mes travaux de terrain et des travaux d'autrui. Et je me suis appuyée à plusieurs reprises explicitement sur ces travaux pour essayer de faire comprendre à des auditoires différents (médecins, juristes, psychiatres...) que les catégories

---

5. Claude Lévi-Strauss, « La famille », *Annales de l'université d'Abidjan*, série F, t. III, 1971.
6. Bernard Saladin d'Anglure, « Iqallijuq ou les réminiscences d'une âme-nom inuit », *Études inuit* 1 (1), p. 33-63.

de genre, les représentations de la personne sexuée, la répartition des tâches telles que nous les connaissons dans les sociétés occidentales ne sont pas des phénomènes à valeur universelle générés par une nature biologique commune, mais bien des constructions culturelles. Avec un même « alphabet » symbolique universel, ancré dans cette nature biologique commune, chaque société élabore en fait des « phrases » culturelles singulières et qui lui sont propres.

*L'alphabet des données biologiques*

Dans la perspective naïve de l'illusion naturaliste, il y aurait une transcription universelle et unique, sous une forme canonique qui légitime le rapport des sexes, de faits considérés comme d'ordre naturel parce qu'ils sont les mêmes pour tout le monde. Mais en réalité, les caractères observés dans le monde naturel sont décomposés, atomisés en unités conceptuelles, et recomposés dans des associations syntagmatiques qui varient selon les sociétés. Il n'y a pas un paradigme unique. Ces associations variées de traits, si nous en pouvions dresser des listes exhaustives, nous permettraient de décrire tout le paysage de la diversité culturelle. Mais là n'est pas la question.

Il demeure qu'autant pour la construction des systèmes de parenté (terminologie, filiation, alliance) que pour les représentations du genre, de la personne, de la procréation, tout part du corps, d'unités conceptuelles inscrites dans le corps, dans le biologique et le physiologique, observables, reconnaissables, identifiables en tous temps et tous lieux ; ces unités sont ajustées et recomposées selon diverses formules logiques possibles, mais possibles aussi parce que pensables, selon les cultures. L'inscription dans le biologique est nécessaire, mais sans qu'il y ait une traduction unique et universelle de ces données élémentaires.

On peut ainsi démontrer aisément, dans le domaine

de la filiation, que sont prises en considération des données brutes de caractère extrêmement simple : l'existence de deux sexes anatomiquement différents et qui doivent se réunir pour engendrer des rejetons de l'un et l'autre sexe, un ordre des générations qui ne peut être renversé (qu'on parle de cellules ou d'individus, le géniteur précède l'engendré), une succession dans l'ordre des naissances des fratries et donc l'existence de lignes collatérales. À partir de ces données élémentaires, les combinaisons logiques qu'il est possible de faire entre des positions sexuées parentales et des positions sexuées d'enfants sont au nombre de six seulement : patrilinéaire, matrilinéaire, bilinéaire, cognatique, parallèle, croisée. Les deux dernières ne sont pratiquement pas réalisées, et il ne peut pas y en avoir d'autres. Mais il ne peut pas y en avoir moins non plus, car un agencement unique n'a pu s'emparer de tous les esprits : toutes les possibilités logiques, plausibles et réalisables, ont été explorées.

La décomposition en atomes des relations diverses de germanité et de collatéralité (frère ou sœur, aîné ou cadet, d'un homme ou d'une femme, du père ou de la mère d'un homme ou d'une femme, etc.) entraîne aussi des possibilités logiques d'appariement de ces divers traits élémentaires qui aboutissent aux systèmes-types terminologiques, en nombre fini, nonobstant les variations observables (*cf. infra*).

Je me considère donc comme matérialiste : je pars véritablement du biologique pour expliquer comment se sont mis en place aussi bien des institutions sociales que des systèmes de représentations et de pensée, mais en posant en pétition de principe que ce donné biologique universel, réduit à ses composantes essentielles, irréductibles, ne peut pas avoir une seule et unique traduction, et que toutes les combinaisons logiquement possibles, dans les deux sens du terme – mathématiques, pensables –, ont été explorées et réalisées par les hommes en société.

*La valence différentielle des sexes*

Il est un domaine, cependant, où il est probable qu'il n'y ait eu qu'une traduction de ce donné biologique, c'est ce que j'appelle la « valence différentielle des sexes ».

Dans *L'Exercice de la parenté*, j'ai écrit qu'aux trois « piliers » dont j'ai parlé ci-dessus, il fallait ajouter la « valence différentielle des sexes », qui est aussi un artefact et non un fait de nature [7]. Cette valence différentielle exprime un rapport conceptuel orienté, sinon toujours hiérarchique, entre le masculin et le féminin, traduisible en termes de poids, de temporalité (antérieur/postérieur), de valeur. Ce rapport conceptuel est aisément identifiable dans le traitement terminologique de la relation centrale de germanité (les paires frère/sœur et sœur/frère) et des positions de parenté qui en découlent, si on prend comme lieu d'examen ces systèmes où s'exprime de la manière la plus poussée la logique de règles de filiation, soit patri- soit matrilinéaire que sont les systèmes crow et omaha [8].

Quand je me suis intéressée particulièrement à la logique inscrite au cœur même des terminologies de parenté, il m'est apparu que dans les systèmes matrilinéaires crow, qui devraient représenter la figure inverse, en miroir, des systèmes patrilinéaires omaha – où le rapport frère/sœur s'analyse comme un rapport « père »/ « fille » –, la logique de l'appellation inverse – où le rapport sœur/frère devrait se traduire comme un rapport « mère »/« fils » – ne va jamais jusqu'au bout. À un niveau générationnel donné, les rapports réels d'aînesse interviennent et font changer la logique interne des appellations : le frère aîné d'une femme ne peut être traité par elle de « fils », ou d'équivalent de fils, si son frère cadet peut l'être. Même si les systèmes crow postulent dans

---

7. P. 62-67.
8. Du nom de populations indiennes d'Amérique du Nord.

leur essence une « dominance » du féminin sur le masculin au cœur de la relation centrale de germanité entre un frère et une sœur, toutes les conséquences n'en sont pas tirées, même dans le seul registre de la dénomination – je ne parle pas bien entendu du fonctionnement global des sociétés. Dans les systèmes omaha, cette « dominance » toute conceptuelle du masculin sur le féminin dans le rapport de germanité tire implacablement et imperturbablement ses conséquences jusqu'au bout.

Ainsi, ce rapport conceptuel est, semble-t-il, inscrit dans la structure profonde du social qu'est le champ de la parenté. Les façons dont il se traduit dans les institutions sociales et le fonctionnement des divers groupes humains sont variées, mais c'est un fait d'observation générale que la domination sociale du principe du masculin. Prenons un bref exemple : chez les Iroquois, de droit pourtant matrilinéaire, les matrones, femmes d'âge mûr, vraisemblablement ménopausées, disposaient certes de pouvoirs considérables, notamment sur les femmes plus jeunes qu'elles ; mais cela n'allait pas jusqu'à l'exercice politique du pouvoir, ni même jusqu'à l'égalité avec les hommes dans les processus de décision [9].

Cherchant d'où pouvait provenir cette « valence différentielle des sexes », quels seraient les phénomènes premiers pris en considération pour expliquer son universelle présence, j'en suis arrivée à la conclusion hypothétique qu'il s'agit moins d'un handicap du côté féminin (fragilité, moindre poids, moindre taille, handicap des grossesses et de l'allaitement) que de l'expression d'une volonté de contrôle de la reproduction de la part de ceux qui ne disposent pas de ce pouvoir si particulier. Ce qui nous amène à parler de la procréation.

On ne peut faire l'économie, quand on parle des catégories de sexe, de toutes les représentations touchant à la procréation, à la formation de l'embryon, aux apports

---

9. Judith K. Brown, « Economic organization and the position of women among the Iroquois », *Ethnohistory* 17 (3-4), 1970, p. 151-167.

respectifs des géniteurs, et donc aux représentations des humeurs du corps : sang, sperme, lait, salive, lymphe, larmes, sueur, etc. ; on observe d'ailleurs d'étroites articulations entre ces représentations et les données plus abstraites de la parenté et de l'alliance, notamment.

Les humeurs du corps sont partout des données d'observation, soumises à trituration intellectuelle, si elles ne sont pas partout réductibles à un même cœur élémentaire non sécable en dehors de leur caractère fluide, épanchable, et projetable hors du corps.

On sait qu'Aristote explique la faiblesse inhérente à la constitution féminine par son humidité et sa froideur, dues aux pertes de substance sanguine que les femmes subissent régulièrement sans pouvoir s'y opposer ni freiner le cours des choses. Les hommes ne perdent leur sang que volontairement, si l'on peut dire : dans des occasions qu'ils ont recherchées, comme la chasse, la guerre, la compétition. La perte de substance ne touche donc pas les individus de la même manière. La perte de substance spermatique est aussi contrôlable, et bien des systèmes sociaux et idéologiques préconisent et organisent ce contrôle. Bref, il se pourrait que ce soit dans cette inégalité-là : maîtrisable *versus* non maîtrisable, voulu *versus* subi, que se trouve la matrice de la valence différentielle des sexes, qui serait donc elle aussi inscrite dans le corps, dans le fonctionnement physiologique, ou qui procéderait, plus exactement, de l'observation de ce fonctionnement physiologique.

Cette hypothèse peut être creusée, bien qu'apparemment tautologique : les sexes anatomiquement et physiologiquement différents sont un donné naturel ; de leur observation découlent des notions abstraites dont le prototype est l'opposition identique/différent, sur laquelle se moulent tant les autres oppositions conceptuelles dont nous nous servons dans nos discours de tous ordres, que les classements hiérarchiques que la pensée opère et qui, eux, sont de valeur.

Est-ce un invariant, une catégorie universelle ? Un

certain nombre de nos collègues féministes, ou qui travaillent sur l'anthropologie des sexes, contestent l'idée et cherchent à démontrer qu'il y aurait ou qu'il y aurait eu des sociétés où la valence différentielle des sexes n'existerait pas, ou fonctionnerait au rebours de ce que nous connaissons. Mais la démonstration reste assez illusoire.

Cependant, dire exactement pourquoi la valence différentielle des sexes semble s'être imposée de façon universelle, tout comme la prohibition de l'inceste, me paraît ressortir des mêmes nécessités : il s'agit de construire le social et les règles lui permettant de fonctionner. À côté des trois piliers qu'étaient pour Claude Lévi-Strauss la prohibition de l'inceste, la répartition sexuelle des tâches et une forme reconnue d'union sexuelle, j'en ajouterai volontiers un quatrième, si évident qu'il ne se voyait pas, mais absolument indispensable pour expliquer le fonctionnement des trois autres, qui, eux aussi, ne tiennent compte que du rapport du masculin et du féminin. Ce quatrième pilier, ou si l'on préfère, la corde qui lie entre eux les trois piliers du tripode social, c'est la valence différentielle des sexes. Ce pourrait être désespérant, mais cela ne l'est pas vraiment.

Ce discours se situe, certes, à un niveau très abstrait et très général. Bien sûr, il y a des analyses fines et précises à faire des évolutions actuelles et du rôle des acteurs sociaux. Mais il ne faut pas oublier que, des temps primitifs jusqu'à nos jours, il y a toujours eu des acteurs sociaux, même si nous avons du mal à décrypter leur rôle et les effets de ces rôles sur les représentations fondamentales des catégories ancrées dans le corps. Et le rapport conceptuel orienté se traduit en inégalité vécue.

*Catégories cognitives, inégalité,*
*domination*

Ce qui frappe, malgré les agencements divers, ce sont les constantes. Si le rôle des acteurs sociaux à l'heure actuelle est extrêmement important, dans l'amenuisement des différences vécues, notamment dans les sociétés développées, si l'on voit se produire des mutations profondes, soit d'origine technique (les biotechnologies), soit par l'évolution des mœurs (les changements intervenus au sein de la famille, dans l'exercice de la sexualité, etc.), il ne me semble pas cependant que l'on en soit venu au temps où le rapport des sexes serait nécessairement et universellement conçu comme un rapport égal, intellectuellement et pratiquement. Et il me paraît difficile d'y parvenir, compte tenu de la liaison étroite qui existe, à mes yeux, entre les quatre piliers fondateurs de toute société.

Tout s'aménage et les inégalités s'amenuisent peut-être, mais régression asymptotique ne veut pas dire disparition. Même si les femmes accèdent de plus en plus aux tâches masculines, il y a toujours plus loin, plus avant, un « domaine réservé masculin », dans le club très sélect du politique, du religieux, des responsabilités entrepreneuriales, etc. Il ne s'agit pas, bien évidemment, de l'expression de compétences particulières inscrites dans la constitution physique de l'un et l'autre sexe. L'inscription dans le biologique n'est pas à chercher de ce côté-là, mais dans des données certes de nature biologique, mais si fondamentales qu'on en perd de vue leur nature de fait biologique. Ce sont elles qui sont à l'origine des catégories cognitives : opérations de classement, opposition, qualification, hiérarchisation, grilles où le masculin et le féminin se trouvent enfermés. Ces catégories cognitives, quel que soit leur contenu dans chaque culture, sont extrêmement durables, puisqu'elles sont transmissibles, inculquées très tôt par l'éducation et l'environnement culturel, et relayées par tous les messages et signaux explicites et implicites du quotidien.

Une des fonctions actuelles de l'anthropologie dite des sexes est de mettre en lumière les problèmes soulevés par la domination masculine. C'est un travail plus que légitime et nécessaire, il n'y a aucun doute à ce sujet.

Mais quant à croire que la connaissance anthropologique de mécanismes complexes puisse influer sur les décisions politiques ou autres, j'en doute, d'autant que des situations objectives ne se changent pas par simple prise de conscience ou par décret.

Bien sûr, il y a le rôle essentiel des « acteurs sociaux », hommes et femmes : on peut donc espérer aller vers une égalité des sexes de plus en plus grande, si c'est bien la tendance observable actuellement. Leur rôle n'est pas négligeable, loin de là, et l'évolution positive des sociétés occidentales est à mettre à leur crédit. Mais je doute cependant qu'on arrive jamais à une égalité idyllique en tous domaines, dans la mesure où toute société ne pourrait être construite autrement que sur cet ensemble d'armatures étroitement soudées les unes aux autres que sont la prohibition de l'inceste, la répartition sexuelle des tâches, une forme légale ou reconnue d'union stable, et, je l'ajoute, la valence différentielle des sexes.

Si l'on admet cette construction, bien qu'elle ne soit pas démontrable mais seulement dotée d'une puissante probabilité puisque cette ossature conceptuelle trouve sa source dans les données immuables que les hommes observent de toute éternité : leur corps et leur environnement, alors oui, la difficulté majeure sur le chemin de l'égalité est de trouver le levier qui permettrait de faire sauter ces associations.

**CHAPITRE II**

LES LOGIQUES DU SOCIAL
Systématiques de parenté
et représentations symboliques

Je suis une ethnologue africaniste et une anthropologue. D'ores et déjà, ces termes demandent à être explicités, ce qui n'est pas simple, car il n'y a pas de véritable accord sur le sens à donner aux mots « ethnologie », « anthropologie », ainsi qu'aux adjectifs correspondants.

Pendant longtemps, le premier a correspondu à un usage français classique pour dénoter l'intérêt porté à l'étude comparative des peuples envisagés dans leurs institutions et leurs usages ; le second désignait alors ce qu'il est convenu d'appeler désormais anthropologie physique ou biologique : l'étude de l'homme dans son corps. En revanche, l'usage anglo-saxon était de parler d'anthropologie là où nous parlons d'ethnologie, mais en y adjoignant des épithètes : anthropologie sociale (« étude des institutions considérées comme des systèmes de représentation [1] ») ou culturelle (étude des « techniques et éventuellement aussi des institutions considérées comme des techniques au service de la vie sociale [2] »). Tant l'ethnologie française que l'anthropologie anglo-saxonne utilisent comme matériaux les documents que leur procure l'ethnographie, laquelle vise sans souci

---

1. Claude Lévi-Strauss, *Anthropologie structurale*, I, 1958, p. 5.
2. *Ibid.*

comparatif avéré ni visée générale à « l'observation et l'analyse de groupes humains considérés dans leur particularité [...] et [...] à la restitution, aussi fidèle que possible, de la vie de chacun d'eux [3] ».

*Trois approches,
trois niveaux de complexité*

Depuis un peu plus de vingt ans, il me semble que l'usage français à deux termes – ethnographie et ethnologie – tend à devenir un usage à trois termes, qui correspondent grossièrement à des niveaux de connaissance.

*L'ethnographie* désigne toujours tout travail descriptif portant sur une population donnée, mais aussi tout travail de recension, qu'il porte sur les techniques ou des rituels, des usages ou des pratiques, qu'il s'applique à une population, à des groupes de population, à un phénomène qu'on isole ou à des ensembles de phénomènes. On peut faire l'ethnographie d'une population particulière ou bien fournir une description ethnographique des techniques de construction des maisons dans une aire préalablement définie, par exemple, ou encore rassembler des ensembles d'informations ethnographiques sur un fait précis : Saintyve, folkloriste bien connu, a ainsi effectué une recension des réactions sociales à l'éternuement dans les différentes sociétés du monde, historiques et actuelles, en prélevant ses informations chez divers auteurs. Il s'agit donc, on le voit, de descriptions, d'énumérations, d'ensembles classés d'informations érudites sans qu'il y ait nécessairement un souci de formalisation.

*L'ethnologie,* pour sa part, désignerait un travail d'analyse, conçu comme exhaustif, s'appliquant à une population ou à un groupe de populations, au travers duquel tous les aspects techniques du mode de vie, tous les modes de fonctionnement de la société, tous les

---

3. *Ibid.*, p. 4.

registres de systèmes symboliques doivent être pris en considération et ajustés les uns aux autres dans une perspective globale qui met en évidence leurs nécessaires relations. En ce sens, je suis ethnologue au premier chef : mes activités de terrain – le terrain étant absolument fondamental pour l'ethnologue, car il est l'équivalent du « travail en laboratoire » – portent sur une population africaine du Burkina-Faso (ex-Haute-Volta), les Samo. Je peux dire que je me suis efforcée de faire l'ethnologie de cette population. L'ethnologie dresserait selon cette définition le tableau intégré d'une population.

*L'anthropologie sociale*, quant à elle, se situe à un autre niveau. Usant du comparatisme et visant à la généralisation, elle a pour objet une réflexion sur les principes qui régissent l'agencement des groupes et la vie en société sous toutes ses formes. Tâche ambitieuse qui ne peut être menée à bien qu'en isolant des domaines : les mythes, par exemple, comme Lévi-Strauss l'a fait pour un ensemble régional américain ; les systèmes d'alliance, comme il l'a fait également pour une partie d'entre eux et comme je le fais moi-même pour une autre partie, ou n'importe quel autre domaine de la connaissance.

Elle s'appuie nécessairement sur des données de terrain recueillies par soi-même ou par d'autres, et publiées (travaux effectués par des ethnologues, mais aussi par des missionnaires, des administrateurs, des voyageurs, des spécialistes d'autres disciplines...).

À partir de la connaissance intime des données portant sur une ou plusieurs populations considérées comme matériau brut et sur le point précis du domaine choisi, l'anthropologue envisage et formule des hypothèses à visée générale sur l'agencement observé des faits. Ces hypothèses sont soumises à critique et à vérification en usant de la comparaison au sein d'un corpus de connaissances sélectionné selon divers critères ou que l'on a essayé de rendre exhaustif (ce qui, il faut bien le dire, est impossible à obtenir à partir de la littérature existante).

*L'objet est d'arriver à formuler des lois générales ou*

*tout au moins des modèles d'intelligibilité à visée universelle des pratiques sociales que l'on a isolées comme objet d'étude. C'est là le but avoué de la recherche anthropologique.*

En ce sens, je suis aussi anthropologue – ou tout au moins je m'efforce de l'être – dans deux domaines précis : celui de la parenté et des stratégies de l'alliance matrimoniale, et celui de la symbolique du corps, domaine qui peut paraître tout à fait différent du premier, mais qui, de mon point de vue, est très solidement argumenté et agencé par rapport à lui. Ils ne peuvent pas s'entendre l'un sans l'autre et s'éclairent mutuellement.

## *La pensée culturaliste*

La présentation sommaire que je viens d'esquisser ne serait pas nécessairement acceptée par tous ceux qui font profession d'ethnologie ou d'anthropologie sociale, cela va de soi, notamment en ce qui concerne les visées théoriques générales de l'anthropologie sociale.

On est confronté en effet, actuellement, en anthropologie, à un retour en force de l'atomisation culturaliste (régionaliste ou autre) érigée en système, fondée, elle, sur le culte de la différence et de la singularité et, corollairement, sur le rejet de toute généralisation et de tout souci de théorisation. On prône ainsi l'idée que les sociétés et les cultures sont à tout jamais irréductibles les unes aux autres en raison du caractère hautement singulier de leur expérience ponctuelle. Par voie de conséquence, toute tentative d'approche et de connaissance, déjà au niveau ethnologique comme défini ci-dessus, est conçue comme à la fois dérisoire et totalitaire puisqu'elle viserait à traduire de l'intraduisible en le coulant dans des moules de pensée et de langage qui lui sont radicalement étrangers. La traduction ne serait jamais possible d'un contenu culturel dans un autre.

De plus, les notions dont nous nous servons pour

aborder l'étude transculturelle des faits, les concepts généraux comme la parenté, le mariage, l'inceste, etc., seraient des notions abstraites de force des réalités indigènes qu'elles trahissent et, qui plus est, qu'elles trahiraient de façon différente selon les sociétés auxquelles on les applique.

Il ne saurait donc se constituer un savoir unifié car des faits tous particuliers et conçus comme uniques ne pourraient être associés dans des classes. Un exemple : celui de la prohibition de l'inceste. Des auteurs anglo-saxons tenants de ce point de vue culturaliste, relevant que cette prohibition, de manière évidente, ne recouvre pas les mêmes registres selon les sociétés, en arrivent à nier l'existence de la prohibition de l'inceste comme catégorie conceptuelle.

Énoncée de la sorte, la pensée culturaliste ou relativiste n'est jamais fausse, mais elle a le tort de croire formuler des vérités absolues. L'anthropologie ne peut se résumer à la confection d'un patchwork dont chaque ethnologue aurait approximativement découpé un morceau incomparable. Mais son projet est légitime dans la mesure où il ne se veut ni réductiviste ni totalitaire.

Chaque société offre, il est vrai, une configuration singulière. Mais plutôt que de l'entendre comme un assemblage de traits culturels irréductibles dont aucun n'est par définition comparable avec un trait homologue d'une autre société, il me semble plus justifié de l'entendre comme un ensemble intégré de pratiques et de représentations symboliques de ces pratiques, inscrit à la fois dans une culture et une histoire, et dont les *mécanismes* d'intégration et d'association sont comparables à ceux qui sont effectués dans d'autres sociétés. Il s'agit bien des mécanismes et non des traits culturels singuliers eux-mêmes.

*L'invariant sous la diversité*

Il n'y a somme toute que deux manières – que je conçois comme antithétiques – de traiter de l'homme social. La première, qui n'est pas la mienne et que je récuse, est en fait double de manière apparemment contradictoire : qu'il s'agisse de la juxtaposition tatillonne de cultures que l'on entend comme intraduisibles, inconnaissables et incommunicables, ou au contraire de la proclamation de l'universalité de la nature humaine traduite dans de grands archétypes où toutes les cultures et les sociétés peuvent être confondues.

L'autre, qui serait la mienne, associe le donné phénoménologique variable des sociétés – car il serait bien sûr absurde de le nier – à des mécanismes invariants sous-jacents, en petit nombre, qui ordonnent ce donné et lui confèrent son sens et qu'il convient de débusquer sous les faits. Si toutes les constitutions sociales au sens large ont une cohérence située dans l'agencement des traits factuels qui les composent, il reste que cet agencement, qui a toutes les apparences de la nécessité, ne fait qu'actualiser une série de possibles parmi d'autres qui auraient peut-être pu convenir tout aussi bien.

Si l'on considère les zones séparées d'observation qu'une perspective analytique isole et découpe dans le réel : les données naturelles, l'ordre du social proprement dit, ceux du politique, de l'économique, du magico-religieux, de l'esthétique, etc., qui sont susceptibles chacune de descriptions et d'élaborations théoriques autonomes et qui fournissent les titres classiques des chapitres des monographies, nous voyons bien que toute société ou toute culture correspond de fait à des associations contingentes de traits pertinents situés dans chacun de ces différents registres. Mais les combinaisons deux à deux ne sont pas toutes possibles ni pensables, ni de façon absolue ni de façon relative.

*Social : un nombre fini de combinaisons*

Il est par conséquent plus important, pour saisir la nature des phénomènes que nous observons, de comprendre pourquoi certaines combinaisons ne *peuvent pas* exister que de répertorier toutes celles qui sont parfaitement actualisées par des sociétés concrètes, dans la diversité contingente que présente l'éventail des traits pertinents isolables dans les multiples catégories des grands registres de découpage du réel sommairement présentés ci-avant.

La flexibilité des combinaisons possibles ouvre la porte aux modifications qu'apporte l'Histoire, mais les blocages, eux – ce qui n'est pas pensable, ce qui n'est pas possible, ce qui n'est jamais réalisé –, sont des phénomènes de structure.

Ainsi, par exemple, l'Afrique traditionnelle se caractérise par la multiplicité des formes d'organisation politique. Il y a une logique évidente dans l'adaptation de ces formes au monde environnant, aux techniques de production, à l'état démographique. Il est impensable, par exemple, que des groupes de taille réduite, vivant dans un milieu hostile comme la grande forêt équatoriale ou le désert, et qui subsisteraient uniquement du prélèvement sur la nature par la cueillette ou par la chasse de façon itinérante, aient jamais pu construire des États : on n'en connaît pas d'exemple. En revanche, l'État apparaît – même de façon rudimentaire – dès que la possibilité existe de stocker des surplus agricoles dans des greniers. S'établissent *ipso facto* des rapports de dépendance, sujétion ou exploitation. Il s'agit là de choses tout à fait triviales, de faits d'évidence. Mais les combinaisons impossibles, de même que celles qui sont le plus souvent réalisées, ne se laissent pas toutes décrypter avec la simplicité de l'exemple que je viens de donner concernant l'État.

*Le matériau physique*
*et biologique de la pensée*

Toutes les combinaisons deux à deux ne sont donc pas possibles et pourtant la potentialité de la structure est au départ déjà inscrite dans les choses. Pour moi, la pensée de l'homme en société, dans toutes les sociétés – et je n'entends pas parler des sociétés en les érigeant en sujets : je parle des hommes *dans* ces sociétés –, cette pensée de l'homme, donc, trouve son matériau dans l'observation immédiate de phénomènes naturels fondamentaux du monde tant physique que biologique. Phénomènes naturels qui n'ont pas pu ne pas être les mêmes de toute éternité. Elle les réduit à l'essentiel, elle tourne et retourne ces résidus incontournables et réalise l'une des combinaisons logiques qu'il est possible de faire à partir d'eux. C'est cela mon postulat de base ; c'est une pensée dont l'on pourra admettre qu'elle est essentiellement d'ordre matérialiste.

Ce qui importe à mes yeux n'est pas la somme des différences et des cas d'espèce ne débouchant sur rien d'autre que sur des collections d'apparence hétérogènes, mais la ressemblance, où des ensembles de faits deviennent compréhensibles à travers des lois de transformation – y compris des lois statistiques. Je pense, comme d'autres et notamment comme le mathématicien René Thom, que la fascination de l'aléatoire témoigne d'une attitude antiscientifique par excellence.

Adaptant à l'homme en société – si je l'envisage comme enserré dans des réseaux divers de consanguinité et d'alliance – des principes qui sont ceux des théories des faits naturels, je postule aussi que, préexistant aux « bruits » qui affectent le système (c'est-à-dire les fluctuations locales), il y a le système lui-même, paysage global des issues possibles, compte tenu de l'invariant qu'est le donné universel d'ordre biologique offert à la réflexion de l'homme sur lui-même.

Les fluctuations existent, certes : elles représentent des « choix » qui ont été faits par des groupes humains ou les bifurcations qu'il leur est loisible de prendre à tout instant, entre toutes les figures qui peuvent être composées à partir du donné universel. Le mot « choix » est certainement mauvais et inadéquat en ce qu'il sous-entend à tort l'existence d'une vue consciente de l'ensemble des combinaisons possibles offertes par la combinatoire des données de base extraites de l'expérience concrète du corps et du monde, et de la sélection *a posteriori* de l'une d'entre elles par un groupe humain érigé en sujet.

Il s'agit en réalité de la survenue à l'existence de l'une de ces combinaisons logiquement possibles qui, en raison de contraintes objectives à l'origine devenues avec le temps difficilement décelables, est devenue localement pensable. Ces « survenues à l'existence », donc, apparemment arbitraires, commandent les évolutions ultérieures parmi toutes les issues possibles du paysage global, mais ce serait une erreur que de les prendre une à une pour des phénomènes premiers.

*Les grandes questions
de l'étude de la parenté*

Le premier domaine qu'il convient d'aborder est celui de la parenté. Le propre de l'étude anthropologique de la parenté et ce pourquoi elle constitue pour beaucoup une entreprise à la fois absconse et terrifiante, c'est que son matériau humain, à unités discrètes, se prête naturellement pourrait-on dire, surtout en ce qui concerne les domaines privilégiés que sont l'étude des terminologies et l'étude des règles d'alliance, à des analyses techniques d'une grande abstraction.

Ainsi, par exemple, des études formelles ou des études

componentielles des terminologies de parenté qui ont été de mode pendant un certain temps à la suite de chercheurs américains tels que Floyd G. Lounsbury ou Ward H. Goodenough. Ce domaine se prête aussi à des formulations algébriques et, sur un mode mineur, mathématiques, comme cela a été le cas des essais de André Weil et Philippe Courrège pour analyser des parties de la théorie lévi-straussienne de l'alliance, ou des travaux d'auteurs américains tels ceux de Ira R. Bucher et Henry A. Selby, Paul Ballonoff. Il se prête aussi, toujours en ce qui concerne l'alliance, à des traitements informatiques dont il existe un certain nombre d'exemples, le plus ancien étant le travail publié par P. Kunstadter [4].

Il n'y a pas, semble-t-il, de domaine de l'anthropologie qui ait suscité des discussions aussi vives, aussi durables, aussi techniques et aussi byzantines (et donc apparemment réservées aux seuls initiés) que celles qui ont opposé pendant des années les tenants de la théorie de la filiation et ceux de la théorie de l'alliance ou celles qui se sont déchaînées par exemple autour du problème de l'existence (ou non) de sociétés viables qui pratiqueraient de façon normative le mariage avec la cousine croisée patrilatérale (c'est-à-dire la fille d'une sœur du père d'un homme) ou encore celles soulevées à propos des interprétations différentes que l'on peut faire des descriptions ethnologiques dans ce domaine portant sur des populations particulières, ou à propos de la définition et de l'extension de concepts utilisés dans le champ de la parenté.

Je me suis personnellement assez peu intéressée à ces grandes questions théoriques de la parenté et j'ai plutôt porté mon effort dans trois directions.

La première : tenter de déterminer quelles sont les

---

[4]. P. Kunstadter *et al.*, « Demographic variability and preferential marriage patterns », *American Journal of Physical Anthropology* 22, 1963, p. 511-519.

lois générales à partir desquelles se sont élaborés les grands types structurels de terminologies de parenté.

Le deuxième ordre du questionnement qui a été le mien : essayer de comprendre comment fonctionnent des structures particulières de l'alliance que l'on appelle « structures semi-complexes » (je reviendrai sur la définition des termes que j'utilise ici), à partir du point où Claude Lévi-Strauss avait arrêté sa propre réflexion, puisqu'il traitait dans un ouvrage célèbre [5] des structures élémentaires de la parenté et de l'alliance en laissant de côté leurs autres aspects.

Enfin, troisième et dernière question théorique qui constitue toujours un point d'interrogation et un sujet à l'ordre du jour pour un grand nombre d'anthropologues de la parenté : savoir si les règles de fonctionnement des structures semi-complexes de l'alliance (tout au moins celles que je pense avoir mises en évidence) sont transposables ou non aux structures complexes de l'alliance et si oui, de quelle manière, les structures complexes de l'alliance étant celles qui prévalent dans nos sociétés occidentales.

Je développerai ici les réponses apportées à la première question.

Tout d'abord, donc, quelques explications nécessaires des termes « élémentaire », « semi-complexe », « complexe ». On les utilise pour isoler et caractériser de grands systèmes d'alliance, c'est-à-dire qui se rapportent au choix d'un conjoint.

Il convient de se représenter une sorte de *continuum* des systèmes d'alliance, tels qu'on les rencontre dans la diversité des sociétés humaines, non seulement des sociétés actuelles recensables de par le monde – qu'on les appelle primitives ou développées –, mais également des sociétés historiques sur lesquelles on a des informations interprétables – on s'interroge toujours par

---

5. Claude Lévi-Strauss, *Les Structures élémentaires de la parenté*, Paris, PUF, 1949 ; 2ᵉ éd., Paris-La Haye, Mouton, 1967.

exemple sur les systèmes de mariage romain, grec, égyptien, suméro-babylonien, etc.

Cette sorte de continuum va des structures dites élémentaires aux structures dites complexes sans qu'il faille entendre cela comme un mouvement allant du plus simple au plus compliqué, car c'est de tout autre chose qu'il s'agit.

*Quand la naissance détermine
le choix du conjoint*

Les structures élémentaires de l'alliance renvoient à des types de société où le choix du conjoint est préindiqué à l'individu. C'est-à-dire que la place de naissance, selon la règle de filiation qui découpe l'univers social, s'accompagne de la désignation de la personne que l'on doit épouser, ou de la catégorie de personne, ou, à défaut, de la partie du monde social où l'on doit choisir son conjoint. Une grande partie des sociétés humaines fonctionne selon ce modèle.

Un homme doit par exemple épouser une « cousine croisée matrilatérale », c'est-à-dire une fille du frère de la mère, de l'oncle maternel (qu'il s'agisse, selon les cas, d'une cousine germaine véritable ou d'une cousine classificatoire, c'est-à-dire rangée dans la même catégorie dénotative, ou simplement d'une femme appartenant au groupe social de filiation d'où la mère de cet homme est issue).

Des cousins germains, issus de frères et sœurs, pour prendre l'exemple le plus simple possible, sont dits « parallèles » s'ils sont issus de deux germains de même sexe, deux frères ou deux sœurs. En revanche, une paire de germains de sexe différent, un frère et sa sœur, donnent naissance à des enfants qui sont entre eux en situation de cousins croisés.

Ego masculin, Ego étant l'individu abstrait de référence par rapport auquel est construit tout système de parenté, a pour cousine croisée matrilatérale celle qui, comme le terme l'indique, est « du côté » de sa mère : la fille du frère de sa mère. La cousine croisée patrilatérale, quant à elle, étant « du côté » du père, soit la fille de la sœur du père.

Un des cas les plus fréquents des systèmes élémentaires d'alliance est celui où un homme doit épouser une cousine croisée matrilatérale. Un certain type de parenté fournit donc les conjoints possibles. Cette cousine est une abstraction qui renvoie à bien des individus : plusieurs frères de la mère peuvent avoir plusieurs filles. Ce peut être aussi une cousine « classificatoire », définie ainsi en fonction des critères locaux ou simplement une femme appartenant au même groupe de filiation que la mère.

L'important est qu'on désigne une catégorie d'individus définie soit généalogiquement soit statutairement, en raison des appartenances sociales.

On range naturellement dans la catégorie des systèmes élémentaires, où l'individu est orienté dans ses choix matrimoniaux, les sociétés « à moitiés » ou « à sections ». Si une société est divisée en deux moitiés, naître dans une moitié fait obligation de prendre son conjoint dans l'autre.

Le prototype de l'alliance est alors avec la cousine croisée bilatérale, fille à la fois du frère de la mère et de la sœur du père. Les systèmes « à moitiés » peuvent être raffinés en systèmes « à sections » multiples, quatre ou huit au lieu de deux. C'est ce que pratiquent les sociétés australiennes autochtones. S'ouvre alors toute une série de possibilités où le fait de naître dans un lieu particulier du paysage social (au sens statutaire) désigne *ipso facto* la section où choisir son conjoint. C'est cela que signifie « élémentaire » : les choix sont préformés, orientés vers des zones statutaires souvent définies par des règles de filiation. Cela engendre des inflexions particulières du champ de l'alliance, qu'il s'agisse de l'échange généralisé, dans le cas où le conjoint préférentiel est normalement une cousine croisée matrilatérale (où un groupe A donne une femme à un groupe B qui donne à un groupe C qui donne à n, trois groupes échangistes étant la condition minimale pour que puissent fonctionner de tels systèmes) ou de l'échange restreint dans les systèmes à moitiés ou à sections, où l'échange se pratique deux à deux.

*La filiation :
une ligne privilégiée ou plusieurs*

Venons-en à la filiation. La filiation est une donnée qui paraît aller de soi dans la mesure où elle nous semble biologiquement fondée, ce qu'elle n'est pas.

La filiation est la règle sociale qui définit l'appartenance d'un individu à un groupe. Dans la société occidentale, elle est dite « bilatérale » ou « cognatique », en ce sens que nous sommes apparentés de la même manière à nos père et mère, à nos quatre grands-parents, à nos huit arrière-grands-parents, etc., et que nous avons les mêmes droits régulés par la loi et des statuts identiques dans toutes ces lignes, pour peu que l'histoire de vie individuelle le permette.

Ce système reconnaît des filiations et des appartenances selon toutes les lignes de descendance, sans en privilégier une en particulier, malgré les apparences. « Apparences », par exemple, que la transmission exclusive du nom par le père jusqu'à une époque récente en France.

D'autres modes de filiation existent, notamment ceux que l'on désigne comme « unilinéaires » ou « bilinéaires ».

Les systèmes unilinéaires sont ceux où la filiation ne passe que par un seul sexe, donc le long de chaînes de consanguinité unisexuées. Une seule ligne est alors reconnue comme donnant la filiation sur les huit qui unissent un individu à ses arrière-grands-parents. Bien évidemment, les individus se connaissent des rapports de consanguinité avec tous les parents situés dans les autres chaînes de consanguinité, mais cette reconnaissance n'a rien à voir avec la filiation et les droits qui vont de pair : droits de succession, d'héritage, de reconnaissance du groupe social auquel on appartient.

Dans un système patrilinéaire, ils ne passent que par les hommes. Cela revient à dire que tout homme transmet la filiation ; les filles, quant à elles, appartiennent bien par naissance au groupe de leur père (encore que dans certaines sociétés la question soit posée), mais les enfants qu'elles mettent au monde appartiennent, par définition, au groupe de leur propre père, autrement dit au groupe de filiation des maris de ces filles.

Dans le système de filiation matrilinéaire, la filiation passe par les femmes. Toute femme transmet l'affiliation au groupe ; il s'ensuit que les fils appartiennent au groupe de filiation de leur mère mais pas les enfants des fils. Les enfants des fils appartiennent au groupe de leur propre mère.

Ce qui ne veut pas dire que les sociétés matrilinéaires soient des sociétés où le pouvoir appartient aux femmes. Les femmes ont des frères, qui exercent leur autorité sur leurs sœurs et sur leurs neveux. Les hommes, nous l'avons vu, appartiennent naturellement à leur groupe de filiation matrilinéaire et ne transmettent pas la filiation à leurs propres enfants puisque leurs enfants appartiennent au groupe de filiation de leurs épouses ; en revanche, des oncles maternels et des neveux utérins (enfants de sœurs, pour un homme) appartiennent toujours au même groupe de filiation.

Ce sont donc des sociétés où, à côté de la règle de filiation définie à travers les femmes, le pouvoir sur les enfants – décider de leur mariage, utiliser leur force de travail – et l'autorité que nous considérons comme paternelle ne sont pas entre les mains du père mais entre les mains de l'oncle maternel.

Ce sont les oncles maternels qui, souvent mais pas toujours, dans ce type de société, possèdent collectivement les terres, décident des affaires publiques et ont de l'autorité sur leurs neveux utérins. Les pères ont avec leurs fils des rapports d'affection là où les oncles ont des rapports d'autorité, à l'inverse de la situation patrilinéaire où le père exerce l'autorité et où l'oncle maternel représente plutôt un recours sur le mode affectueux.

Dans le système « bilinéaire », deux lignes parmi toutes les lignes ascendantes possibles sont privilégiées : la ligne qui passe par des hommes exclusivement et la ligne qui passe par des femmes exclusivement.

Les sociétés qui possèdent cette double filiation unilinéaire sont assez compliquées à analyser. Si l'individu appartient par voie de filiation à deux groupes de nature différente, la succession et l'héritage portent sur des charges, des substances ou des biens différents selon l'une ou l'autre ligne.

Par exemple, dans certaines sociétés africaines bilinéaires, la succession aux statuts, l'héritage des terres et des biens, se font au sein du groupe patrilinéaire, tandis que dans la ligne matrilinéaire, se font la transmission des caractéristiques de la personne et des transferts d'ordre « mystique », telle par exemple la possibilité d'agression en sorcellerie. On peut rencontrer naturellement d'autres modèles de répartition : d'un côté l'héritage des terres, de l'autre la succession des offices et charges, etc.

Dans tous les cas, on le voit, qu'ils soient uni- ou bilinéaires, ces systèmes de filiation désignent des groupes et privilégient des lignes d'appartenance, une seule ou deux, tandis que toutes les autres lignes ne jouent aucun rôle dans la détermination du groupe de filiation de l'individu.

Cet aperçu sur les modes de filiation classiques permet de poursuivre la distinction entre structures élémentaires, semi-complexes et complexes de l'alliance.

Selon les structures élémentaires de l'alliance, le choix du conjoint se fait en fonction de l'appartenance des deux partenaires à des groupes sociaux définis par une règle de filiation. Un homme prend une épouse dans le lignage d'où sa mère est issue, par exemple. Réciproquement, une fille sera mariée dans le lignage où une sœur de son père a été mariée.

Les structures semi-complexes, elles, correspondent à des systèmes sociaux qui fonctionnent aussi avec des groupes de filiation de type uni- ou bilinéaire (rarement de type cognatique), systèmes qui définissent de façon précise des groupes nettement déterminés de filiation. Mais au lieu de procéder par des indications prescriptives ou préférentielles, au lieu de désigner le groupe où un individu doit choisir un conjoint, de tels systèmes désignent au contraire les groupes où il ne peut pas choisir un conjoint. Ils fonctionnent donc par des prohibitions, des interdits, et non pas par des prescriptions ou des préférences, mais toujours par référence à des groupes de filiation constitués.

Les structures complexes de l'alliance se situent à l'autre extrémité de ce continuum dont nous avons parlé plus haut. Leur fonctionnement est encore peu connu. C'est un des points de la théorie de la parenté sur lesquels on travaille beaucoup à l'heure actuelle, surtout en France.

*Droit français :*
*les mariages interdits*

Dans les systèmes sociaux qui ont des structures complexes de l'alliance, tel notre propre système, on trouve aussi un ensemble d'interdictions, mais il n'est pas rapporté à des groupes de filiation définis de façon unilinéaire : il désigne seulement des individus en raison des chaînes généalogiques de consanguinité et d'alliance qui les rattachent à Ego et donc d'une prohibition minimale de l'inceste, minimale en ce qu'elle porte non sur des classes entières de parents mais sur des individus.

Ainsi, à l'heure actuelle, un homme ne peut pas épouser selon le droit civil français : sa mère, sa fille, sa sœur ; ses tantes et nièces sauf avec dispense du président de la République. Il ne peut pas épouser non plus la veuve de son père ou l'épouse divorcée du père (pas sa mère, mais une autre épouse du père), comme il ne peut pas épouser la veuve ou l'épouse divorcée de son fils. On a naturellement les interdictions symétriques pour une femme.

C'est seulement depuis 1975 qu'un homme peut épouser, selon le droit civil, l'épouse divorcée de son frère, et symétriquement une femme, le mari divorcé de sa sœur. Il pouvait épouser la veuve de son frère depuis 1914 et il le peut, selon le droit canon, depuis 1984 seulement [6].

L'extension des prohibitions peut varier dans le temps. Ces interdictions ont d'ailleurs été beaucoup plus prononcées dans le passé, puisque, au XII$^e$ siècle, l'interdiction d'alliance portait sur les consanguins et les affins (les affins regroupant toute la parenté par alliance) au même degré que les consanguins, jusqu'au septième degré canonique – c'est-à-dire au quatorzième degré civil ou romain. Elles portaient donc sur des individus qui, par n'importe quelle ligne de descendance, étaient rattachés à Ego par des chaînes qui parcouraient dans les deux sens les sept générations les séparant mutuellement d'un ancêtre commun, ou qui, avec des longueurs inégales (huit générations ou degrés d'un côté, six de l'autre, par exemple), totalisaient quatorze degrés romains.

Ainsi, notre système d'alliance, tel qu'il est transcrit par le Code civil français, fonctionne aussi avec des prohibitions, comme dans les systèmes semi-complexes, mais au lieu de désigner comme interdites des catégories peuplées d'individus nombreux qui appartiennent à des mêmes groupes de filiation, on désigne des individus définis seulement par leur position généalogique par rapport à Ego.

---

6. Pour ce qui est de ces interdictions particulières, qui relèvent de l'inceste du deuxième type, voir, du même auteur, *Les Deux Sœurs et leur mère*, Paris, Éditions Odile Jacob, 1994.

*Un système de parenté
donne une vision particulière du monde...*

Je suis partie non seulement du postulat qu'une logique générale est impliquée dans la liaison entre eux des différents types terminologiques de parenté, logique issue de l'invariant qu'est le donné universel d'ordre biologique, mais aussi d'un deuxième postulat lié intimement au premier : à savoir qu'un système type terminologique est lui-même une structure qui dit nécessairement quelque chose des rapports des sexes, des générations, des aînés et des cadets, puisqu'il traduit l'une des figures possibles de la combinaison de ce donné biologique réel.

On s'est aperçu très tôt, dès Lewis Morgan, de fait, que sous la confusion babélienne des langues particulières il était possible de ranger les nomenclatures de parenté dans un nombre limité de systèmes-types terminologiques, ayant chacun un agencement structural interne propre qui le rend identifiable.

Un système-type de parenté met en place, ce faisant, une vision du monde particulière. Que les types de systèmes terminologiques qui existent dérivent des alternatives possibles et pensables de la combinaison des données biologiques de base est une chose. Mais c'en est une autre en effet de comprendre les mécanismes intellectuels qui président à la constitution et à l'agencement interne de chacun.

L'existence même de terminologies de parenté particulièrement étonnantes, celles que nous appelons de type « crow » ou de type « omaha », fait naître la question de savoir quel est ce quelque chose d'assez fort qui fait que les groupes humains qui ont « opté » pour cette combinatoire-là, d'où découle ce type terminologique particulier de parenté, n'ont pu faire autrement que de construire leur terminologie selon la *même* structure générale des agencements internes que tous les autres groupes humains où est venue à existence cette même combinatoire. Exactement la même, malgré l'existence de variantes dont on peut faire la recension. Beaucoup de réponses ont été apportées à cette question, mais il va de soi, à l'observation des divers lieux du monde où l'on répertorie des sociétés bâties avec le même système-type de parenté, que la réponse n'est pas d'ordre diffusionniste, mais relève des possibilités limitées d'agencements conceptuels.

Chaque peuple utilise son système terminologique de parenté de façon naturelle et spontanée et a tendance à croire qu'il est inscrit dans une nécessité biologique. Rien de plus faux. Ainsi, le système européen correspond-il à l'une seulement des six grandes figures possibles de systèmes-types de parenté que nous trouvons de par le monde. Nous désignons nos parents par des termes que tout un chacun connaît. Cela nous semble logiquement conçu et biologiquement fondé. Mais ce système, qui rend compte de l'agencement potentiel d'un espace généalogique avec des désignations pour les individus qui occupent cet espace, n'est pas universel. Il est un parmi un certain nombre de systèmes possibles.

Une nomenclature, ou terminologie de parenté, rassemble la totalité des termes dont il est fait usage dans une société et une langue données pour caractériser le rapport qui unit un individu à ses divers apparentés par la consanguinité ou l'alliance. Les termes d'adresse sont ceux avec lesquels on s'adresse à ces apparentés ; les termes de désignation, ou référence, ceux qui sont utilisés dans le discours pour parler du parent concerné.

La désignation recouvre chez nous les termes de « père » et « mère » (les géniteurs ou ceux qui en tiennent lieu), « frère » et « sœur », « oncle » et « tante » (qui désignent au sens étroit les frères et sœurs des père et mère, mais aussi les conjoints de ces frères et sœurs), « grand-père » et « grand-mère », « cousin » (qui recouvre une infinité de positions généalogiques), « enfant » (« fils » et « fille »), « petit-enfant » (fils et filles), « neveu » et « nièce » (par le frère ou par la sœur), etc.

Ainsi que des termes d'alliance dont il est aisé de faire le tour, qui désignent les membres de la famille du conjoint ou les conjoints de certains de nos consanguins. Un nombre fini de termes désignent, de façon équivoque pour la plupart, un nombre de positions de parenté infiniment supérieur à la simple dyade : ainsi du terme « cousin », qui sert à désigner de façon ambiguë une quarantaine de positions de parenté situées dans des degrés rapprochés pour Ego – il faut décomposer les chaînes pour différencier le fils du frère du père, par exemple, de celui de la sœur de la mère.

Si l'on combine les six grands types connus de nomenclature avec des règles de filiation, on peut caractériser, à la suite de George Peter Murdock, onze types combinés de terminologie et de filiation. Pour en rester seulement à la terminologie, les six grands « systèmes-types terminologiques de parenté » sont les suivants : eskimo (le nôtre relève de ce type), hawaiien, soudanais, iroquois, crow et omaha. Ces appellations réfèrent à des populations particulières où ces systèmes ont été décrits.

*Liens biologiques, liens sociaux*

L'étude de la parenté est celle des rapports qui unissent les hommes entre eux par des liens fondés sur la consanguinité et sur l'affinité. Utilisant ces termes, déjà une série de problèmes se pose. Le terme « consanguinité », par exemple : on peut l'entendre comme l'ensemble des individus reliés à un quelconque être humain par l'intermédiaire d'hommes et de femmes, indifféremment en ligne directe ou collatérale, selon des chaînes généalogiques conçues comme toutes équivalentes. C'est là le contenu du terme très général de « consanguinité ».

En fait, cette définition, qui essaie de coller au plus près de la réalité biologique, n'est pas celle que l'on va trouver dans les groupes humains. D'abord parce que les chaînes ne regroupent pas nécessairement des rapports d'ordre purement biologique – pour ne parler que de l'adoption sous ses différentes formes –, ensuite parce que dans les sociétés humaines les chaînes ne sont jamais toutes équivalentes. La consanguinité est une affaire de choix, de manipulation et de reconnaissance sociale.

De même pour la filiation. Dans bien des sociétés, elle n'a pas nécessairement à voir avec l'engendrement à proprement parler.

Prenons un exemple chez les Samo du Burkina-Faso. Dans une forme de mariage, le mariage légitime, une petite fille est donnée en mariage à sa naissance, en fonction des prohibitions qui pèsent sur les choix que ses parents peuvent faire pour elle (nous avons affaire à un système semi-complexe). Mais cette même jeune fille donnée en mariage à quelqu'un qui appartient à un groupe autorisé doit nécessairement, avant d'être remise à son mari et une fois qu'elle est pubère, prendre un amant, également choisi dans des groupes où elle pourrait choisir un conjoint, à l'exclusion de celui où son conjoint a été effectivement choisi. Elle rejoindra son mari légitime au bout d'un certain temps : trois ans au maximum si elle n'a pas eu d'enfant, sinon à la naissance de son premier enfant (dont le géniteur est donc cet amant). Mais ce premier enfant est considéré comme le premier enfant du mari légitime. À aucun moment il n'est présenté ou considéré comme étant l'enfant de son géniteur. C'est le mariage légitime qui inscrit l'enfant dans un groupe de filiation.

*La filiation est donc proprement sociale.* Dans ce système pourtant fortement marqué par l'idéologie patrilinéaire, tous les premiers-nés des femmes sont des individus qui n'ont rien à voir biologiquement avec leur groupe de filiation puisqu'ils sont nés des œuvres d'un homme appartenant à un autre groupe.

C'est une société où – par rapport à un point de départ mythique originel – les seuls à participer véritablement de ce que nous appellerions le « sang du père », transmis en ligne agnatique proprement dite, sont les cadets de cadets de cadets de cadets puisque, par définition, tous ceux qui naissent des fils aînés transportent un autre sang. Ainsi, ce système de parenté découpe-t-il le champ de la consanguinité généalogique absolue en ensembles où la qualité sociale de consanguinité est indifférente à la réalité du rapport d'engendrement comme elle l'est aussi au degré de proximité généalogique qui unit les individus.

Un autre exemple classique est celui des sociétés qui ont un système dualiste de moitiés exogames auxquelles une brève allusion a été faite plus haut. La société est divisée en deux moitiés ; le terme exogame signifie qu'il faut prendre son conjoint en dehors du groupe auquel on appartient, donc, dans ce cas précis, dans l'autre moitié. Chaque individu connaît son rattachement à une moitié selon la règle locale de filiation. Le mariage le plus proche se conclut entre cousins croisés bilatéraux. Lorsqu'un homme épouse la fille de la sœur de son père, elle peut être simultanément la fille du frère de sa mère. Dans ce type de système, les cousins croisés, issus d'un frère et d'une sœur, ne se considèrent pas comme des consanguins mais au contraire comme des alliés potentiels, puisqu'ils appartiennent à des moitiés différentes et qu'ils peuvent au premier chef s'épouser. En revanche, les cousins parallèles qui appartiennent par naissance à la même moitié, ceux-là se reconnaissent comme consanguins et ne peuvent se marier entre eux. Ainsi, des individus qui, aux yeux occidentaux, se trouvent placés exactement au même degré de consanguinité sont, dans ces sociétés tantôt des consanguins, tantôt des alliés.

*Concluons que la consanguinité n'est dans les sociétés humaines qu'une relation socialement reconnue et non biologique.*

C'est le propre des systèmes de parenté – ensemble de règles qui gouvernent la filiation, la résidence et l'alliance – de se distinguer par une certaine autonomie à l'égard des lois naturelles de l'espèce. La reproduction des hommes est un instrument de la reproduction de l'ordre social. Elle entre dans la représentation symbolique de l'ordre social au point qu'on a pu dire qu'un système de parenté n'existe que dans la conscience des hommes et qu'il n'est qu'un système arbitraire de représentation.

*Le donné biologique élémentaire*

Tout cela est vrai. Il n'existerait pas de variations importantes selon les sociétés dans les manières de classer, compter et vivre la parenté. Il n'y aurait pas cette différenciation en règles distinctes (voire opposées), qui sont l'un des objets de l'anthropologie, s'il n'y avait qu'une *seule* manière d'appréhender sous le nom de parenté un ensemble de relations biologiques nécessaires.

Toutefois, c'est à partir d'un *donné biologique élémentaire* — qui ne peut pas ne pas être le même de toute éternité — que la pensée des hommes a raffiné et symbolisé, en explorant toutes les possibilités logiques de combinaisons paradigmatiques que ce substrat pouvait offrir, puis élaboré les grands systèmes de parenté dont nous voyons actuellement les formes, telles que l'histoire de l'humanité les a infléchies dans les sociétés particulières qui les représentent.

Parmi les possibilités purement logiques de combinaisons offertes par ce substrat biologique, certaines n'ont jamais été réalisées, et leur *absence* — plus que l'existence des autres — signale à mes yeux les points forts de ces lois universelles et fondamentales de la parenté que j'ai recherchées [7]. Pourquoi certaines combinaisons logiques n'ont-elles jamais été réalisées ?

Ces « choix » de structure ont été réalisés indépen-

---

7. *Cf.* le chapitre I de *L'Exercice de la parenté*, Paris, Le Seuil-Gallimard, 1981.

damment les uns des autres, par les groupes humains qui les ont adoptés, parmi le très petit nombre de choix possibles offert à la réflexion humaine dès la constitution de l'homme en société. Cela ne veut pas dire qu'il y aurait eu un choix rationnel opéré par des individus conscients de le faire entre des solutions multiples, toutes envisagées comme possibles, connues exactement, soupesées et dont une seule aurait été conservée parce qu'elle aurait paru avoir plus d'avantages que d'autres.

Il n'y a jamais eu d'homme pour se dire : « Quels sont les systèmes que l'on peut construire à partir de ces faits et voyons lequel nous convient. » Une seule solution s'est proposée comme naturelle et nécessaire, elle est advenue à l'existence sous la pression de faits sur la nature et l'influence respective desquels nous ne pouvons encore que nous interroger.

Nous sommes incapables de dire pourquoi telle société, à côté de telle autre, a un type de système de parenté différent de son voisin ; ce type est peut-être le même de toute éternité, mais peut-être a-t-il aussi varié, parce qu'il faut tenir compte de l'Histoire, bien que toutes les modifications ne puissent se faire indifféremment dans tous les sens : certaines sont structurellement possibles, d'autres non.

Ce point de vue écarte absolument l'idée d'une différenciation progressive des types de systèmes de parenté à partir d'un état d'indifférenciation brute originel ou d'une prééminence – également originelle – du droit maternel et des systèmes matrilinéaires, puisque la combinatoire logique des éléments a une existence intemporelle en puissance, ou, si l'on préfère, virtuelle.

Mais il n'écarte pas l'idée, bien au contraire, que ces choix sont associés, de façon syntagmatique cette fois-ci, avec des contraintes extérieures à celles du donné biologique élémentaire (tels le système de production ou l'écologie, par exemple).

Il n'écarte pas non plus l'idée qu'il y a eu vraisemblablement, pour bon nombre des groupes humains que l'on observe maintenant, des changements importants sous les coups de l'Histoire – encore que ces changements dussent obéir eux aussi à des contraintes d'ordre paradigmatique telles qu'ils ne peuvent se poursuivre indifféremment dans tous les sens.

*Ordre des générations,
différence des sexes et fratrie*

Tout système de parenté est donc amené à traiter conceptuellement des mêmes données biologiques élémentaires qui sont universelles. Un système de parenté n'est pas la traduction des purs faits biologiques de la reproduction, mais il prend nécessairement en compte des données biologiques de base. Quelles sont-elles ?

La reconnaissance de la nécessité de l'engendrement, donc de la *succession des générations* qui s'enchaînent dans un ordre qui ne peut pas être renversé. Même sous forme de spermatozoïdes congelés, et avec un grand décalage temporel entre le temps de la congélation et celui de l'insémination, décalage qui peut même couvrir plusieurs générations, le père vient toujours avant l'enfant.

La reconnaissance du *caractère sexué* des individus qui engendrent et de ce qui s'ensuit, à savoir le caractère parallèle ou croisé des situations de consanguinité.

La reconnaissance de ce que plusieurs individus peuvent avoir des mêmes parents, constituant ainsi une *fratrie*, où les individus sont dans des positions relatives d'aîné et de cadet et donnent naissance à des lignes parallèles de collatéralité.

On peut ainsi résumer en trois énoncés nécessaires et suffisants, pour le moment tout au moins, ce donné biologique de base, qui est, comme on peut le constater, d'une très grande banalité, je dirais presque : d'une très grande trivialité.

Pourtant, c'est à partir de ce matériau, de ce « résidu

incontournable » auquel la pensée de tous les hommes a été confrontée, que prennent naissance les grands types de terminologie.

Il y a seulement deux sexes. Leur rencontre est nécessaire pour procréer et la procréation entraîne une succession de générations dont l'ordre naturel ne peut pas être inversé. Un ordre de succession des naissances au sein d'une même génération fait reconnaître au sein des fratries des aînés et des cadets. En fait ces rapports naturels expriment tous les trois *la* différence au sein des rapports masculin/féminin, parent/enfant, aîné/cadet.

C'est ce matériau banal, dans son universelle simplicité, que manipule en tout temps et en tout lieu le travail symbolique de la parenté, en opérant entre ces trois ordres de faits des séries de dérivations d'où ont découlé les systèmes terminologiques, les règles de filiation, les règles d'alliance et celles de résidence.

Bien entendu, il y a longtemps que ces faits ont été perçus dans l'analyse anthropologique, mais ils n'ont pas été énoncés clairement comme les éléments de base de la combinatoire propre à tout système de parenté, à cause justement de leur très grande trivialité ou, de façon plus juste, à cause de la force de leur évidence.

L'évidence ne se voit pas. Il reste que c'est à partir de la reconnaissance implicite de ces trois rapports de base qu'ont été élaborés très tôt en anthropologie des critères pour disséquer, organiser, comparer et comprendre le matériau disparate des terminologies de parenté.

Alfred L. Kroeber et Robert H. Lowie s'y sont tous deux employés. Ainsi, Robert Lowie, dès 1928, raffine le critère de la différence entre les relations de type linéaire ou collatéral de la façon qui lui paraît être la meilleure pour fournir, dit-il, une base solide à la classification de familles de systèmes terminologiques [8].

---

8. Robert H. Lowie, « A note on relationship terminologies », *American Anthropologist* 30, 1928, p. 263-267.

Il met en évidence un critère à partir duquel il va énoncer un certain nombre de possibilités logiques de classement. On peut classer, dit-il, les différents types de systèmes de parenté en observant simplement la façon dont ils traitent les parents d'une part, et les germains des parents d'autre part, c'est-à-dire leurs frères et sœurs. Il identifie quatre possibilités logiques de combinatoire des termes.

Dans la première, les oncles et les tantes sont assimilés aux parents : ils sont désignés par les termes de « père » et de « mère ». Dans la deuxième, le frère du père est assimilé au père (il est désigné par le terme « père »), tandis que le frère de la mère est désigné par un terme spécifique ; de façon symétrique, la sœur de la mère est assimilée à la mère tandis que la sœur du père est désignée par un terme spécifique. Dans la troisième, les oncles et tantes du côté paternel comme du côté maternel sont à la fois distingués des parents et distingués entre eux : ils sont désignés par des termes spécifiques. Dans la quatrième (qui est nôtre), les oncles et tantes du côté maternel et du côté paternel sont bien distingués des parents, mais pas entre eux : « oncle » désigne aussi bien le frère du père que celui de la mère. Lowie identifie ces quatre possibilités « logiques » de traitement différentiel en appellation des individus situés à cette génération.

Mais en fait il se trompe : il a dressé la classification, non pas des possibilités logiques que l'on pourrait construire, mais seulement de celles qui sont effectivement réalisées. Car si l'on considère la combinatoire qu'il est possible de constituer à partir de ces situations, il manque une possibilité logique. Si nous dressons par exemple l'ensemble des équations possibles pour des individus masculins, nous trouvons bien les quatre équations ci-dessus, mais il en existe une autre qui n'a jamais été réalisée et dont on ne connaît aucun exemple : celle où le père et le frère de la mère seraient désignés par un même terme, alors que le frère du père serait désigné par un terme différent. Cette équation est une possibilité logique abstraite, mais elle n'a aucune actualisation concrète dans quelque société que ce soit. Nous verrons par la suite pourquoi.

*Combinaison et manipulation
des caractères biologiques*

On peut faire ce même travail, à partir non des appellations attribuées aux parents et aux frères et sœurs des parents, mais des appellations attribuées par Ego aux membres de sa génération : ses frères et sœurs et l'ensemble de ses cousins. Si l'on relève tous les cas de combinaisons logiquement possibles, là aussi, il existe une formule qui n'est pas actualisée.

Dans le système type eskimo (qui est celui dont nous relevons, je le rappelle), des termes spécifiques désignent les germains selon leur sexe (« frère », « sœur ») et un seul terme s'applique à tous les cousins, qu'ils soient parallèles ou croisés.

Dans le système-type hawaiien, un même terme s'applique indifféremment, avec des variations de genre, à tous les membres de cette génération : les germains et tous les cousins, qu'ils soient parallèles et croisés, sont en quelque sorte tous des « frères ».

Dans le système type soudanais, à l'inverse, toutes les positions (ou presque) se voient attribuer des termes spécifiques : germains, cousins parallèles, cousins croisés patri- ou matrilatéraux.

Dans le système type iroquois, sont rassemblés dans une même classe terminologique les germains et les cousins parallèles assimilés à des germains, tandis que les cousins croisés se voient attribuer une appellation particulière.

Là aussi, manque la cinquième combinaison logiquement possible, celle qui assimilerait terminologiquement les cousins croisés à des germains, tandis que les cousins parallèles seraient désignés par un terme spécifique.

L'absence de cette combinaison correspond, il est aisé de s'en rendre compte, à l'absence de la précédente. Une cohérence existe en effet entre les deux grilles de lecture : si Ego désigne ses oncles et ses tantes comme il désigne ses parents, il désignera leurs enfants de la même manière qu'il désigne ses germains.

En plus des variations de genre, dans certains cas existent des variantes qui rendent compte du caractère aîné ou cadet des consanguins concernés, par rapport aux parents ou par rapport à Ego, et/ou du sexe du locuteur.

Mais, on le voit, les faits biologiques premiers dont les éléments sont recomposés de diverses manières, sont bien le sexe (genre), la notion de génération, celle de fratrie par rapport à un ou des géniteurs communs et de façon adventice, le caractère aîné ou cadet au sein de la fratrie ou de la génération.

Une combinaison possible, à deux faces, manque donc. Elle n'est jamais venue à l'existence, elle ne s'est jamais imposée comme naturelle à aucun groupe humain.

Inversement, il existe deux systèmes types qui raffinent sur les équations du modèle iroquois et qui semblent ne pas tenir compte de la notion de succession des générations, tout au moins pour un pan des ensembles de consanguinité qu'ils décrivent. Il s'agit des systèmes crow, que l'on trouve associés à des régimes matrilinéaires ou bilinéaires de filiation surtout, et des systèmes omaha, leur figure inversée, associés à des régimes patrilinéaires presque exclusivement.

Dans un système omaha, une même classe terminologique rassemble les germains et les cousins parallèles à l'exclusion des cousins croisés, mais les cousins croisés matrilatéraux sont rapportés terminologiquement à une génération supérieure à celle d'Ego et désignés par les mêmes termes qui désignent l'oncle maternel (parfois le grand-père maternel) et la mère, tandis que les cousins croisés patrilatéraux sont rapportés terminologiquement à la génération inférieure à celle d'Ego et traités par Ego masculin comme des enfants de sœur (ou de fille) et par Ego féminin comme ses propres enfants.

Ainsi, à sa génération, au sein de ceux que nous appelons cousins germains, Ego reconnaît-il des frères et des sœurs, des oncles et des mères et selon qu'il est homme ou femme, des neveux ou des enfants. Du strict point de vue de la proximité généalogique, tous sont cependant dans le même rapport à Ego.

Le système crow présente la même formule, mais en miroir : ce sont les cousins croisés patrilatéraux qui sont rapportés à une génération supérieure à celle d'Ego, alors que les cousins croisés matrilatéraux sont rapportés à une génération inferieure à celle d'Ego.

Il existe quelques variantes de ces systèmes de base. Dans le registre omaha, la classe terminologique « sœur de père » peut être absente et être intégrée dans la classe « sœur », la classe « oncle maternel » être remplacée par la classe « grand-père maternel » (et donc réciproquement la classe « neveux utérins » fondue dans la classe « petits-enfants »), on peut rencontrer enfin la combinaison de ces deux traits. Les deux traits en question vont dans le même sens, en accroissant la disparité du rapport entre un frère et sa sœur.

En faisant, dans le premier cas, de la sœur du père l'équivalent d'une sœur pour Ego, on fait de la sœur d'un homme l'équivalent d'une fille. Le même résultat découle du classement du frère de la mère dans la classe terminologique « grand-père ».

Il m'apparaît qu'entre en jeu, lors de la manipulation symbolique des faits biologiques élémentaires qui aboutit à la création des systèmes types terminologiques, une considération supplémentaire qui n'est pas de l'ordre du biologique et peut être diversement manipulée, considération que j'ai préalablement désignée dans le chapitre I par l'expression *valence différentielle des sexes*, selon que les deux principes, masculin ou féminin, s'équivalent ou que l'un prend le pas sur l'autre (encore qu'il y ait peu d'exemples, dans le type crow, où la prééminence constitutive du féminin soit menée jusqu'au bout, dans le détail interne des terminologies).

Le système terminologique de chaque société humaine peut être, peu ou prou, rangé sous l'une ou l'autre des étiquettes des grands types terminologiques, nonobstant les multiples combinaisons évolutives qu'il est possible de rencontrer. Mais lorsqu'on voit fonctionner un système omaha, qu'il s'agisse d'Indiens d'Amérique du Nord ou de populations africaines, c'est bien de la même armature logique qu'il s'agit, répondant à de mêmes puissantes raisons : une certaine idée de la valence des sexes, qui oblige de recomposer et d'ordonner de la même manière les données biologiques de base pour en tirer un système terminologique totalement cohérent.

*Le rapport frère/sœur*
*au cœur des constructions symboliques*

Devant l'évidence des figures contrastées des systèmes types de parenté, on a d'abord tenté d'expliquer moins pourquoi ils existaient que comment ils fonctionnaient. Toute une série d'analyses extrêmement intéressantes, très brillantes, ont été faites notamment par des auteurs américains. Les systèmes crow-omaha ont été repérés dès la fin du siècle dernier ; parmi les travaux de base, citons ceux de Josef Kohler (1898) commentés par Émile Durkheim. Alfred Kroeber s'en est mêlé, Robert Lowie, A. R. Radcliffe-Brown et bien d'autres...

On s'est livré ensuite à l'analyse formelle de l'ensemble des systèmes crow et omaha en prenant toutes les variantes possibles existant dans la littérature pour mettre en évidence leurs propriétés communes et les règles logiques de leur fonctionnement.

Lounsbury [9] en a présenté trois qui sont nécessaires et suffisantes : *la règle de fusion* qui reconnaît une équivalence formelle entre germains de même sexe ; *la règle des demi-germains*, qui est aussi une règle de fusion : des demi-germains (qui ont un seul parent en commun, le père ou la mère) sont du point de vue terminologique comme des germains et fonctionnent donc de la même manière ; *la règle de projection oblique*, enfin, qui exprime une équivalence formelle, dans des contextes bien définis, entre deux types de parents de générations différentes. La règle de projection oblique est simplement une formulation abstraite pour dire le fait que des individus qui se trouvent à deux générations différentes se trouvent rassemblés dans la même classe terminologique. Si un oncle maternel a un fils qui est appelé oncle maternel par Ego, c'est qu'une règle d'assimilation interne au système fait que l'oncle et son fils sont considérés comme étant la même chose pour Ego.

Naturellement, la compréhension de l'armature logique du système et des équivalences telles qu'elles sont restituées par l'application de ces trois règles ne dit rien de l'impérieuse nécessité qui fait que le système existe.

Un autre type d'explication passe par la reconnaissance de la façon purement automatique dont découlent les unes des autres les appellations de parenté. C'est ce qui ressort de l'observation de la façon dont les enfants apprennent à s'orienter dans un système d'appellation omaha. Ce n'est pas si simple ; un enfant ne s'y reconnaît bien qu'entre douze et quinze ans. Il m'est apparu sur le terrain, en pays samo, qu'ils expliquent les dénominations dont ils usent en les référant à celles dont usent leurs parents, ou plus exactement celui de leurs deux parents

---

9. Floyd G. Lounsbury, « The formal analysis of crow- and omaha-type kinship terminologies », *in* Ward H. Goodenough éd., *Explorations in Cultural Anthropology. Essays in Honor of George Peter Murdock*, New York, McGraw-Hill, 1964, p. 351-394.

qui est situé sur la chaîne de parenté conduisant à l'individu apparenté qu'il faut nommer.

Un enfant doit d'abord intérioriser un petit nombre de règles d'engendrement automatique qui ne souffrent aucune exception : ainsi, tout frère pour ma mère est un oncle maternel pour moi. Ensuite, toute appellation entraîne toujours son réciproque : si ma mère appelle cet homme « mon frère », il est pour moi un oncle maternel et je suis pour lui un neveu utérin. Un petit nombre de règles d'engendrement automatique qui ne souffrent pas d'exceptions donc et où toute appellation entraîne son réciproque. L'appellation précise en termes de parenté est immédiatement déductible par l'enfant du rapport de désignation que le père ou la mère (ou plus exactement celui de ces deux parents qui se trouve sur la chaîne généalogique) entretient avec l'individu que l'enfant doit désigner.

Les règles d'engendrement automatique peuvent être présentées sous une forme totalement logique, du type « toute sœur pour la mère est une mère pour Ego » et réciproquement « tout enfant de sœur pour une femme est un enfant ». Si « tout frère pour le père est un père pour Ego », réciproquement, « tout enfant de frère est un enfant pour un homme ». Il suit de ces réciproques que tout « enfant », pour quelqu'un qu'Ego appelle « père » ou « mère », est un germain pour Ego.

Il reste cependant que si l'on comprend bien comment un individu fait l'apprentissage de ce système et l'utilise dans sa vie quotidienne, la genèse même et la raison d'être du système demeurent insaisissables. Le point nodal en sont ces équivalences, dont l'apprentissage est une routine d'apparence illogique, que sont : « tout fils de frère de mère » est appelé « frère de mère », « toute fille de frère de mère » est appelée « mère », ou « tout enfant de sœur de père » est appelé « neveu » ou « nièce » par un homme, et « enfant » par une femme.

C'est dans l'observation de la paire frère/sœur que nous trouverons un élément de réponse.

On considère les germains, au sein de la fratrie, comme un seul bloc, comme un tout. C'est une erreur. Les germains ne sont identifiables les uns aux autres que s'ils sont de même sexe : un sort particulier est fait aux paires de germains selon qu'elles sont de même sexe ou de sexe différent. Sur ce point, Claude Lévi-Strauss dit fort justement que les paires de même sexe et de sexes différents sont traitées de façon différente pour la simple raison qu'elles induisent des comportements matrimoniaux différents.

On peut cependant aller plus loin. Il y a de façon évidente un statut pour les paires de germains de même sexe qui sont assimilés entre eux (deux garçons entre eux, deux filles entre elles) qui est différent de celui des paires de germains de sexe différent ; mais de plus le rapport frère/sœur n'a pas même valeur s'il est entendu comme allant du frère à la sœur ou comme allant de la sœur au frère. Le vecteur n'est pas neutre, ou peut ne pas être neutre. Nous retrouvons là encore ce que j'ai appelé la valence différentielle des sexes.

Il y a différentes manières d'entendre le rapport frère/sœur. Certains systèmes de parenté l'entendent à parts égales (c'est peut-être le cas du système eskimo). Dans d'autres systèmes, un vecteur orienté fait que la sœur est nécessairement toujours une cadette. Elle n'est pas rangée dans la classe « fille », mais même si elle est l'aînée de la paire de germains qu'elle forme avec son frère, elle ne peut être désignée par lui que par un terme qui la détermine comme cadette.

Il n'y a pas parfois dans la langue de mot permettant à un homme de dire « sœur aînée », seulement « sœur cadette ». Un homme ne peut structurellement, puisque le mot n'existe pas, avoir des sœurs aînées : il n'a que des sœurs cadettes. Inversement, une femme ne dispose pas de mot pour dire « mon frère cadet », tout frère ne peut être désigné que par l'expression « frère aîné ».

Dans un système omaha, le rapport de projection oblique mis en évidence par Lounsbury traduit en fait un vecteur orienté de la paire frère/sœur tel qu'un degré de consanguinité équivaut à un degré de filiation. À partir du moment où le rapport se lit dans le sens frère → sœur et quel que soit le rapport relatif d'aînesse, la sœur est de façon formelle considérée non pas comme étant une sœur mais comme étant une fille pour Ego masculin. Tous les hommes nés dans un même lignage, quel que soit le niveau généalogique où ils se situent, appellent les enfants des femmes nées dans ce même lignage : « neveux utérins », c'est-à-dire « enfants de sœurs » pour un homme parlant, et cela quel que soit le niveau généalogique où elles se situent. Les sœurs du père, du grand-père paternel, de l'arrière-grand-père paternel d'un homme sont conceptuellement pour cet homme comme des sœurs, puisque tous leurs enfants sont appelés par lui « mes neveux », de façon indifférenciée. Elles sont collectivement conçues comme appartenant au niveau généalogique le plus récent des locuteurs masculins : elles sont toujours en position d'enfant. Le niveau généalogique est ainsi effacé. Seule compte la relation du masculin au féminin dans la paire frère-sœur.

C'est dans les systèmes omaha que l'inégalité structurelle est la plus forte : la sœur y est assimilée à une fille. Il ne s'agit pas, bien sûr, du statut réel des femmes, mais de ce que dit le système de parenté du rapport idéologique des sexes, ce qui n'est pas la même chose. Le rapport idéologique des sexes, dans un système omaha, c'est que la sœur est un équivalent de fille structurellement et terminologiquement, ceci pour *tous* les hommes, y compris ceux nés dans des générations inférieures à celles des femmes considérées.

Dans l'analyse des systèmes crow, on devrait trouver une situation inverse. Mais il se passe là quelque chose de tout à fait intéressant. Les systèmes crow devraient avoir cette même valence à vecteur orienté qui ferait que les hommes seraient structurellement des cadets ou des fils pour toutes les femmes nées dans le même groupe de filiation qu'eux. En fait, on observe subrepticement un effet de bascule qui fait qu'à un certain moment le système grippe et qu'il n'est pas possible pour tous les hommes d'être traités comme cadets dans la bouche des femmes. Le système ne va pas jusqu'au bout de sa propre logique.

Tous les systèmes terminologiques de parenté disent quelque chose qui pourrait être formulé de la façon suivante : le rapport hommes/femmes et/ou aînés/cadets peut être transposé dans le rapport parents/enfants.

Nous revenons au donné biologique de base : deux sexes, des rapports générationnels, des rapports d'aînés/cadets. Le rapport homme/femme, le rapport aîné/cadet peut être traduit dans le langage dans un rapport parent/enfant. Il ne l'est pas nécessairement, il peut l'être, il l'est plus ou moins dans certains systèmes.

Mais on ne trouve dans aucun système au monde un rapport femme/homme ou cadet/aîné – où le premier des deux termes est dans la position dominante – qui équivaudrait à un rapport parent/enfant.

On ne trouve aucun système type de parenté qui, dans sa logique interne, dans le détail de ses règles d'engendrement, de ses dérivations, aboutirait à ce qu'on puisse établir qu'un rapport qui va des femmes aux hommes, des sœurs aux frères, serait traduisible dans un rapport où les femmes seraient aînées et où elles appartiendraient structurellement à la génération supérieure.

Les absences que nous avons repérées ne s'expliquent que par là : ce rapport d'inégalité qui n'est pas biologiquement fondé, preuve s'il en est que tout système de parenté est une manipulation symbolique du réel, une logique du social.

CHAPITRE III

FÉCONDITÉ ET STÉRILITÉ
Au cœur de la toile idéologique


Au même titre que les autres, les populations dites primitives tiennent pour acquise l'existence de différences fondamentales entre les sexes, tant morphologiques, biologiques, que psychologiques. Il serait intéressant, d'ailleurs, d'établir pour des populations particulières la liste de ces différences tenues pour irrémédiables et notamment de celles qui se situent sur le plan du comportement, des performances, « qualités » ou « défauts » considérés comme typiquement marqués sexuellement.

Il y a de fortes chances pour que les séries particulières recensées offrent majoritairement de grandes similitudes quels que soient les types de sociétés humaines interrogées, jusques et y compris dans leurs plus remarquables contradictions (la femme brûlante, la femme frigide ; pure, polluante, etc.).

De plus, ces séries qualitatives sont partout marquées positivement ou négativement, en catégories opposables, et même si la théorie locale présente les sexes comme complémentaires (comme c'est le cas dans la pensée chinoise ou islamique, par exemple), il y a partout et toujours un sexe majeur et un sexe mineur, un sexe fort et un sexe faible. Il s'agit là du langage de l'idéologie.

Le classement dichotomique valorisé des aptitudes, comportements, qualités selon les sexes, que l'on trouve dans toute société, renvoie à un langage en catégories dualistes plus amples dont l'expérience ethnologique démontre l'existence : des correspondances s'établissent, qui peuvent d'ailleurs varier selon les sociétés sans que cela nuise à la cohérence interne générale d'un langage particulier, entre les rapports mâle/femelle, droite/gauche, haut/bas, chaud/froid, etc., pour ne citer que quelques-uns d'entre eux.

Ce langage dualiste est un des constituants élémentaires de tout système de représentations, de toute idéologie envisagée comme la traduction de rapports de forces.

Par ailleurs, le corps idéologique de toute société (c'est-à-dire l'ensemble des représentations) doit nécessairement être en mesure de fonctionner comme système explicatif cohérent pour tous les phénomènes et accidents inhérents à la vie individuelle (le malheur, la maladie, la mort), à la vie en groupe, et même pour les phénomènes qui relèvent de l'ordre naturel [1], les aléas climatiques notamment.

Cette exigence de sens est l'exigence fondamentale de tout système idéologique. Il doit donc rendre compte, comme du reste, des faits élémentaires d'ordre purement physiologique.

*Les rapports sexuels interdits après une naissance*

On peut dire que le langage de toute idéologie – fonctionnant comme système totalisant, explicatif et cohérent en utilisant une armature fondamentale d'oppositions duelles qui expriment toujours la suprématie du masculin, c'est-à-dire du pouvoir – se retrouve à tous les niveaux, dans tous les aspects particuliers du corps des connais-

---

1. Nous ne parlons pas ici du langage de la science occidentale, évidemment.

sances. Une même logique rend compte du rapport des sexes comme du fonctionnement des institutions.

Pour illustrer ce propos, je m'attacherai à analyser les notions de fécondité et de stérilité chez les Samo du Burkina-Faso dont j'ai déjà parlé, et plus particulièrement à démontrer comment s'explique l'interdit portant sur les rapports sexuels après la naissance pendant toute la durée de l'allaitement.

On admet généralement que cet interdit a pour légitimation la volonté de ne pas nuire à l'enfant au sein, en ne faisant pas courir à la mère le risque d'une conception précoce qui entraînerait l'arrêt de la lactation. Or il semble que pendant la lactation il n'y ait plus de sécrétion de gonadostimulines par l'hypophyse, donc pas de stimulation ovarienne, pas d'ovulation et en conséquence pas de risques de nouvelle grossesse, bien que parfois l'hypophyse reprenne son autonomie, ce qui empêche de garantir à cent pour cent l'impossibilité de concevoir pendant la lactation [2].

S'il s'agit bien là d'une vérité biologique, l'interdit des rapports sexuels après la naissance ne peut s'expliquer alors par l'expérience séculaire qu'auraient les diverses populations qui le pratiquent du haut risque de mort encouru par l'enfant au sein, surtout dans sa première année, et il faut chercher ailleurs l'explication de ce comportement très répandu.

Sans entrer dans les détails, il est nécessaire, pour la compréhension de ce qui suit, de donner quelques indications générales sur la pensée et le fonctionnement de la société samo.

---

2. *Cf.* France Haour et Étienne Baulieu, *in* É. Sullerot, éd. *Le Fait féminin*, Paris, Fayard, 1978 : « La lactation entretient une stimulation spécifique de la glande mammaire, par l'intermédiaire d'un réflexe succion-système nerveux-prolactine. Elle produit également, même si on n'en connaît pas le mécanisme dans le détail, une inhibition de la fonction ovarienne avec interruption des cycles menstruels et pas d'ovulation. »

*Le chaud et le froid,
catégorie conceptuelle centrale*

Une catégorie dualiste est fondamentale dans la pensée samo : c'est celle qui oppose le chaud et le froid *(furu/nyentoro)*. Elle joue comme mécanisme explicatif des institutions et des événements. Tous les éléments naturels ou artificiels relèvent de l'un ou l'autre de ces deux pôles.

Au froid est associé l'humide ; au chaud est associé le sec. L'équilibre du monde tient dans la balance harmonieuse entre ces éléments. Chaud sur chaud entraîne une excessive sécheresse ; froid sur froid entraîne une excessive humidité. Cependant, à la notion de *furu* (chaud) est immédiatement associée celle de danger. *Furu* signifie d'ailleurs, selon les contextes, chaud, rapide, dangereux et en danger. Un homme qui est *lèfuru*, bouche chaude, bouche prompte, est celui qui crée des histoires, car il ne contrôle pas sa parole. Les enfants jusqu'à la puberté sont dits *furu*, en danger de mort ; on verra plus loin pourquoi. Ils sont en sursis d'existence tant que leur destin individuel (une de leurs composantes vitales) n'est pas « sorti » : il « sort », ce qui veut dire qu'ils l'assument directement, à la puberté et très précisément lors de leur sacrifice de puberté. Auparavant, leur destin est fonction de celui que leur mère a décrété pour eux, du diktat (du désir) inconscient de vie ou de mort qu'elle porte en elle [3].

La notion de froid *(nyentoro)* est associée au concept de prospérité, de bien, de paix. Quand on s'adresse aux ancêtres, on les prie d'apporter le froid : « Voici votre eau fraîche, pères Drabo, levez la tête haut, ne la baissez

---

3. *Cf.* Françoise Héritier, « Univers féminin et destin individuel chez les Samo », *in La Notion de personne en Afrique noire*, Paris, CNRS, 1973, p. 243-254.

pas, protégez nos enfants, protégez nos femmes, faites tomber la bienfaisante pluie... Les étrangers ne viennent pas au village pour rien, une femme ne vient pas pour rien. Si le village est bon, la femme vient. La joie fait venir les étrangers. Refroidissez votre cœur, levez vos têtes, ne les baissez pas, regardez-nous. Que les arbres fruitiers donnent des fruits pour que nous puissions vivre. Ayez le cœur froid, renvoyez les mauvaises paroles vers la mer, qu'un froid pénétrant entre dans le village » (prières dites dans les maisons des morts lors de la fête de Tiédàdàrà).

Deux personnages, dans l'organisation dualiste des villages samo, incarnent et manipulent le chaud et le froid. Il s'agit du maître de la Terre *(tudana)* et du maître de la Pluie *(lamutyiri)* [4].

La Terre est chaude et masculine ; les autels de la Terre, manipulés comme autels justiciers, sont les plus dangereux et les plus rapides dans leurs effets, particulièrement le *sanyisé* dont n'approchent que les gens du lignage des maîtres de la Terre. Toute brèche dans ses murs déclenche les grands vents secs porteurs d'épidémies. La Pluie est froide ; elle est le bien maximal vers l'obtention duquel tend la majeure partie des rituels.

Mais les personnages eux-mêmes sont marqués du sceau de la catégorie diamétralement opposée à celle qu'ils manipulent : c'est un personnage chaud, le *lamutyiri*, qui est le garant du froid et de l'humide (la bonne pluie de l'hivernage). Il est « chargé », comme on le dirait d'une pile. Tous les interdits qui le frappent (il ne peut heurter le sol ni courir, ni même marcher vite ; il ne serre pas la main, ne désigne personne du doigt, ne peut laisser traîner son regard ; il mange seul, boit seul, nul ne peut s'asseoir à ses côtés ; il ne peut porter de vêtements rouges, à dire vrai bruns ou jaunes, etc., pour ne

---

4. *Cf.* Françoise Héritier, « La paix et la pluie. Rapports d'autorité et rapport au sacré chez les Samo », *L'Homme* 13 (3), 1973, p. 121-138.

citer que quelques-uns d'entre eux) manifestent l'extrême chaleur qu'il dégage et le danger qu'il porte avec lui. C'est la tête du *lamutyiri* qui attire la pluie, tête où la pousse des cheveux est le signe de l'accumulation de chaleur qui déclenche la pluie. On dira de lui qu'il a une bonne ou une mauvaise tête. Ses cheveux ne sont coupés qu'une fois l'an, conservés soigneusement pour être enterrés avec lui, et ne peuvent toucher directement le sol. Si cela se produit, on assiste à un court-circuit de chaud sur chaud, la pluie s'arrête, les mauvaises herbes envahissent les champs, étouffent les graines, la nature reprend place dans les champs cultivés.

Associé au froid et à l'humide, il est lui-même un personnage chaud, tandis que le *tudana*, associé au chaud (la Terre) et au sec (le feu, personnifié dans l'autel *tiétra*), est dans sa personne un personnage froid ; il est le *kepile*, le « capuchon protecteur » des hommes ; sa parole est lente, froide, basse, mesurée. Si le *lamutyiri* doit marcher sur la Terre sans en avoir l'air, le *tudana* ne peut ébranler l'air du bruit de ses paroles : il doit « parler sans en avoir l'air ».

*La maîtrise de l'équilibre*
*entre le chaud et le froid*

Un certain nombre d'obligations, toutes marquées du sceau de la paix et de la coopération, pèsent sur les villageois pour assister le maître de la Pluie dans sa tâche. Si elles ne sont pas accomplies (le manque d'entente est chaud), il est dit explicitement que le vent chaud sortira en hivernage au lieu de la pluie, courbera le mil et l'empêchera de grainer, que les bêtes sauvages entreront dans le village et que les enfants auront la variole.

Mais un certain nombre de « crimes » ou d'événements exceptionnels marqués du signe du chaud ont également pour effet d'empêcher la pluie de tomber : les rapports sexuels (chauds) en brousse ou au village sur la terre nue (chaude), sans natte (chaud sur chaud, l'accumulation ainsi engendrée de la chaleur est intolérable ; l'excès de chaleur consume l'humidité, brûle et dessèche la végétation, attire le vent). De même, la présence des *zama*, parias réputés nécrophiles, dont le délit sexuel est excès de chaleur ; si bien que l'on ne peut enterrer leurs corps, qui sont déplacés de village en village et laissés à pourrir dans les fourches des arbres. De même, la sortie de l'objet *sanyisé* de son autel, lorsqu'il est utilisé comme instrument justicier ; tant qu'il n'a pas réintégré son autel, qui appartient au domaine de la Terre, la pluie ne tombe pas dans le village où il a été déposé...

Ainsi le chaud (la personne du *lamutyiri*) attire le froid et l'humide, mais l'excès de chaleur consume l'humidité et développe le sec. Le froid (la personne du *tudana*) manipule le chaud (les autels de la Terre et autels justiciers) mais l'excès de froid déclenche un excès d'humidité. Cela est plus rare : une seule illustration m'en est connue, à savoir l'interdiction, en saison des pluies, c'est-à-dire en saison froide et humide, de faire le sacrifice de puberté qui a pour objet de refroidir les adolescents. Froid sur froid, cela entraînerait des hémorragies, la perte de la substance vitale et la mort rapide des intéressés.

La maîtrise de l'équilibre entre le chaud et le froid, par l'intermédiaire des individus qui les incarnent, est donc nécessaire pour assurer le retour harmonieux des saisons, la paix et la cohésion villageoises. Les aléas climatiques, comme le fonctionnement des institutions villageoises et la vitalité des adolescents, sont l'affaire des hommes en fonction de leur capacité ou incapacité à maintenir la balance égale entre les forces élémentaires incarnées socialement du chaud et du froid, du sec et de l'humide.

*Eaux de sexe et conception*

Toute femme féconde possède une matrice (« sac ») où se développe et « cuit » l'enfant. Au cœur de la matrice, une petite boule de sang, appelée « petit caillou », roule perpétuellement sur elle-même. Elle porte un orifice, cesse de tournoyer au moment des rapports sexuels et si le hasard fait que l'orifice de la boule girante est alors dirigé vers le vagin, la conception a lieu.

La présence de la matrice et du caillot tourbillonnant est une condition nécessaire mais non suffisante pour concevoir. Il faut aussi la présence conjuguée, lors des rapports sexuels, de deux « eaux de sexe » *(do mu)* paternelle et maternelle, le bon vouloir ou l'appui d'une force extra-humaine, et surtout le bon vouloir (le désir inconscient) du « destin individuel » de la femme.

Le destin individuel, dont il a été question plus haut *(lèpèrè)*, est une des neuf composantes de la personne. Il est fondamentalement le désir de vie/désir de mort : c'est le destin individuel de l'individu qui décide de sa mort.

De l'« eau de sexe » de la mère et du caillot utérin initial procèdent le corps, le squelette, les organes de l'enfant. Le père fournit le sang. L'« eau de sexe » de l'homme est le support du sang : le sperme se transforme normalement en sang dans le corps de la femme. Il redevient du sang.

Les femmes qui ont des règles trop abondantes accusent le sperme de leur mari. Les jeunes filles pubères, mais n'ayant pas encore de rapports sexuels, sont censées avoir des règles beaucoup plus légères.

Quand une femme est enceinte, le signe de la grossesse étant normalement l'arrêt des règles, le sang du mari, que la femme ne perd plus, pénètre dans l'enfant et c'est de la fréquence des rapports après la conception que dépend la bonne formation de celui-ci, du moins jusqu'au sixième mois. L'enfant possède à ce moment tout le sang nécessaire à la vie.

L'« eau de sexe » *(do mu)*, que l'on appelle également « eau filante », « eau gluante », provient de différents endroits du corps et particulièrement des articulations : genoux, chevilles, coudes, poignets, tête des épaules, crêtes iliaques, reins et colonne vertébrale. Partout se trouve cette même eau filante, et quand la semence masculine s'écoule, elle provient de tous ces endroits à la fois. Les femmes en ont naturellement dans les mêmes articulations et la perdent également lors des rapports sexuels. Elle se renouvelle spontanément par la marche et l'activité.

Les hommes se doutent qu'un rapport a été suivi de fécondation par une fatigue particulière qu'ils ressentent, la fatigue masculine de la conception, accompagnée de somnolence et de douleurs aux genoux et aux coudes analogues aux douleurs rhumatismales. Ils en plaisantent entre eux. Cela s'explique par une aspiration particulièrement forte de la semence masculine due à la position favorable de la boule girante dans l'utérus récepteur.

*Impuissance masculine
et infécondité féminine*

L'homme stérile est celui dont le « pénis est mort ». On entend par là l'homme atteint de véritable impuissance mécanique ou qui ne produit pas de sperme. La stérilité du fait de l'homme, indépendante de l'impuissance, n'est pas reconnue. De la sorte, *tous les cas d'infécondité sont imputés aux femmes* et particulièrement à la mauvaise volonté de leur « destin individuel ».

Cependant, on sait fort bien que des femmes qui n'ont pas conçu pendant leur union avec un époux peuvent concevoir d'un autre. L'absence de conception est mise alors au compte d'incompatibilités d'ordre non biologique, mais magico-religieux entre les conjoints. Ces incompatibilités peuvent d'ailleurs être décelées par la divination et elles fournissent alors une des rares raisons rendant valide la séparation des conjoints unis sous le régime du mariage légitime *(furi)*.

Pourtant, il y a des cas d'hommes qui n'ont jamais eu d'autres enfants que ceux que leurs épouses légitimes ont amenés avec elles (le premier-né des épouses légitimes devant toujours être conçu hors mariage, d'un autre partenaire que le mari, *cf.* chapitre II, p. 52). Mais du fait même qu'un homme peut toujours se trouver crédité d'une descendance qui lui vient de ses épouses légitimes, la stérilité masculine n'a pas en soi d'importance et il n'est donc pas du tout nécessaire de l'identifier ou de la reconnaître comme telle.

L'homme stérile aura, comme les autres, des enfants qui feront pour lui les sacrifices après sa mort et perpétueront son souvenir. De plus, à supposer que les premiers-nés de ses épouses légitimes n'aient pas vécu ou qu'il s'agisse uniquement de filles, il aura toujours des neveux, fils de frères, qui sont terminologiquement ses fils (le système de parenté est du type omaha) et qui lui rendront, comme à leur père, les prestations sacrificielles coutumières après sa mort (*cf.* chapitre II, p. 64).

Tout autre est le cas de la femme stérile *(kuna),* que ce soit celle qui n'a jamais eu de règles, celle qui est censée ne pas avoir de matrice, celle dont les caillots tournent toujours en sang, celle qui a lésé un être de brousse dont la vindicte ne se laisse pas fléchir, celle de qui le propre destin individuel refuse de concevoir. Une seule grossesse même avortée suffit à lui retirer cette étiquette infamante et à lui éviter le destin *post mortem* qui l'accompagne.

Comme on reconnaît de multiples causes à l'infécondité féminine, une femme qui ne conçoit pas de son mari alors que ses co-épouses ont des enfants peut toujours espérer n'être victime que d'un mauvais destin provisoire défini par une incompatibilité étroitement liée à la personne de son conjoint.

Ainsi, à de rares exceptions près, les femmes stériles sont aussi celles qui ont la vie conjugale la plus mouvementée, qui passent d'homme en homme, à la poursuite d'une chimère jamais atteinte : une grossesse. Pourquoi cette recherche désespérée ?

Tout d'abord, ce qui donne à la jeune fille le statut de femme, ce n'est ni la perte de la virginité ni le mariage ni même la maternité : c'est la conception. Il suffit d'une grossesse, dont il importe peu qu'elle soit suivie d'une fausse couche ou d'une naissance.

La femme stérile n'est pas considérée comme une vraie femme, *lo* ; elle mourra *suru*, c'est-à-dire jeune fille immature, et sera inhumée dans le cimetière des enfants, sans que les griots tapent pour elle, lors de ses funérailles, les grands tambours qu'on n'utilise que pour honorer les femmes fécondes. Il n'y aura pas derrière elle, dans son lignage d'accueil, de fille ni de petite-fille par le fils ou la fille pour entendre les réclamations de son double en peine.

Elle sera en ce monde comme si elle n'avait pas vécu. Enfin, ce corps qui n'aura pas servi, qui n'aura jamais connu la douleur d'enfanter, la déchirure, les reins rompus par les souffrances de l'accouchement, ce corps connaîtra ces souffrances après sa mort. En différents endroits du pays samo, on procède sur la femme stérile, avant de l'enterrer couchée sur le dos et non sur le côté gauche, à une opération qui vise à lui « briser les reins ». On lui transperce le dos à hauteur des reins avec un bâton épointé, fait d'un bois qui ne donne pas de fruits, le *sendièrè*. À dire vrai, cette opération n'est pas faite sur toutes les femmes stériles, mais seulement sur les femmes aménorrhéiques, celles qui n'ont jamais eu de règles de leur vie, ou qui sont censées n'avoir pas de matrice, ce que l'on sait par la divination.

Avoir ses premières règles, la puberté féminine, se dit *tyi yu*, les « reins brisés » (*tyiri*, reins ; *yu*, casser, rompre, briser). La femme sans règles, qui n'a pas eu les reins rompus naturellement de son vivant, les aura après sa mort.

Pourquoi cela est-il nécessaire ? C'est au moment où une fille a ses premières règles que le père accomplit pour elle le sacrifice de puberté qui lui donne accès à la vie sexuelle. De même pour les garçons : c'est au moment où ils ont le *do mu bo* (la sortie de l'eau de sexe) que leur père fait pour eux le même sacrifice. On appelle ce sacrifice *lèpèrè bo*, la sortie, l'émergence du destin individuel.

La puberté et le sacrifice correspondant consacrent le moment où l'enfant prend en charge, assume son propre destin, jusqu'à présent fonction de celui de sa mère.

La femme « sans règles » est donc celle qui n'est jamais sortie de l'état d'enfance, qui n'a pas de destin autonome et subit une loi qui lui vient de sa mère. Les enfants dont le destin n'est pas « sorti » sont ceux qui meurent avant la puberté. La femme sans règles et, par extension, la femme stérile dépourvue de matrice féconde présentent ce paradoxe et cette contradiction d'avoir vécu peut-être longtemps et donc d'avoir eu un destin de longue vie sans l'avoir jamais assumé normalement, en restant toute leur vie dans la situation chaude de l'enfance.

*La chaleur de l'enfance
et des femmes sans règles*

Le sang est du domaine du chaud. La femme qui, enceinte, ne perd plus son sang propre ni celui qui lui vient de son mari par l'intermédiaire du sperme, emmagasine et accumule la chaleur qui fait l'enfant. Venu au monde, l'enfant a cet excès de chaleur en lui : c'est la raison pour laquelle l'enfant est un être fragile et en danger, dont l'état de vie en suspens cesse au moment précis où le sang le quitte pour la première fois, soit sous la forme du sang des règles féminines, soit sous celle de l'eau de sexe masculine.

La femme stérile sans règles, exemple extrême de tous les cas de stérilité féminine, se contente d'accumuler la chaleur, celle de son propre sang et celle du sang de son conjoint, sans jamais la perdre. L'opération qui lui brise les reins est donc en quelque sorte une double remise en ordre : elle retire artificiellement du corps avant qu'il refroidisse l'excès de chaleur qu'il aurait dû perdre et n'a jamais perdu ; ces règles symboliques indiquent que son destin est « sorti » et s'est accompli, et annulent de la sorte le paradoxe dont nous avons parlé plus haut. De plus, par-delà cette remise en ordre de sa vie, c'est aussi d'une remise en ordre du monde qu'il s'agit. Lui briser les reins pour permettre l'écoulement de l'excès de chaleur, c'est aussi lui permettre de refroidir normalement au sein de la Terre, elle aussi chaude, et éviter de la sorte à l'entourage humain les effets néfastes de la mise de chaud sur chaud.

Dans l'immédiat, la femme sans règles inhumée sans l'accomplissement de cette opération est une sorte de vampire, gonflé de sang, qui ne refroidit que lentement, que la vie continue d'habiter, car le sang est le support de la vie.

Il s'agit de l'empêcher de « revenir », pendant toute la période où une des principales composantes de l'individu reste dans les parages villageois avant de rejoindre définitivement le village des morts, animée de mauvaises intentions à l'encontre des femmes fécondes et particulièrement des femmes enceintes qu'elle veut, jalouse, entraîner avec elle dans la mort.

La femme sans règles est le cas extrême de cette malédiction qu'est l'infécondité féminine. L'infécondité absolue est toujours la résultante d'un mauvais vouloir ou d'une hostilité soit du destin individuel de la femme, soit de puissances surnaturelles ; mais alors qu'il est toujours possible d'espérer infléchir, par des techniques appropriées, ces mauvais vouloirs lorsque la physiologie féminine le permet, on sait dans son cas qu'aucun recours n'est possible. Par la rétention constante de chaleur qu'elle opère, la femme sans règles est chaude, et par là même dangereuse, après sa mort, mais aussi de son vivant.

## L'anormalité maximale

C'est bien là qu'est le scandale : la femme sans règles est chaude. Or, dans le système d'oppositions des Samo, l'homme relève de la catégorie du chaud, la femme, de la catégorie du froid. Pour injurier un homme, on lui dira : « Tu es frais, tu es froid comme une femme. »

L'homme est chaud, parce qu'il produit sans cesse de la chaleur, en produisant du sang, source et véhicule de la chaleur dans le corps, véhicule de la vie *(nyini)*. Sperme = sang = chaleur.

Le propre de l'alchimie masculine est de transformer sans arrêt l'eau filante de ses articulations (l'équivalent en quelque sorte dans la pensée samo de la moelle osseuse génératrice de globules rouges) en sang pour lui-même, qu'il ne perd pas, et en sperme, générateur de sang dans le corps de la femme réceptrice, sang qu'elle perd lors des règles en sus de son propre sang, ou qui est au contraire introduit dans le corps de l'embryon pour lui constituer sa dotation propre.

L'homme, en conséquence, ne quitte jamais vraiment l'état de chaleur de l'enfance : il ne perd pas son propre sang ; au contraire, il en produit.

La femme, à l'inverse, passe tout au long de sa vie par des états transitoires et alternés de froid et de chaud. La puberté la fait passer de la chaleur de l'enfance au froid de l'adolescence féminine, en lui ouvrant en même temps l'accès à la vie sexuelle (le froid attire le chaud et réciproquement ; les rapports avec une fillette impubère, qui mettent du chaud sur chaud, mettent les partenaires en danger de tarissement de leurs fluides vitaux).

Tant que ces rapports sont improductifs et qu'elle perd, mois après mois, son sang et le sang étranger introduit en elle, elle est froide. Froide, avide de chaleur, incapable de la retenir, bien que régulièrement réchauffée par les rapports sexuels.

L'eau filante des articulations de la femme ne tourne pas en sang. Nous verrons plus loin quelle est l'alchimie propre au corps féminin.

Si la femme relève de la catégorie du froid, c'est qu'elle perd régulièrement son propre sang, celui de sa dotation naturelle, lors de cette catastrophe cyclique que sont les règles. La femme qui a ses règles *perd de sa chaleur qui retourne à la terre*. On dira d'elle en cette période : « Elle est assise à terre » (« *Diéna turu ya ma* »). En effet, l'usage des femmes mariées dont les règles sont très abondantes, du fait de la non-assimilation du sang/sperme du mari qui s'ajoute à leurs pertes propres, est de rester assises sur le sol pendant toute la journée sans bouger. Elles ne se lèvent qu'au soir pour se laver. On notera ainsi le point intéressant du retour de la chaleur à la terre.

La grossesse replace la femme en état de chaleur, et même de chaleur extrême, puisqu'elle conserve non seulement son propre sang, mais celui de son conjoint.

L'accouchement, pour lequel la femme est accroupie au-dessus d'un trou pratiqué dans la terre, est une énorme et brutale déperdition de chaleur. Après la naissance, on s'efforce artificiellement d'en rendre quelque peu à la mère en la maintenant en permanence auprès d'un feu allumé dans sa chambre, cela pendant dix jours, et en lui faisant prendre plusieurs fois par jour, pendant cette même période, des bains très chauds.

Il s'agit par là de favoriser l'alchimie féminine propre : la transformation en lait de l'eau filante des articulations. La femme a besoin de chaleur pour mener à bien cette opération : après la brève période très froide de l'accouchement, la période de lactation sera, elle, une période chaude où, ne perdant plus son sang, la femme investit sa chaleur dans la transformation de ses eaux en lait.

En fait, les femmes sont beaucoup plus longtemps en position de rétentrices de chaleur qu'en position froide : prépuberté, grossesse, allaitement, ménopause prennent la majeure partie de leur vie. Mais le principe même de la perte de sang menstruel, associé à la lune (elle aussi corps froid), et de la non-fabrication spontanée de chaleur est suffisant pour qu'elles relèvent de la catégorie du froid.

Toutes les femmes aménorrhéiques sont donc en position scandaleuse, puisqu'elles se comportent apparemment comme des hommes, à cela près qu'elles ne produisent pas elles-mêmes de chaleur, mais se contentent de l'accumuler. C'est la raison pour laquelle elles sont dangereuses ou en danger.

La femme sans règles représente l'anormalité maximale. Nous avons vu les précautions que l'on prend à l'égard de son cadavre. La femme ménopausée est celle sur qui risque le plus de peser l'accusation de sorcellerie (comme sur la femme stérile, d'ailleurs), surtout si elle est soupçonnée de continuer à avoir fréquemment des rapports sexuels lui permettant d'accumuler une chaleur explosive.

*Des accumulations dangereuses de chaleur*

La femme enceinte est une femme normalement froide (elle a déjà perdu son sang) qui n'accumule temporairement la chaleur que pour « cuire » son enfant. Mais pendant cette période où elle est chaude, elle ne peut, par exemple, approcher de l'endroit écarté en brousse où les hommes préparent en silence le poison de flèche (éminemment chaud) : l'accumulation de chaleur qui se produirait en elle la ferait avorter immédiatement. Inversement, les femmes en règles ne doivent pas non plus approcher du même endroit : en processus de refroidissement, leur corps attirerait la chaleur et nuirait à l'efficacité du poison. Au sens propre, elles le feraient tourner.

Bien d'autres faits pourraient être cités qui vont dans le même sens. En tout cas, la femme qui meurt enceinte ou en couches, c'est-à-dire en période de rétention de chaleur, est, comme la femme sans règles, dangereuse pour son entourage féminin en âge de procréer. Elle est enterrée dans un cimetière spécial ; si l'enfant qu'elle porte n'est pas sorti, lui qui est l'élément extrêmement chaud en elle, des fossoyeurs spécialisés le retireront du corps de la mère avant de les inhumer. Des précautions sont prises pendant dix jours par les femmes enceintes (elles ne sortent qu'un couteau à la main) et par toutes femmes pubères (elles se décoiffent ou se déguisent pour n'être pas reconnues), car, comme les femmes sans règles, ces femmes mortes en couches sont gonflées d'un sang surabondant qui n'est pas sorti d'elles, qui refroidit lentement et permet à leur double d'opérer des actions vengeresses contre leurs semblables plus heureuses qu'elles.

La femme nourrice ne peut passer non plus près du lieu où mijote le poison : cela tarirait son lait, par excès de chaleur.

Nous voyons bien maintenant la raison purement idéologique de la cessation des rapports sexuels après la naissance, pendant la lactation : l'alchimie féminine est de transformer périodiquement, grâce à la chaleur du sang qu'elle ne perd plus, l'eau filante de ses articulations en lait, corps chaud, comme l'alchimie masculine est de transformer cette même eau, en permanence, en sang.

L'intromission du sperme/sang, corps chaud, dans l'utérus de la femme allaitante, outre que le rapport sexuel détournerait une partie de l'eau filante féminine de sa destination propre, équivaudrait à accumuler du chaud sur du chaud.

Chaud + chaud = sec : le résultat serait le tarissement du lait de la mère ou/et, à l'inverse, le tarissement provisoire ou définitif des émissions de sperme du mari. Lait et sang/sperme sont deux éléments fondamentalement antinomiques qu'il n'est pas convenable, pire, qu'il est dangereux de mettre en présence. Lorsqu'une femme allaitante voit son lait tarir, elle est immédiatement soupçonnée d'avoir eu des rapports sexuels interdits avec son mari ou avec un autre homme.

En définitive, il s'agit bien de la protection de l'enfant au sein, mais au terme d'un raisonnement qui a peu à voir avec le risque de conception, et qui relève d'un ensemble idéologique solidement charpenté.

Il n'est pas évident qu'il soit impossible de retrouver ailleurs et même dans notre propre culture des traces de cette dichotomie fondamentale entre le chaud et le froid, au-dessus de la distinction masculin/féminin. Il suffit d'interroger le langage, les expressions métaphoriques du langage populaire pour comprendre que le substrat inconscient est là : la femme est « frigide », l'homme est « un chaud gaillard », la femme stérile est « un fruit sec »...

Il l'est aussi sous la plume des écrivains. Qu'on écoute ce que chantent les Jungmannen de Kaltenborn sous la plume de Michel Tournier, dans *Le Roi des Aulnes* : « Nous sommes le feu et le bûcher. Nous sommes la flamme et l'étincelle. Nous sommes la lumière et la chaleur qui font reculer l'obscur, le froid et l'humide. »

C'est cet ensemble valorisé de conceptions très profondes qui continue de légitimer non pas simplement la différence, mais l'inégalité entre les sexes.

**CHAPITRE IV**

STÉRILITÉ, ARIDITÉ, SÉCHERESSE
Quelques invariants de la pensée symbolique

*Aride*, adj. (lat. *aridus*). Sec, stérile : terre aride. Fig. :
esprit aride, qui ne peut rien produire. Sujet aride,
qui prête peu aux développements. Ant. : humide,
fécond.

*Stérilité* : En dehors de la stérilité personnelle de
l'homme et de la femme, on constate des cas de
stérilité qui ne sont imputables ni à l'un ni à l'autre
des conjoints, mais à leur groupement, et où chacun
des deux fait preuve de fécondité en changeant de
conjoint *(Larousse Universel).*

Qu'un auteur soit fécond, ce qu'il a à dire coule de source ; ses textes sont pleins de sève ; il peut même être intarissable sur son sujet, être atteint de logorrhée. Mais qu'il n'ait plus rien à dire ou à écrire, il reste sec, son esprit est aride, son imagination tarie.

La phraséologie du jugement social va ainsi d'emblée vers des images qui opposent largement une humidité ou des humeurs fécondes à une aridité stérile.

Cependant il s'agit moins là d'une pure transposition métaphorique d'un domaine (la nature) à un autre (les créations verbales de l'esprit), que de la mise en évidence au moyen d'un langage commun de mêmes propriétés sensibles que possèdent des choses et des faits de nature différente.

En somme, il s'agit de formulations parcellaires extraites d'un corps de représentations collectives qui tirent leur vérité de la perception d'une particularité évidente, visible, que sous forme générale on peut énoncer ainsi : des flux de tous ordres sont nécessaires à la production de toute vie.

Dans notre culture, il serait relativement aisé de montrer sous cet angle que les interprétations de la fécondité et de la stérilité relèvent, tout au moins sur le plan du langage, d'un système symbolique de représentations qui mettent en relation, comme si cela allait de soi, le cours du monde naturel et sa reproduction, la personne humaine dans sa chair et dans son esprit, ainsi que le jeu des règles sociales.

On trouverait une excellente démonstration de ces rapports dans l'étude sur la chlorose publiée en 1981 par Jean Starobinski [1].

C'est à la stérilité du corps et non à celle de l'esprit que l'on s'intéresse ici, et à la façon dont elle est perçue dans les sociétés dites « primitives », « exotiques », sans écriture.

Les croyances apparemment diverses dont elle fait l'objet relèvent bien entendu pour chaque groupe humain de sa propre construction idéologique de représentations, ensemble structuré cohérent parfaitement autonome.

Il semble néanmoins, après examen d'un certain nombre de données, qu'il est possible de rapporter les conceptions ethniques particulières rencontrées à un ou plusieurs corps d'invariants, qui font apparaître leur logique commune.

On reste, ce faisant, fidèle à la démarche de Durkheim pour qui « penser conceptuellement, ce n'est pas simple-

---

1. Jean Starobinski, « Sur la chlorose », *Romantisme, revue de la Société des études romantiques* 11 (3), 1981, p. 113-130, numéro spécial « Sangs ».

ment isoler et grouper ensemble les caractères communs à un certain nombre d'objets ; c'est subsumer le variable sous le permanent [2] ».

D'entrée de jeu, apparaissent trois ensembles de caractères, l'énoncé des deux premiers ne devant pas *a priori* soulever de nombreuses objections :

Le discours sur la stérilité, bien que toujours fondé sur des observations concrètes, n'est fondé ni sur une connaissance scientifique de la physiologie ni sur la morale. C'est un discours qui parle de la pratique sociale et des règles de conduite qui s'y rapportent.

La stérilité s'entend spontanément au féminin, partout et toujours. Elle dit en conséquence avec insistance quelque chose du rapport social des sexes.

Le discours sur les causes de la stérilité, comme sur les raisons de la fécondité (ce dernier généralement implicite), exprime une homologie de nature entre le monde, le corps individuel et la société, et la possibilité de transferts d'un de ces registres dans un autre.

Cette homologie s'exprime avec des contenus symboliques variables – on tente ici de dénouer les fils d'un de ceux dont la fréquence paraît particulièrement élevée –, mais selon des lois formelles identiques.

*Discours savant et norme morale*

Les représentations de la stérilité sont toujours fondées sur des observations concrètes précises, non sur un corps de connaissances abstraites scientifiquement reconnues, et les grilles d'interprétation de ce phénomène se réfèrent à la pratique sociale.

L'explication, que l'on connaît depuis peu, des mécanismes fondamentaux de la gamétogenèse et de la fécon-

---

2. Émile Durkheim, *Les Formes élémentaires de la vie religieuse*, 6ᵉ éd., Paris, PUF, 1979, p. 627.

dation a peu de chose à voir là-dedans, pas plus dans nos croyances populaires modernes que dans celles d'autrefois ou dans les croyances actuelles des autres peuples.

En l'absence d'une explication scientifiquement démontrée, dont il importe de rappeler, en paraphrasant Durkheim [3], qu'il ne suffit pas qu'elle soit vraie pour qu'elle soit crue si elle n'est pas en harmonie avec les autres croyances, le discours savant se réfère lui aussi naturellement à la pratique sociale, comme seul système interprétatif possible.

Rien de plus instructif à ce propos que de lire le chapitre que consacre Verrier Elwin [4] au problème de la stérilité adolescente et particulièrement de la stérilité au *ghotul*, cette maison des jeunes d'une tribu de l'Inde, les Muria, dont on trouve des équivalents dans bien d'autres populations et qui est une école d'apprentissage social mais aussi d'apprentissage sexuel, avec des partenaires multiples, avant l'entrée dans le régime de la conjugalité.

On sait désormais qu'après les premières règles et sur un espace de temps variable qui peut atteindre quelques années, tous les cycles féminins ne sont pas nécessairement accompagnés d'ovulation [5]. La fréquence des cycles anovulatoires varie selon les individus bien sûr, et elle va aussi en diminuant dans le temps. Pendant cette période, il existe donc une relative protection naturelle des jeunes filles contre le danger de fécondation.

En effet, de nombreux auteurs avaient noté dès le début de ce siècle le petit nombre de grossesses survenues chez des jeunes filles dans de nombreuses sociétés qui

---

3. *Op. cit.*, p. 625.
4. Verrier Elwin, *The Muria and their Ghotul*, Bombay, 1947, trad. française *Maisons des jeunes chez les Muria*, Paris, Gallimard, 1959.
5. M. F. Ashley-Montague, « Adolescent sterility », *Quarterly Review of Biology* 14, 1939, p. 13-34, 192-219.

tolèrent ou pratiquent assidûment la liberté sexuelle préconjugale, souvent au sein d'institutions spéciales de types divers qui la favorisent : maisons de jeunes, maisons de célibataires, dortoirs communs (*bukumatula* des Trobriandais, *ghotul* des Muria, *manyatta* des Masai, *agamang* des Ifugao, etc.).

Pourtant on ne pouvait mettre en avant de manière évidente l'usage de techniques contraceptives ou abortives particulièrement efficaces, ou une incidence particulièrement élevée de l'avortement ou de l'infanticide.

Malinowski pose ainsi la question : « Peut-il exister une loi physiologique qui rende la conception moins probable quand la femme débute sa vie sexuelle à un âge précoce, la poursuit sans interruption et change souvent d'amants [6] ?

Les réponses à cette question (qui fournit d'elle-même les éléments d'une réponse socialement fondée), que rapporte Elwin, sont frappantes car elles ne correspondent à rien d'autre qu'à une mise en forme littéraire et rationnelle, non naïve, de croyances largement répandues.

Pour R. F. Barton, c'est l'intensité même de la vie sexuelle pendant cette période adolescente qui est cause de stérilité, en entretenant un état d'hyperémie des organes féminins [7].

Pour A. C. Rentoul, les Trobriandaises étaient « spécialement douées ou favorisées d'un pouvoir d'éjaculation auquel elles pouvaient recourir après chaque coït pour chasser la semence masculine [8] », idée reprise par N. E. Himes dans son *Histoire médicale de la contraception* [9].

Pour G. H. L. Pitt-Rivers, « la stérilité de la promis-

---

6. Bronislaw Malinowski, *The Sexual Life of Savages in Northwestern Melanesia*, Londres, G. Routledge, 1932, p. 168.
7. R. F. Barton, *Philippine Pagans*, Londres, G. Routledge, 1938.
8. A. C. Rentoul, « Physiological paterny and the Trobrianders », *Man*, XXXI, 1931, p. 153.
9. N. E. Himes, *Medical History of Contraception*, Londres, 1936.

cuité est due au mélange des spermes d'hommes différents [10] ».

Pour C. G. Seligman, qui croit aussi que « les jeunes filles papoues sont moins facilement fécondées que les femmes de race blanche », ce point de vue est conforté par l'assentiment à la croyance des Sinangolo qu'un coït isolé ne peut provoquer la fécondation et qu'il faut une grande régularité de rapports pendant un mois au moins pour qu'elle se produise [11].

Pour ne pas parler des idées, exprimées néanmoins avec doute, nuance et réserve, que la passivité de la femme et l'absence de plaisir peuvent s'accompagner d'une certaine maîtrise des réflexes utérins qui freine les possibilités de fécondation.

Aptitude raciale différente des femmes, trop grande fréquence ou au contraire trop grand espacement des coïts, sexualité trop précoce, trop grand nombre des partenaires masculins (idée qui implique à elle seule une double hypothèse étonnante : une imprégnation durable sans fécondation et la rencontre de spermes antagonistes qui s'annihilent mutuellement) sont des rationalisations occidentales et moralisantes d'une certaine idée de la pratique sexuelle.

À tout prendre, les Muria sont plus proches de la vérité quand ils prétendent que, sous l'influence d'une divinité, les jeunes filles sont protégées au *ghotul* de toute conception pendant les trois années qui suivent l'apparition de leurs règles. Comme le dit Verrier Elwin : « Il doit y avoir des siècles d'observation derrière cette foi dans un intervalle stérile [12]. »

Ces jugements, que nous sentons gros de points de vue normatifs, traduisent effectivement une certaine idée

---

10. G. H. L. Pitt-Rivers, *The Clash of Culture and the Contact of Races*, Londres, G. Routlege, 1927, cité par Elwin, *op. cit.*, p. 303.
11. C. G. Seligman, *The Melanesians of British New Guinea*, Cambridge, 1910, p. 500.
12. *Op. cit.*, p. 292.

du rapport de cause à effet qui existerait entre un devenir biologique et des règles sociales, à savoir, ici, la pratique du sexe « déréglée », du point de vue de l'observateur s'entend, c'est-à-dire du point de vue qui est celui de la norme sociale dont il est porteur : trop copuler, trop tôt, avec trop de partenaires différents, a des effets stérilisants.

Mais dans les sociétés en question, à l'inverse, et pourtant dans la même relation de cause à effet, ces mêmes raisons seront utilisées de façon positive cette fois, pour fonder au contraire une pratique socialement « réglée » du sexe pour les adolescents.

C'est aussi parce qu'ils pensent qu'un rapport unique ne peut être fécondant et qu'il faut des rapports assidus et durables avec un même partenaire pour qu'ils le soient, que, selon les *ghotul*, des couples appariés de façon durable ne peuvent avoir de rapports sexuels complets trop souvent, ou que des partenaires du soir peuvent copuler librement à condition de changer chaque nuit leur appariement.

Du point de vue muria, « la grossesse exige une concentration à la fois psychologique et physique dans la fidélité à un seul partenaire [13] », écrit Elwin : c'est la raison pour laquelle elle est le propre de l'état matrimonial.

## *Discours populaire et norme sociale*

La même foi dans un intervalle stérile accordé à l'adolescence et soumis à une pratique réglementée du sexe est exprimée par bien d'autres populations que les Muria, en paroles et en actes : on peut simultanément autoriser ou encourager les adolescents à avoir des relations sexuelles et les réprimander si la jeune fille se

---

13. *Op. cit.*, p. 161.

trouve enceinte en dehors du temps et des statuts normaux, car cela implique *ipso facto* que les règles corrélatives de la pratique du sexe n'ont pas été respectées par eux.

Mais il est surprenant de constater que c'est dans la bouche d'informateurs que l'on trouve parfois des attendus qui manifestent que les entités mystiques confortées par une pratique sexuelle codifiée n'agissent pas seules dans cette protection, mais se greffent ou s'appuient sur un support physiologique adéquat, identifié comme responsable par une observation et des constatations concrètes précises.

Les Azande pensent ainsi que l'enfant procède de la fusion, de nature indéterminée, entre le sperme masculin et le mucus féminin, qui contiennent tous deux des *mbisimo*, des « âmes d'enfants », accordées par Dieu, qui en permet aussi la rencontre dans l'acte sexuel [14]. L'enfant sera garçon ou fille selon que le principe mâle ou le femelle l'emportera en force dans cette rencontre. Si l'un des deux partenaires n'a pas de *mbisimo*, l'union n'aura pas de fruits.

Mais, ajoute Evans-Pritchard, c'est seulement à la maturité que Dieu accorde ces âmes d'enfants et que l'individu devient fertile. Auparavant, le sperme des jeunes garçons est clair comme de l'eau, c'est « simplement de l'urine », dit-on ; il ne devient chargé en « âmes d'enfants » qu'au moment où il épaissit et prend l'apparence du blanc de l'œuf, c'est-à-dire, du point de vue azande, rarement avant dix-sept ans.

C'est aussi seulement après leur plein développement physique que le mucus émis par les jeunes filles va s'épaissir et contenir également des « âmes d'enfants » données par Dieu.

De fait, bien des hommes ne s'inquiètent pas avant longtemps que leurs jeunes épouses ne soient jamais

---

14. E. E. Evans-Pritchard, « Heredity and gestation, as the Azande see them », *Sociologus* 8, 1932, p. 400-414.

grosses, et parfois même ils ne commencent à s'inquiéter que lorsque leurs seins ont commencé à tomber, lorsqu'il n'est plus possible de postuler qu'elles n'ont pas encore atteint leur plein développement.

Dans ces discours sur la stérilité adolescente, donc, par antiphrase, sur les conditions normales d'émergence au sein du mariage d'une bonne fécondité, se rencontrent ainsi sans discordance majeure les points de vue des observateurs et des observés.

La même interprétation causale, qui n'est pas plus fondée dans un cas que dans l'autre sur une connaissance véritable des mécanismes physiologiques en cause, montre bien le rapport étroit de correspondance qui existe entre une norme ou une pratique sociales et une réalité corporelle individuelle, à ceci près que les points de vue des observateurs que nous avons cités plus haut comportaient dans les termes mêmes utilisés une forme de jugement de type éthique (dont on peut légitimement penser qu'il exprime les normes morales, en termes de ce qui est bien ou de ce qui est mal, de leur propre société) et les autres non.

Toutes les sociétés primitives ne préconisent pas, tant s'en faut, la liberté sexuelle prénuptiale. Mais, qu'elles la préconisent ou non, il est frappant de constater à quel point une appréciation strictement morale des causes supposées de la stérilité est peu fréquente, même quand au sein du mariage on pense qu'il s'agit de l'effet de l'adultère ou de pratiques maléfiques féminines pour ne pas concevoir.

*Responsabilité féminine de la stérilité*

Une femme stérile est souvent méprisée car elle est un être inachevé, incomplet, totalement déficient ; elle est parfois remplacée par une autre épouse donnée par sa propre famille lorsque son mari a payé pour elle une compensation matrimoniale importante, comme c'est le cas chez les Lovedu [15], les Thonga [16] ou les Azande.

Une femme véritablement stérile, et non pas simplement celle dont les enfants n'arrivent pas à vivre, peut parfois être considérée comme responsable de son destin en raison d'actes de transgression dont on pense qu'elle les a commis volontairement ou involontairement et dont la stérilité est le stigmate signifiant.

Elle peut même en subir socialement les conséquences, comme on le verra plus loin, notamment dans tous les cas où on établit une équivalence entre stérilité et sorcellerie.

Ainsi les Ojibwa, qui estiment qu'un mariage infécond est toujours dû à la déficience de l'épouse [17], justifient cette imputation en expliquant que la femme, peut-être contre sa volonté ou même simplement sans le savoir, a été unie en songe à un esprit mauvais surnaturel qui fait d'elle une sorcière mortelle pour son entourage [18].

Il arrive même qu'elle en subisse physiquement les conséquences après sa mort.

Rattray raconte que l'homme ou la femme ashanti morts sans enfants étaient enterrés après que l'on avait enfoncé de longues épines dans la plante de leurs pieds. On avertissait le corps de la raison pour laquelle on le traitait si mal : « Vous n'avez pas engendré ou porté d'enfant ; ne revenez pas pour agir de la même façon [19] » (*cf.* également chapitre III, p. 79-81).

Humiliée, brimée, victime, jugée responsable ou

---

15. E. J. Krige et J. D. Krige, *The Realm of a Rain Queen*, Oxford, University Press, 1943.
16. Henri A. Junod, *The Life of a South-African Tribe*, 2 vol., Londres, Mac Millan, 1927.
17. Ruth Landes, *The Ojibwa Woman*, New York, Columbia University Press, 1938, p. 101.
18. *Op. cit.*, p. 37.
19. Robert S. Rattray, *Religion and Art in Ashanti*, Oxford, Clarendon Press, 1927, p. 67.

même sorcière, mais non coupable moralement, telle apparaît la femme stérile.

*Méconnaissance de la stérilité masculine*

Car on ne parle jamais que de stérilité féminine.

L'essentiel de la littérature ethnologique qui traite du sujet méconnaît l'existence d'une stérilité masculine spécifique, non tant parce que les auteurs auraient toujours appliqué leurs propres présupposés culturels aux données qu'ils ont recueillies que parce que les données ont été formulées de cette manière par les informateurs eux-mêmes.

Selon l'une ou l'autre hypothèse, cependant, il semble que le résultat eût été sensiblement le même.

Il y a à cela des raisons évidentes, de bon sens, puisque les faits de nature biologique sur lesquels on s'appuie sont immédiatement perceptibles et font partie du corps universel d'observations sur la nature humaine que fait toute société : c'est la femme qui porte les enfants, les met au monde et les nourrit, au cours d'une période de fertilité marquée par un début apparent, les premières règles, et par une fin, la ménopause.

Si une femme n'a jamais connu de grossesse pendant cette période de sa vie, ce ne peut donc être imputable qu'à sa propre nature, si l'on applique des grilles de lecture et d'interprétation des faits qui ignorent le caractère biochimique de la fécondation, si elles n'ignorent pas la liaison nécessaire sinon suffisante entre copulation et procréation.

Cette ignorance était aussi la nôtre jusqu'à la fin du XVII$^e$ siècle, puisque c'est seulement entre 1672 et 1677 que Reinier de Graaf et Antony Van Leeunwenhoek ont découvert respectivement l'existence de l'ovule féminin et des spermatozoïdes dans le liquide séminal, découvertes qui n'ont pas été suffisantes à elles seules pour régler scientifiquement la question des processus de la fécondation : le débat fit rage pendant presque un siècle entre penseurs et savants pour déterminer qui de l'ovule, où se seraient trouvés déjà formés tous les germes enfantins à venir, ou du spermatozoïde, mû par des animalcules qui trouveraient matière à leur développement dans un terrain neutre, était seul responsable de la genèse de l'embryon.

Il est d'ailleurs plus que vraisemblable qu'une analyse de la notion de fécondité/stérilité menée à partir de travaux savants, démographiques ou médicaux, de notre culture à différentes époques, mettrait en évidence la même prévalence idéologique de la responsabilité féminine dans la stérilité ; on ne la trouverait pas seulement au simple niveau de la croyance populaire.

C'est depuis peu, par exemple, qu'on fait systématiquement une recherche médicale de la responsabilité de l'homme, qui serait réelle pourtant dans trente à quarante pour cent des cas de stérilité du couple.

Dans l'ouvrage par ailleurs remarquable que Frank Lorimer, avec d'autres auteurs, a consacré à l'influence des données culturelles sur la fertilité humaine, on remarque aisément que les données chiffrées concernant des couples sont toujours rapportées à la partie féminine des échantillons [20].

Une pointe d'inquiétude perce cependant. F. Lorimer note, à propos de la fertilité différentielle pendant le cycle vital : « Les questions touchant au développement et au déclin de la fertilité ont été abordées exclusivement par référence aux femmes. On observe des processus comparables pendant la vie des hommes, mais étalés sur une période beaucoup plus longue. De toute façon, l'avancée en âge d'un époux va nécessairement de pair avec celle de l'autre. Si l'on admet que le déclin apparent de la

---

20. F. Lorimer, *Culture and Human Fertility. A Study of the Relation of Cultural Condition to Fertility in Non-Industrial and Transitional Societies*, Paris, Unesco, 1954.

fécondité chez les femmes qui avancent en âge peut être partiellement fonction d'une fécondité déclinante des hommes ou de la relation conjugale des époux, nous sommes en droit d'ignorer ces aspects pour simplifier l'analyse [21]. »

Ainsi, pour le déclin de la fertilité comme pour la stérilité absolue, le propos reste le même en démographie comme en anthropologie : le facteur masculin peut être laissé de côté.

Évidemment l'impuissance masculine est partout reconnue, mais là seulement se situe en général l'idée de la responsabilité de l'homme dans l'infécondité du couple.

Ainsi, chez les Fanti, la famille d'une épouse l'incite à se séparer d'avec son mari après six mois d'union s'il n'y a pas déjà promesse d'enfant : il faut, en effet, que toute fille produise des enfants pour agrandir le lignage, puisque les Fanti sont matrilinéaires. C'est le mari qu'on tient pour responsable de cet échec au premier chef, « unless he has already demonstrated his potency », écrit J. B. Christensen [22]. Ce qu'on met en doute, c'est donc bien sa puissance et non sa fertilité.

De la même manière, chez les Ashanti voisins également matrilinéaires, où le couple sans enfants est objet de dérision (le mari comme l'épouse), on désigne grassement le premier du sobriquet de « pénis en cire [23] », lui imputant, pour cette raison de flaccidité, la responsabilité de l'absence de progéniture.

En revanche, il existe fréquemment dans des sociétés patrilinéaires des mécanismes compensateurs qui font que même l'impuissance et *a fortiori* la stérilité masculine, s'il peut se faire que les deux concepts soient clairement différenciés dans ces sociétés, n'ont pas en

---

21. *Op. cit.*, p. 49, traduit par l'auteur.
22. J. B. Christensen, *Double Descent among the Fanti*, Ph. D. Northwestern University, 1952, p. 63.
23. Rattray, *op. cit.*, p. 67.

soi d'importance, en raison des effets d'une disjonction sociale établie entre les catégories de père/Pater et père/géniteur.

*Géniteur* versus *pater*

Nous avons vu que chez les Samo, comme dans bien d'autres sociétés de l'Ouest africain, une jeune fille qui avait été accordée en mariage légitime dans sa très petite enfance par les hommes de son lignage était remise à son mari après avoir accouché de son premier enfant (*cf.* chapitre II, p. 52). Mais ce premier enfant, dont le mari était le père socialement reconnu, était en fait né des œuvres d'un autre homme, partenaire prénuptial choisi par la jeune fille elle-même ou par sa mère, mieux accordé avec elle en âge et surtout en inclination mutuelle que le mari légitime.

Les jeunes gens avaient de manière tout à fait licite et ouverte cohabité ensemble, de nuit seulement, après que le père de la jeune fille avait accompli pour elle le sacrifice de puberté sans lequel elle n'aurait pu avoir accès aux relations sexuelles sous peine de sanctions immanentes (elle aurait dépéri).

Ces rapports amoureux prénuptiaux cessent à la naissance du premier enfant, quand l'épouse rejoint le mari, père social de l'enfant, ou au bout de trois ans si cette union reste stérile.

Ainsi, sauf dans ce cas précis où au bout de trois ans l'épouse est remise au mari même sans avoir enfanté, un homme peut avoir au moins autant d'enfants qu'il a d'épouses légitimes, à condition qu'ils vivent.

De plus, les autres enfants que ces épouses légitimes pourront avoir, lors de fugues extraconjugales, ou lors d'absences prolongées du mari, appartiennent de droit à ce dernier s'il parvient, grâce aux multiples procédures d'intimidation dont il dispose, à faire revenir auprès de lui son épouse et les enfants nés dans l'intervalle.

D'ailleurs il arrive qu'en l'absence d'enfant une épouse sincèrement attachée à son mari s'accorde avec lui, non, il faut bien le reconnaître, sans une certaine duplicité, pour feindre de le quitter, puis se laisser reprendre lorsqu'elle est enceinte, lui accordant ainsi, grâce à un mari secondaire dupé, la paternité sociale dont il a besoin. Car c'est bien de cela qu'il s'agit.

Mais, pour que le patrilignage vive et que le culte rendu aux ancêtres se poursuive dans une succession ininterrompue de générations, il n'est même pas vraiment nécessaire qu'un homme ait des enfants à son nom : si ses frères en ont, qu'il appelle « mes enfants », ils lui rendront après sa mort le culte et les égards que l'on doit aux ancêtres du lignage, et la composante de sa personne, l'esprit *(yiri)*, qui reviendra après sa mort imposer sa marque dans un nouveau-né du lignage, pourra revenir aussi bien dans le fils ou le petit-fils d'un frère que dans son propre petit-fils. Ce n'est pas le cas pour une femme. Son double en peine, qui réclame après la mort des sacrifices particuliers, ne peut être entendu que par sa propre descendance féminine et son esprit ne peut revenir que dans ses propres petits-enfants.

Audrey Richards décrit chez les Haya, population bantoue des royaumes interlacustres, une situation très voisine. Là non plus il ne peut y avoir d'enfant illégitime, sans père social.

Le père social d'un enfant à naître est celui à qui la mère a accordé sa première relation sexuelle après ses relevailles des couches précédentes.

A. Richards explique que ce droit a été rituellement donné au mari pour le premier enfant au moment de la consommation du mariage et qu'il doit être ensuite réinstauré après chaque naissance [24].

---

24. Audrey I. Richards et Priscilla Reining, « Report on fertility surveys in Buganda and Buhaya, 1952 », *in* F. Lorimer éd., *op. cit.*

C'est en quelque sorte une situation rigoureusement inverse de celle des Samo : ici le mariage ne donne pas au mari tous les droits sur les enfants à venir. Mais elle produit les mêmes effets : un homme stérile et même à la limite impuissant peut obtenir ainsi l'héritier qu'il souhaite ardemment.

En effet, comme l'indique explicitement l'auteur, un homme peut monter un plan pour acquérir la paternité qui lui manque. Il lui faut s'entendre d'une manière ou d'une autre avec une femme féconde pour qu'elle lui accorde, ou prétende lui avoir accordé, la première relation *post partum* (« it is her sole right to state which man has had access to her after delivery [25] »).

Ainsi, le prochain enfant qu'elle mettra au monde sera pour lui. De la sorte, il est tout à fait possible, comme chez les Samo, qu'un homme qui n'a jamais engendré lui-même soit le père légal de plusieurs enfants.

Le plus souvent, néanmoins, ces enfants qu'on nomme *bisisi* sont les enfants premiers-nés de mariages secondaires qui sont remis au précédent mari, celui qui avait eu le droit rituel initial ou l'avait acquis à travers une première relation sexuelle *post partum*.

*Rapport sexuel, rapport des sangs,
rapport de forces*

Cependant, l'interrogation sur la responsabilité respective des conjoints dans la stérilité d'un couple peut prendre des formes nuancées, en relation avec la manière dont on se représente la conception et le développement de l'enfant dans l'utérus maternel.

Comme on peut bien l'imaginer, il y a en effet une évidente contiguïté entre les idées sur la fécondation et

---

25. *Op. cit.*, p. 376.

sur la gestation, et celles sur la stérilité. Encore faudrait-il, pour les apprécier à leur juste valeur, faire l'inventaire des archétypes paradigmatiques en ces domaines à travers la documentation dont on dispose. Cet inventaire systématique reste à faire.

De façon générale, lorsque la conception n'est pas attribuée uniquement à des causes spirituelles, elle est censée résulter d'un rapport entre deux « eaux » ou entre deux sangs.

Le sang paternel est porté par le sperme, conception classique qui est présente aussi au cœur des croyances populaires occidentales antérieures, mais aussi postérieures, à la connaissance scientifique de l'embryogenèse, puisque nous voyons dans le mariage et dans l'acte de procréation l'union de deux sangs.

Cette rencontre a lieu à un moment favorable, soit en raison d'un hasard heureux (l'orifice de la petite boule de sang qui tournoie dans l'utérus est orienté vers le vagin au moment précis de l'éjaculation, c'est la conception samo ; chacun des époux a un serpent dans l'abdomen, qui porte la fonction reproductive : celui de l'homme crache la semence qui peut être acceptée ou recrachée par celui de la femme, encore faut-il qu'il ait la tête tournée dans la bonne direction, c'est la conception lovedu [26]), soit en raison d'une disposition constante : pendant sept jours après les règles, les Muria pensent qu'un peu de sang stagne dans une poche basse de l'utérus, sang qui aspire fortement « l'eau de l'homme » [27]. Des rapports pendant cette période sont censés devoir nécessairement porter fruit, d'où la précaution supplémentaire prise au *ghotul* d'interdire les rapports sexuels pendant ce temps.

Mais, quel que soit le moment favorable, les sangs qui se rencontrent ne produisent pas nécessairement un mélange ; le rapport des sangs n'est pas un rapport égal.

---

26. E. J. Krige et J. D. Krige, *op. cit.*, p. 212.
27. Elwin, *op. cit.*, p. 294.

Les Bemba matrilinéaires estiment que seul le sang de la mère entre dans la constitution de l'enfant, quelle que soit la nature déclenchante du rapport sexuel.

Les Navaho, également matrilinéaires, pensent cependant que les enfants proviennent du sang de l'homme. Il faut pourtant qu'il puisse s'imposer pour se mêler intimement à celui de la femme, au cours d'une rencontre imaginée comme une véritable épreuve de forces affrontées. Si le sang de l'homme est le plus fort, l'épouse concevra, mais si c'est son sang à elle qui l'emporte, elle ne concevra pas[28]. On reviendra plus loin sur l'idée fondamentale qu'implique cette intéressante conception.

Dans bien d'autres sociétés, matri- comme patrilinéaires ou cognatiques d'ailleurs, on trouve cette exclusivité paternelle, la mère se contentant, selon des figures métaphoriques explicites, de prêter son corps au développement du fœtus, telle une besace que l'on remplit ou une poterie où se concocte une cuisine de choix.

Entre ces deux extrêmes, on trouve toute une gamme de compositions plus nuancées où les deux sexes coopèrent à la fabrication de l'enfant soit de manière égale, soit chacun à sa manière propre, dotant l'enfant à naître d'une partie de ses attributs.

Un enfant samo tient son corps et ses os de sa mère (du sang de sa mère), mais son sang lui vient de son père (du sperme de son père).

Dans presque tous les cas, à l'exclusion peut-être de ceux où l'enfant est considéré comme une création exclusivement maternelle, on pense qu'il faut des rapports sexuels assidus pendant la grossesse, ou tout au moins jusqu'au sixième ou au septième mois, pour que la semence paternelle nourrisse et constitue le fœtus par

---

28. Flora L. Bailey, *Some Sex Beliefs and Practices in a Navaho Community. With Comparative Material from other Navaho Areas*, Cambridge, Mass., Harvard University, Peabody Museum of American Archaeology and Ethnology Papers, vol. 40, 1950, p. 26.

des apports essentiels [29] ou pour qu'elle façonne le fœtus en lui donnant progressivement forme humaine [30].

## L'incompatibilité des sangs

L'idée même d'une interrogation sur les responsabilités respectives des conjoints dans la stérilité pourrait laisser croire qu'il y a autant de chances pour que la balance penche d'un côté ou de l'autre.

En fait, il ne s'agit pas véritablement de l'éventualité d'une détermination des responsabilités mais plutôt, fondée là encore sur des observations concrètes fines, de l'idée que l'échec d'un couple à procréer peut tenir d'une impossible fusion entre leurs sangs, de ce que nous appellerions une « incompatibilité » des sangs.

Cette idée est nettement exprimée par les Samo. Si une femme n'a pas d'enfants au bout de quelques années de mariage, après avoir procédé à la série des rituels propitiatoires appropriés, on consulte les devins pour connaître la cause ultime de cet échec. Il arrive que la réponse soit celle-ci : « Leurs sangs ne vont pas ensemble. »

En ce cas, et en ce cas seulement, la séparation du couple qui a été uni en mariage légitime est admise socialement, sans qu'il y ait offense pour chacune des deux familles en présence, et la jeune femme est autorisée à tenter sa chance auprès d'un autre conjoint en mariage secondaire.

C'est en vertu de cette même hypothèse, qui est peut-

---

29. Les Ojibwa nient qu'un rapport unique puisse être fécondant et n'admettent la paternité d'un homme que s'il a eu avec la mère des rapports suivis pendant quatre ou cinq mois ; cf. R. W. Dunning, *Social and Economic Change among the Northern Ojibwa*, Toronto, University of Toronto Press, 1959, p. 147.
30. Les Havasupai pensent que l'homme modèle par un travail incessant ce qui n'était au départ qu'une simple concentration de sang : cf. L. Spier, « Havasupai ethnography », *Anthropological Papers of the American Museum of Natural History*, New York, vol. 24, 1928, p. 116.

être plus supportable psychologiquement que d'autres croyances de la même société sur les causes de la stérilité, qui est en tout cas porteuse d'un minimum d'espoir, que les femmes totalement stériles se trouvent être celles qui ont eu le plus d'expériences conjugales, jusqu'à sept ou huit maris à la suite. On dira d'elles qu'« elles se sont beaucoup promenées » à la poursuite d'une chimère : trouver un sang compatible avec le leur.

C'est aussi en vertu de cette même hypothèse que, si elle est attachée à son mari et refuse de le quitter, une épouse légitime se fait faire, en accord avec lui, un enfant par un autre sang, au bénéfice social de son époux.

On trouve cette même idée d'incompatibilité des sangs chez d'autres populations. Les Ashanti matrilinéaires, par exemple, expliquent la procréation par le fait qu'un ancêtre-esprit *(saman)*, issu de l'âme de sang et de l'âme de corps d'un ancêtre, attend sa chance de réincarnation dans une femme du même sang que lui.

La réincarnation de cet ancêtre est rendue possible par la fertilisation de l'âme de sang *(mogya)* de l'épouse par le *ntoro* du mari (principe spirituel patriclanique), pendant le coït.

Or il arrive que cet ancêtre-esprit qui est dans l'âme de sang de la femme n'aime pas le *ntoro* du mari. Il n'acceptera jamais la fusion des deux sangs, et de devenir le support de ce *ntoro* détesté. L'union sera donc stérile.

La cause une fois décelée par les devins, le couple est en droit de se séparer pour que chacun puisse procréer de son côté [31].

Flora Bailey rapporte que les couples navaho, en cas de stérilité prolongée, s'accordent pour que chacun tente sa chance de son côté avec quatre partenaires au maximum, ce qui suggère bien l'idée que l'infertilité est censée tenir au rapport du couple et non aux individus.

Cependant, si stérilité il y a bien cependant pour l'un

---

31. Rattray, *op. cit.*, p. 319.

des partenaires, il est tacitement admis qu'il ne peut s'agir que de l'épouse : « If they find one who has children for them, they will live together. If not, *one of the men will stay with the woman anyway, may be* [32]. »

Tout cela pose problème. En effet, si l'on considère les conceptions sur la procréation, on y constate la prédominance de celles qui reconnaissent exclusivement le rôle de l'homme ou admettent des apports partagés des conjoints dans la création de l'embryon, mais avec l'idée d'une fabrication continue par l'homme dans l'utérus de la mère grâce aux apports de semence qu'il fournit.

De la même manière, l'interrogation collective sur la responsabilité de la stérilité d'un couple montre l'existence de théories qui prennent le couple en considération comme une unité, et non chacun des individus qui le composent, et supposent une incompatibilité des sangs qu'*a priori* l'on pourrait croire neutre.

Or, dans tous les cas, c'est cependant la femme qui est considérée comme responsable ou victime de la stérilité.

Il y a, à l'évidence, une espèce d'incompatibilité, de contradiction, entre les prémisses et la conclusion.

Comment ces points de vue peuvent-ils être conciliables ? Sont-ils explicables, dans leur dualité, par d'autres raisons que par le jeu des règles sociales, qui permet aisément de masquer la stérilité de l'homme alors que celle de la femme est toujours éclatante ? Et qu'est-ce qui ne va pas dans et pour la femme stérile ?

Nous avons vu que les théories locales s'appuient sur des corps d'observations concrètes, les unes fort triviales : l'évidence de la période de fertilité féminine entre puberté et ménopause, l'évidence de la nécessité des rapports sexuels mais aussi de leur non-suffisance, les autres au contraire, somme toute très fines : la nature commune

---

32. *Op. cit.*, p. 21.

du sperme et du sang, ou du moins le fait que le sperme porte en lui des caractères qui lui permettent de véhiculer d'un individu à un autre des héritages divers, la période d'infécondité adolescente (de moindre fécondabilité), ou l'idée de l'incompatibilité des sangs alors même que les deux partenaires peuvent être féconds dans d'autres unions.

À partir de ces évidences et de ces observations sont élaborées des théories sur la répartition des apports, sur la croissance du fœtus, son alimentation, ses transformations, sur le moment idéal pour concevoir, et même sur la détermination du sexe de l'enfant.

Mais toutes ces théories ignorent ce qui se passe réellement lors de l'acte procréateur. Par définition, le mécanisme de l'ovulation n'est pas connu, non plus que la présence des spermatozoïdes. Le liquide séminal, après épaississement dû à l'âge, est donc censé avoir même valeur chez tous les hommes. Il n'y a plus que l'évidence que le sang menstruel cesse de couler quand la femme est enceinte, qui renvoie à l'idée de la responsabilité féminine. Mais quelle est alors la nature de cette infirmité particulière ?

*La stérilité,
symptôme d'une infraction à la norme*

Elle n'est pas vue comme d'ordre physiologique, même dans les cas où une déficience organique constitutive saute aux yeux.

C'est le cas notamment pour l'aménorrhée totale. L'absence de menstrues signifie toujours l'impossibilité de concevoir : en effet la fille impubère, la femme ménopausée, la femme qui allaite et n'a pas ses règles ne sont pas normalement fécondables.

Donc la femme qui n'est jamais menstruée est la femme stérile par excellence. Mais aucune théorie ne considère cet état comme une explication en soi ; il est tout au plus le *symptôme* de quelque chose d'autre, caractérisé comme une émaciation, un dessèchement sur pied, dont il convient de rechercher et dire la cause.

Les Bobo du Burkina-Faso traitent après leur mort les femmes sans règles comme on traite ailleurs en Afrique occidentale les « parias » membres, par naissance ou par contact sexuel, de groupes caractérisés par la marque socialement définie d'un comportement sexuel déviant : zoophiles, nécrophiles, etc. Ils ne sont pas enterrés mais mis à pourrir en l'air dans des arbres ou immergés dans de grandes rivières. La femme sans règles bobo subit partiellement et symboliquement ce même traitement : les petits doigts de ses pieds et mains sont prélevés sur son corps et jetés dans une rivière, signalant ainsi sa déviance sexuelle par rapport à la norme.

Inversement, la présence continuelle de règles, des hémorragies incessantes ou prolongées après la puberté signifient aussi l'impossibilité de concevoir pour des femmes dont tous les « caillots » de sang, préfigurateurs de l'embryon, « tournent », refusent de coaguler et de « prendre », se liquéfient.

Dans les deux cas il s'agit, me semble-t-il, de la perception intuitive des conséquences, non contradictoires en leur principe si elles le sont en leurs effets (assèchement, flux hémorragique ou flux dysentérique), d'infraction à une règle fondamentale, celle de l'ordre qui régit la suite des générations et les fonctions qui sont attribuées à chacune.

*Un capital restreint de forces procréatives*

Le droit aux rapports sexuels et à la reproduction est approprié par une génération active sexuellement, qui s'en réserve le monopole.

Tout se passe, selon l'expression de Meyer Fortes à propos du statut si particulier dans le monde de l'enfant premier-né, comme s'il existait un « fonds limité de vitalité mâle et de fécondité féminine », un capital restreint de forces procréatives dont la gestion ne peut passer à une génération qu'au détriment de la précédente [33].

La force vitale du fils vient du déclin de celle du père, la fécondité de la fille du déclin de celle de la mère.

Il n'est pas possible de mêler les générations dans ce rôle sans qu'ait été signifié l'assentiment au transfert, ni de laisser la génération qui monte entrer sans un minimum de précaution dans les rôles et les fonctions de la génération qui sort ou de permettre à la génération sortante d'ériger ses droits en monopole ; il faut faire en sorte qu'aucune des parties en présence ne « prenne le pas » sur l'autre, ne lui « coupe la route » ou ne la lui « croise », ne l'« enjambe », ne lui « passe devant » ou ne lui « dérobe sa part », toutes expressions métaphoriques utilisées par des informateurs et reproduites dans des comptes rendus ethnographiques.

L'accord des parents et des ancêtres est nécessaire à la fille, d'abord pour entrer dans une vie active sexuellement, ensuite pour concevoir.

Elle n'aura très généralement pas le droit d'avoir des rapports sexuels avant qu'aient été accomplis pour elle les rituels et cérémonies soit de puberté, soit de mariage (selon les sociétés), qui ont pour objet de la faire accéder au statut d'adulte, à la prise en charge de sa vie.

Par les rituels de puberté il s'agit, souvent explicitement, de régler correctement les flux du sang menstruel, au moyen de techniques jugées appropriées – tels les ligatures des articulations d'où le sang est censé provenir, le jeûne, la mise à l'écart des éléments trop froids ou trop humides, le chauffage intensif sur des lits de pierres chaudes –, afin que la fille soit apte à concevoir, et d'obtenir l'assentiment des ancêtres à ce changement de rôle et de statut.

Lors du sacrifice de puberté que fait pour elle son

---

33. Meyer Fortes, « The first born », *Journal of Child Psychology and Psychiatrics* 15, 1974.

père, et jamais en saison des pluies de peur que l'humidité du ciel ajoutée à la sienne ne fasse que son flux de sang ne puisse s'arrêter, la fille samo enjambe par trois fois, cette fois-ci non métaphoriquement, les cendres d'un feu, un pagne apporté par sa propre mère et le corps du chien sacrifié, avant de partir sans se retourner chez ses oncles maternels, signifiant ainsi par cette succession d'actes que lui est officiellement reconnu le droit d'empiéter sur les fonctions jusqu'ici dévolues à sa mère.

Avant la puberté, il est rare que les enfants soient considérés comme des personnes à part entière. Ils ne sont pas enterrés dans les cimetières des adultes, ils n'ont pas droit à des funérailles. Sinon, ce serait les traiter en adultes qui ont accompli le cours normal d'une vie, et par là même poussé leurs parents au-delà.

Il est donc dans la logique des choses qu'une erreur de cette sorte entraîne chez les Ashanti la stérilité subséquente de la mère [34], analogue en son principe à sa ménopause future.

Qu'ils soient considérés comme des êtres neutres et sans défense (Ashanti) ou en danger perpétuel de mort (Samo), ils sont ceux dont le sang n'est pas encore « sorti ». Par conséquent, avoir des rapports sexuels avant la puberté, c'est se considérer comme adulte et en assumer les prérogatives de façon illégitime et prématurée. L'aménorrhée totale ou la stérilité absolue, assèchement définitif des fluides vitaux, est considérée comme une des sanctions possibles de cette faute (et réciproquement, les rapports sexuels avec les fillettes impubères peuvent aussi avoir pour effet d'entraîner l'émaciation et l'impuissance, ou le tarissement de la force vitale, du partenaire viril adulte ; c'est le cas explicitement chez les Bobo, par exemple).

Ainsi, l'accord de son père est nécessaire à la jeune fille samo pour avoir des rapports sexuels. Après le sacri-

---

34. Rattray, *op. cit.*, p. 61.

fice de puberté qu'il fait pour elle, elle reçoit chez lui l'amant prénuptial de son choix. Mais s'il apparaissait par la suite qu'elle est stérile, une des explications logiques postulées est qu'elle aurait anticipé sur l'exercice de son droit.

Les Ojibwa pensent également qu'une des raisons de la stérilité d'une femme est qu'elle a dû avoir des rapports sexuels avant sa puberté [35].

Pour les Ashanti, c'était un crime qui méritait autrefois la mort ou l'expulsion, et qui exigeait encore en 1950 l'obligation d'un sacrifice de réparation auprès des autels ancestraux, alors que les grossesses prémaritales, mais qui avaient lieu après les cérémonies de puberté, étaient acceptées sans aucun inconvénient [36].

Il s'agit donc bien là d'une offense faite aux ancêtres et à la loi sociale qui règle la succession harmonieuse et non enchevêtrée des générations.

L'infraction à cette règle est punie soit socialement : mort, expulsion, pénalités diverses, soit mystiquement : assèchement définitif ou temporaire et par là même mise à l'écart de la reproduction, pour avoir injustement, c'est-à-dire sans en avoir acquis le droit et en dehors du temps prescrit, « coupé la route » de la génération précédente.

Semblablement, chez les Muria où c'est le mariage qui ouvre le droit à la procréation, l'une des hypothèses émises pour expliquer la stérilité d'un couple est que le

---

35. M. L. Hilger, *Chippewa Child Life and its Cultural Background*, Washington, Smithsonian Institution, 1951 (Bureau of American Ethnology, *Bulletin* n° 146), p. 3.
36. Fortes écrit en 1950 (« Kinship and marriage among the Ashanti », *in* A. R. Radcliffe-Brown et D. Forde éd., *African Systems of Kinship and Marriage*, Oxford University Press, 1950) : « It is a sin and a crime, for which both parties are nowadays liable to a heavy fine and to public obloquy, for a girl to conceive before her puberty ceremony. » Et il ajoute en note, en s'appuyant sur Rattray : « Part of the fine is used to procure sheep for a purification sacrifice to the community ancestral stool... »

mari a tari sa semence pour avoir engrossé, contrairement à la loi, sa partenaire au *ghotul*[37].

Puberté ou mariage, il y a donc des seuils sociaux marqués par des rites qui ne sont pas nécessairement concomitants de l'événement, en deçà desquels le rapport sexuel ou la conception sont non valides en ce qu'ils représentent une prise d'avantage exorbitante sur les droits exclusifs de la génération précédente, qui seule consent, par les rituels appropriés et un assentiment mystique, à sa progressive dépossession.

*Ne pas mêler les générations*

Inversement, c'est le droit de la fille que les parents accomplissent en temps utile les rituels qui lui permettent d'accéder à la vie sexuelle, au mariage et à la procréation.

Ne pas faire en leur temps les opérations nécessaires à l'entrée de la fille dans la génération apte à procréer, c'est se réserver jalousement et égoïstement ce droit, c'est donc empiéter sur les droits de la fille, c'est ainsi la condamner à la stérilité, par un gaspillage incessant de son sang. Elle est censée alors « pourrir » sur pied, car son sang ne sèche jamais.

Fertilité « pourrie » ou asséchée, la conséquence est identique : c'est l'impossibilité de porter des fruits.

Ainsi, chez les Nyakusa, la fillette impubère est souvent remise à la famille de son mari bien avant la puberté, pour qu'elle ait le temps de s'habituer à lui, et il existe une tolérance pour des rapports sexuels inachevés *(inter crura)* entre eux [38].

Les pères ont le droit d'interdire l'exercice de rapports complets même lorsque leur fille est proche de la puberté, car tant que les rituels de puberté qui sont

---

37. Elwin, *op. cit.*, p. 291.
38. Monica Wilson, *Rituals of Kinship among the Nyakusa*, Oxford, University Press, 1957, p. 86.

confondus chez eux avec ceux du mariage n'ont pas été accomplis, la jeune fille est considérée comme seulement prêtée. Ces rituels sont longs et complexes.

Pour le point qui nous occupe, dès que le premier sang est paru et avant d'avoir consommé quoi que ce soit, des femmes de la parenté de la jeune fille ou sa belle-mère lui font prendre diverses médecines, fortes et dangereuses, qui symbolisent l'acte sexuel et représentent le sang du lignage dans lequel elle va entrer par mariage.

Les substances végétales particulières qui les composent sont censées être les supports spécifiques du sang de chaque lignage ; en les consommant, la jeune fille entre en contact avec un sang étranger et nouveau qui sera le sien prochainement : elle se mithridatise.

Cette préparation est ce qui va rendre possibles les rapports avec son mari. Citons les paroles mêmes des informatrices de Monica Wilson : « If we do not give her the *ikipiki* medicine, the blood never dries up, and it is the same with *undumila*. If it is not given, she constantly has periods and is barren. Yes, some have a period twice in one month – those who have *rotted*. The *undumila* is given to the girl at once as she grows up (*i. e.* à ses premières règles), so that she can go about without fear ; otherwise, if she *washes* without having had it, then a *heavy* one may walk over her footprints, that is *overstep* her, and she will not bear a child, she menstruates continually... If the heavy ones have overstepped her, her body *rots* [39]. »

Entre la première apparition des règles et la fin de la puberté cérémonielle, la jeune fille nyakusa ne doit pas avoir de contact avec l'eau : il lui est interdit de se laver pendant un mois complet, de traverser une rivière [40], actes qui lui font courir le risque de pourrir, d'avoir des flux menstruels excessifs, c'est-à-dire le même effet que

---

39. *Op. cit.*, p. 102 ; les mots soulignés le sont par nous.
40. *Op. cit.*, p. 107, 125.

celui produit par des rituels de puberté accomplis sous les pluies d'hivernage chez les Samo.

Premières évocations de l'association de phénomènes marqués du caractère de l'humide et du froid, qui surviennent dans des sphères différentes : le corps biologique, le monde naturel, et se rencontrent dans un même temps, et dont l'association produit un effet cumulatif négatif, un excès, dans un seul des deux registres.

Cette métaphore des excès – excès de chaleur qui assèche les humeurs naissantes des filles impubères, dû aux rapports sexuels trop précoces et non autorisés par les pères, excès d'humidité qui pourrit les humeurs des filles pour qui les rituels d'accès à la sexualité n'ont pas été faits en temps voulu – s'accompagne de celle des transferts entre catégories contraires.

Dans la symbolique nyakusa, le dense, le lourd *(heavy)*, s'oppose et nuit au vide et au léger. C'est cette opposition qui est au premier plan, et non le chaud et le froid, le sec et l'humide, comme chez les Samo.

Croiser une personne dense et lourde porte tort à celles qui ne le sont pas et qui se vident davantage encore de leur substance, par des hémorragies ou des diarrhées, à ce contact.

Il n'est pas inintéressant de noter que les personnes denses et lourdes sont au premier chef les femmes en pleine activité sexuelle, celles qui ont des rapports réguliers et suivis avec leurs maris, et naturellement, ces maris eux-mêmes (« those who are with their husbands are heavy, they are strong... See, the man ejects semen ! Does it not go inside ? The woman becomes heavy and oversteps the bride [41] »), car ils sont ceux qui, par leur semence, rendent les épouses lourdes.

Les personnes dont une jeune fille qui a ses premières règles doit être protégée en tout premier lieu sont en conséquence son père et sa mère avec qui elle vit.

---

41. *Op. cit.*, p. 102.

Dès l'annonce de l'événement, les parents doivent cesser tout commerce sexuel et ne pourront le reprendre que lorsque leur fille aura commencé, à l'achèvement des rituels de puberté, d'avoir des rapports réguliers avec son mari et sera devenue par là même lourde à son tour et capable de résister à l'influence néfaste des autres personnes lourdes.

Si la mère continuait sa vie sexuelle à ce moment, elle prendrait le pas outrageusement *(overstep)* sur les droits de sa fille, elle déclencherait par sa densité même des flux de sang intarissables chez celle-ci et la condamnerait à la stérilité, pour avoir par son comportement manifesté la volonté de conserver la jouissance exclusive des droits sexuels dans sa génération.

La jeune fille recluse pendant ses cérémonies de puberté et de mariage ne peut voir son père, celui dont la puissance sexuelle l'a engendrée et dont l'effacement lui permet d'être une femme (son père lui fait remettre un vêtement après le bain rituel : « Dressing her in it means her father has made her grow up. » It means : « Now she is a woman, let her act like a woman... When you go to your husband it will not be painful. Have intercourse [42] »).

L'autorisation tacite du père qui reconnaît sa fille comme adulte et lui permet d'accéder à la vie sexuelle est aussi demandée aux ancêtres paternels du lignage. Ils sont tous là présents en elle, dans son sang, et on les prie de bien vouloir s'écarter, de se pousser un peu de côté, pour laisser la place libre au sang du mari, afin que la jeune femme puisse concevoir et porter un enfant de celui-ci.

Les ancêtres doivent céder la place et s'effacer. Parfois, ils ne l'acceptent pas, s'ils sont en colère contre leurs descendants pour avoir omis une partie du rituel en leur honneur. Alors ils « attachent » la fertilité de la fille en la desséchant.

---

42. *Op. cit.*, p. 108.

Les incompatibilités de sang que nous avons vues plus haut, chez les Ashanti et les Samo notamment, relèvent de la même explication : le refus des ancêtres de s'écarter ou de s'accommoder d'un autre sang.

*Accord des pères, accord des mères*

On a vu que lorsque la fille nyakusa devient pubère, ses parents ne s'approchent plus l'un de l'autre tant que la fille elle-même n'a pas couché avec son mari. Les parents peuvent reprendre ensuite leurs rapports, mais en pratiquant le *coïtus interruptus* car la mère ne doit pas se trouver enceinte avant que sa fille l'ait été. Alors seulement, les parents pourront se remettre à procréer : « Si nous faisions cela avant notre fille, elle n'aurait alors jamais d'enfant et d'aucuns pourraient nous dire : " Comment pouvez-vous prendre le pas ainsi sur votre fille ? " », dit un informateur nyakusa.

De façon plus draconienne, car il n'y a plus là d'accommodement possible permettant à deux générations d'exercer les mêmes droits, une mère et son fils, ou plutôt une femme et sa belle-fille ne peuvent pas avoir d'enfants en même temps.

Si une femme est enceinte après que son fils a épousé une fille pubère, on pense qu'elle tombera malade et que son mari sera maudit « pour avoir autorisé le mariage de son fils avec une fille faite alors que la mère n'était pas encore vieille et n'avait donc pas achevé sa carrière [43] ».

Inversement, si le fils a enlevé une fille sans le consentement de son père, ou a épousé une fille faite alors que le père consentait seulement à un engagement avec une fillette, c'est le fils et la bru qui seront stériles.

Dans *Rituals of Kinship among the Nyakusa*, il est dit que si la mère se trouve enceinte après le mariage du

---

43. Monica Wilson, *Good Company. A Study of Nyakusa Age-Villages*, Oxford, University Press, 1951, p. 108.

fils, en même temps que sa bru, elle fait, par cet acte, pourrir la fertilité subséquente de ses enfants (« the fertility of the son and his wife *rots* [44] »).

Dans tous les cas, il apparaît clairement qu'entre mère et belle-fille, c'est-à-dire entre personnes vivant dans *la même* résidence, les droits à la procréation ne sauraient être exercés simultanément par deux générations adjacentes.

En somme, chez les Nyakusa il faut à une fille l'assentiment de son père pour entrer dans une relation sexuelle, celui de sa mère pour concevoir.

Même si les conséquences néfastes pour l'une ou l'autre des deux générations ne sont pas toujours clairement explicitées, l'idée centrale d'un capital de force vitale qui ne peut être détenu et géré en propre que par une seule génération est une idée largement répandue dans les sociétés humaines, bien qu'elle soit présentée souvent sous le couvert d'un paravent moral.

Raymond Firth écrit qu'à Tikopia le fils marié aurait honte devant les autres si sa mère était enceinte. Il ajoute : « The central idea is that the external evidences of sexual behaviour should not be present in both generations at the same time [45]. »

En Chine (Yunnan), il est également tenu pour honteux qu'une femme soit à nouveau enceinte quand une belle-fille est entrée dans la maison. L'auteur, Francis Hsu, précise que « la fonction de perpétuer la ligne ancestrale est investie dans le père tant que le fils n'est pas marié et qu'elle passe au fils après cet événement [46] ».

Aussi, dès après le mariage du premier fils, et en tout cas après la naissance du premier petit-enfant, les parents

---

44. *Op. cit.*, p. 137.
45. Raymond Firth, *We, the Tikopia. A Sociological Study of Kinship in Primitive Polynesia*, Londres, George Allen and Unwin, 1936, p. 492.
46. Francis L. K. Hsu, *Under the Ancestor's Shadow*, New York, Columbia University Press, 1948, p. 110.

du jeune couple cessent même définitivement de partager la même chambre.

*Accord du principe féminin*

Il ne convient donc pas de mêler les générations. Mais, au-delà de l'assentiment nécessaire des ancêtres et des parents à l'exercice de la sexualité de leurs enfants, et donc au partage ou à la dépossession de leurs droits jusque-là exclusifs, il faut souvent plus généralement, par un glissement de la pensée, que les maris des filles surmontent quelque chose qui est vu dans des schémas collectifs de représentation comme une malveillance naturelle de la féminité à l'égard de la transmission de la vie.

Souveraines distributrices de la vie, les femmes ont tout pouvoir de la refuser.

À l'idée implicite que la mère de l'épouse doit consentir à ce que sa fille conçoive, à l'idée conjointe de la dépendance étroite de la fille à la mère, de leur identité, vient s'ajouter celle que la fille répugne à se soumettre à son destin, qu'il existe par voie de conséquence une hostilité naturelle de la féminité à la transmission de la vie, hostilité qu'il convient de surmonter par les techniques rituelles et sociales appropriées.

On trouve cette crainte fréquemment exprimée, et surtout, mais non exclusivement, dans des sociétés patrilinéaires fortes, soit que l'on redoute les actes de malveillance et de sorcellerie de la belle-mère ou de l'épouse pour que cette dernière ne porte pas d'enfants, soit qu'il faille se concilier mystiquement, se rendre favorables, les forces génésiques propres à la féminité.

Ainsi, chez les Azande [47], l'hostilité de la mère de l'épouse est censée s'accompagner de pratiques qui lient la fertilité de la jeune femme : elle peut cacher par

---

47. Evans-Pritchard, *op. cit.*, p. 402.

exemple un de ses vêtements, taché de sang menstruel, et des rognures d'ongles dans une termitière ou dans un tronc d'arbre creux.

Le mari, semble-t-il, peut utiliser par vengeance la même procédure, après avoir renvoyé son épouse, s'il s'est rendu compte de ces manœuvres néfastes et si l'intervention requise de son beau-père n'a rien donné, condamnant à son tour son épouse à la stérilité avec d'autres hommes que lui.

Bailey rapporte, pour les Navaho matrilinéaires, l'existence de nombreuses recettes végétales de médecines contraceptives et des pratiques utilisées par les femmes, comme mettre dans le courant d'une rivière un peu de sang menstruel ou y placer le délivre après une naissance [48], ce qui a pour effet, ici, non d'amplifier les flux menstruels mais de les tarir : *le même ajouté au même* est censé supprimer un produit par reflux, au lieu de l'accroître par osmose, comme c'était le cas chez les Nyakusa ; mais c'est bien le même processus logique qui est en action.

Ces médecines et ces pratiques ont pour objet en effet de supprimer les règles, par reflux dans le corps (« it stops the woman from menstruating and sometimes after that, she gets sick from too much blood in her... Then she takes another medicine to clean this blood out [49] »).

Nous avons vu plus haut que dans cette société les enfants proviennent du sang de l'homme, mais seulement s'il est plus « fort » que celui de son épouse. S'il est moins fort et ne parvient pas à s'imposer, elle n'aura pas d'enfants, signifiant ainsi le peu de dispositions naturelles de la féminité à la reproduction. Le rapport des deux sangs est un rapport antagoniste.

Des « médecines » sont censées être fabriquées par la mère pour ses filles dès leurs premières menstruations, pour renforcer leur sang et les empêcher à tout jamais

---

48. *Op. cit.*, p. 11-12.
49. *Op. cit.*, p. 25.

d'être enceintes (« if a girl's mother doesn't want her to have a baby, they give her this medicine at her first menstruation. My mother gave it to my half-sister and she has never had any children [50] »).

Les Samo patrilinéaires estiment quant à eux qu'une femme n'a d'enfants que dans la mesure où une de ses composantes spirituelles (son destin individuel) le veut bien. Ce destin est lui-même fonction de celui de sa mère. Après le mariage, le gendre doit se rendre propices, par des sacrifices, les forces génésiques qui proviennent de la lignée utérine de sa belle-mère, véhiculées par des plantes macérant dans de l'eau.

C'est la consommation de cette même eau par la fille, comme la mère l'avait fait avant elle, qui rendra son épouse fertile, dans la mesure où son destin individuel ne lui interdit pas totalement de concevoir et où il n'y a pas entre eux d'incompatibilité de sangs provenant des ancêtres. Il arrive que cela ne produise pas d'effet. La jeune femme consomme alors l'eau sacrificielle génésique de la lignée de sa belle-mère.

Mais que la fécondité de la jeune épouse vienne de l'une ou de l'autre, ce sont toujours des forces mystiques féminines qu'il convient d'apaiser et de rendre propices à la reproduction.

*Faire fusionner les substances et croiser les sangs*

Accord des pères, accord des mères et du principe féminin, accord des ancêtres traduisent la nécessité de respecter une règle fondamentale : il faut transmettre la vie selon l'ordre normal des générations.

La crainte de la stérilité féminine traduit, elle, la hantise de n'y point parvenir, parce qu'il est toujours possible de susciter le mauvais vouloir de l'une quel-

---

50. *Op. cit.*, p. 26.

conque de ces instances à l'encontre de soi-même ou d'autrui.

Car il ne suffit pas, dans ces ensembles de représentations, de veiller à ce qu'il n'y ait pas de confusion entre les rôles respectifs des générations adjacentes, on ne peut entremêler ce qui ne doit pas l'être, opérer des croisements sans précaution : croiser, confondre les sangs par le mariage ou l'union sexuelle est affaire délicate sinon dangereuse, et il n'est pas possible non plus de croiser les genres, de faire se rencontrer ce qui doit être disjoint.

Le mariage est affaire grave, qui concerne les adultes, car il faut trouver le sang qui convient aux ancêtres, pour qu'ils acceptent de laisser la place (Nyakusa) ou de tolérer la fusion de leur substance avec la substance étrangère (Ashanti).

D'où l'importance en ce domaine aussi des règles de mariage, qui permettent des choix qui pallient au maximum le hasard et les risques de rencontre néfaste. Car la sanction de la mise en rapport de sangs incompatibles, non agréés par les ancêtres, sera la stérilité de l'union ou la mort précoce des enfants.

Mais ces rencontres non désirées de sangs peuvent se produire autrement qu'entre deux partenaires par un choix malencontreux du conjoint, et entraîner des effets similaires sur les proches des conjoints.

Ainsi, nous avons vu le luxe de précautions dont on entoure la puberté et les premiers rapports sexuels d'une jeune fille nyakusa. Sa mère cesse provisoirement d'avoir des rapports avec son mari pour ne pas risquer, étant « lourde », d'attirer à elle et de confisquer à son profit la substance humorale et la fertilité à venir de sa fille.

La jeune fille a été introduite, par la consommation de fortes « médecines » *(ikipiki)*, qui inspirent la terreur, dans le sang du lignage de son mari. L'ingestion de ces remèdes a pour objet de faire d'elle une quasi-consanguine de l'époux : « The medicine... is our kinship, it is our blood... [it] is to create relationship. Using it means that the bride is now of my lineage [51]. » De plus, ils lui donnent la force, parce qu'elle est vide depuis ses menstrues, de résister aux contacts possibles avec des femmes « denses » et « lourdes », qui lui donneraient des diarrhées incoercibles.

Mais, dès que la fille a couché avec son mari, c'est elle qui devient dangereuse pour sa propre mère, en raison de l'identité de nature qui existe entre elles deux, parce qu'elle a mêlé son sang à celui d'un autre lignage au contact duquel sa mère n'a pas été préparée.

Elle doit alors faire entrer sa mère symboliquement en rapport avec le sang, étranger pour elle, qui est celui de son gendre, sinon c'est la mère qui souffrira d'incoercibles diarrhées et ne pourra plus concevoir. Sa fille aura ainsi pris le pas indûment sur elle.

Pour mettre en contact sans danger ces sangs différents, la jeune mariée apporte à sa mère une volaille et des épis de mil qu'elle a frottés de ses mains, avec lesquels elle vient d'essuyer le sexe de son mari après avoir eu commerce avec lui [52].

Elle vient au matin, sans s'être lavée, les remettre à sa mère pour être préparés et consommés en commun par ses parents si elle est fille première-née (c'est-à-dire située au point d'inflexion de la nouvelle génération en ligne directe), ou par sa mère seule sinon.

Par cette consommation symbolique du corps du gendre, les parents deviennent comme elle-même une seule chair avec son mari ; leurs sangs deviennent mutuellement tolérants. Elle dit à sa mère : « Mère, j'ai essuyé le sexe de mon mari, j'ai grandi [53]. » Par ses paroles et par la réalisation du rituel communiel, sa mère ne souffrira pas de diarrhée, écoulement par lequel l'organisme tente de se débarrasser d'un corps qui lui est étranger.

L'adultère produit les mêmes effets sur un mari ; car

---

51. Monica Wilson, *Rituals of Kinship*, p. 105.
52. *Op. cit.*, p. 100.
53. *Op. cit.*, p. 115.

les « sangs » de deux hommes se rencontrent dans la même matrice. Le mari aura les jambes enflées, car sa substance vitale reflue en lui, et il aura la diarrhée, manière d'évacuer le contact délétère [54].

Le danger vient bien de la rencontre de la semence, donc du sang, de l'autre, et non de l'adultère lui-même : le mari ne souffre de rien (sauf de jalousie le cas échéant) si l'amant a soin de pratiquer le *coïtus interruptus*.

Chez les Lovedu, un homme ne peut « mélanger » ses épouses, aller de l'une à l'autre sans précaution, sans suivre les règles : il mélangerait sans nul doute leurs sangs, leur nuisant ainsi à toutes deux ou à la plus faible des deux. De même, une femme enceinte des œuvres d'un amant est censée représenter un grave danger pour la santé de son mari [55].

*Croiser les genres :*
*l'humain, son en deçà et son au-delà*

Pas plus qu'on ne peut croiser impunément les sangs et les générations, on a dit plus haut qu'il n'était pas possible de croiser les genres.

Que faut-il entendre par là ? Chaque société se fait une idée particulière de ce qui relève de l'humain et de ce qui n'en relève pas ; elle construit un ordre des choses dans les limites duquel s'exerce la vie sociale.

Tout ce qui s'en écarte, ou qui introduit des courtcircuits ou des contaminations entre genres qui doivent être tenus séparés, est dangereux pour l'individu et pour la collectivité.

Cet ordre limité des choses a des en deçà : l'inceste, l'homosexualité, l'autosexualité, et des au-delà : le monde surréel des divinités et des esprits, le monde surréel extra-

---
54. *Op. cit.*, p. 132.
55. Krige, *op. cit.*, p. 158.

humain des morts, le monde naturel de l'animalité et des objets inanimés.

Tous les contacts qui ont lieu avec cet extérieur, de l'en deçà et de l'au-delà, ne peuvent qu'être porteurs de stérilité en eux-mêmes puisqu'ils sortent de cet ordre limité des choses où règne la règle sociale qui fait l'humanité qui se reproduit et se reconnaît, semblable à elle-même, génération après génération.

Chaque population établit sa propre gradation sur le chemin de l'horreur dans le domaine de la sexualité et de la reproduction.

Considérons quelques populations voisines les unes des autres en Afrique de l'Ouest. En pays samo, les actes contraires aux normes sociales peuvent être classés en quatre catégories : le *tia yè la*, c'est l'inconvenance, l'incongruité, celle par exemple de la grand-mère qui continuerait de mettre des enfants au monde alors même que ses petits-enfants commencent à procréer ; cette incongruité aura des effets de sécheresse biologique, la grand-mère retirant ainsi par un court-circuit de générations leur « chance de vie » à des enfants qui devraient normalement naître de ses descendants. Le *gagabra*, l'indécence, l'impudicité, est caractéristique de la copulation en brousse ; pour ce délit, qui est une accumulation de chaud sur chaud, la sanction est collective et climatologique : c'est l'arrêt de la pluie. Le *dyilibra* – là, nous entrons dans l'en deçà – est littéralement parlant la « chiennerie » (*dyili*, chien). C'est la turpitude, l'ordure : c'est l'inceste, et l'adultère avec la femme du frère. Le *dyilibra* entraîne lui aussi une sécheresse d'ordre biologique : « Il vous chauffe », il déclenche la maladie et la stérilité. C'est parce que des couples sont stériles que les devins reconnaissent la présence du *dyilibra* dans les unions incestueuses que ces couples ont contractées sans le savoir. Enfin, le fait d'être *zama*, la nécrophilie institutionnelle, représente dans l'échelle de l'horreur l'abomination absolue.

Chez les Mossi du Yatenga, c'est la zoophilie, et

particulièrement les rapports sexuels avec les ânesses, qui prend la place de la nécrophilie au plus haut niveau de l'horreur. Chez les Samo comme chez les Mossi, on tient que la nécrophilie et la zoophilie s'acquièrent par contact sexuel et/ou par engendrement. Dans les deux cas, les auteurs présumés de ces actes « monstrueux », leurs partenaires sexuels et leurs descendants, ne sont pas inhumés, car cela empêcherait la pluie de tomber et provoquerait ainsi la sécheresse et la famine dans le pays.

Chez les Bwa du Burkina-Faso, c'est l'inceste, d'après un coutumier bobo-oulé (bwa) anonyme : « Le fait d'avoir passé outre aux empêchements de parenté n'enlève aucun de leurs droits aux délinquants. Cependant, ceux qui auront violé les empêchements de parenté de premier degré, en ligne directe ou collatérale, ne seront pas enterrés à leur mort, mais attachés, absolument nus, à un arbre de la brousse jusqu'à décomposition complète. Quant aux enfants nés de parents incestueux, ils ne seront pas non plus enterrés... Les Bobos croient que si on enterrait les parents ou enfants incestueux *(sic)*, il ne pleuvrait plus [56]. »

Chez les Bobo (Bobo-Fing des anciennes classifications), c'est l'aménorrhée totale qui suscite l'horreur absolue. Il existe apparemment dans cette population un pourcentage relativement élevé de femmes n'ayant jamais eu de règles de leur vie, les *nyesène*. Ce sont elles dont la mise en terre après leur mort provoquerait l'arrêt de la pluie.

Les Samo du Nord croient qu'en pays samo du Sud est *zama* ou *lèdana* toute femme qui, à sa première grossesse, a mis au monde des jumeaux. Cette croyance est contredite par les intéressés eux-mêmes, pour qui le *lèdana* (littéralement : « celui dont on parle ») est défini comme le nécrophile du Nord et est traité de la même

---

56. *Coutumier bobo-oulé*, sans lieu ni date, manuscrit déposé au Centre voltaïque de recherche scientifique, partie *Droit civil*, section 3 : « Du mariage ».

façon. La croyance est cependant intéressante dans la mesure où elle confirme que l'accent est bien mis toujours sur l'anomalie ou le désordre sexuel et où elle fait intervenir la notion de fécondité.

Ainsi, dans tous les cas que nous venons de voir, il apparaît que cette absence de conformité à la norme sociale stigmatise avant tout des anomalies d'ordre sexuel, et a des incidences dans deux domaines – climatologique ou biologique –, soit que ces infractions à la règle apportent la sécheresse, les inondations et la famine dans le premier, soit qu'elles entraînent dans le second une fécondité anormale : monstrueuse, ou asséchée, tarie, impossible.

Outre la stérilité biologique et la sécheresse climatique, malformation et corruption sont censées parfois être les effets de rapports indus avec des en deçà de l'humain.

La masturbation des femmes des temps primordiaux a donné naissance à des monstres, pensent les Navaho [57]. Les Ojibwa, quant à eux, donnent comme explication à l'hydrocéphalie de jeunes enfants mis au monde par deux femmes mariées, une tante et sa nièce, le fait supposé de relations homosexuelles entre elles deux, antérieures à leur mariage [58]. Les deux enfants sont gorgés d'une eau excédentaire qui provient de ces relations froides et humides.

Une recension de ce qu'on peut trouver sur ce thème en glanant dans la littérature anthropologique permet de dire que des rapports indus avec les au-delà de l'humain produisent de mêmes effets stérilisants que des rapports indus avec les en deçà. Entrer en contact avec le monde du sacré par exemple.

Lorsqu'on installe le chef chez les Akan, il est suspendu par trois fois au-dessus de la pierre noire de l'autel de consécration. Son corps ne doit pas entrer en contact

---

57. Bailey, *op. cit.*, p. 19.
58. Ruth Landes, *Ojibwa Sociology*, New York, Columbia University Press, 1937, p. 53.

avec cet autel, car le moindre affleurement « affaiblirait pour toujours ses organes reproducteurs » *(i. e.* : il deviendrait impuissant), car l'autel de consécration est une « force vivante » dont la substance est trop forte pour qu'aucun être humain puisse la supporter [59].

Chez les Lovedu, quand le pays ne va pas bien, que la sécheresse s'installe, on éteint tous les feux du pays avec une médecine particulière détenue par la reine, le *mufugo*.

Seules des fillettes impubères vont chercher l'eau pour sa préparation, et des jeunes garçons, également impubères, transportent soigneusement le *mufugo* dans les différents villages où les feux seront éteints d'une aspersion de quelques gouttes. Seules les vieilles femmes ménopausées peuvent ensuite racler les cendres. Pour tous les autres, c'est-à-dire pour tous les individus pubères et capables de procréer, une mise en contact, quelle qu'elle soit, avec cette médecine entraînerait une stérilité définitive : « It is considered extremely dangerous, liable to rob men and women of their fertility, and great care is thus necessary when working with it [60]. »

On a vu plus haut que des contacts intimes survenus en rêve avec des esprits mauvais, des forces diaboliques, expliquent la stérilité de femmes ojibwa, devenues de surcroît des « sorcières mortelles [61] ».

Cas explicite de rapports avec le monde surréel extrahumain des morts, les Ashanti estiment que la stérilité féminine et l'impuissance masculine surviennent à coup sûr quand on a en rêve des rapports sexuels avec un mort qui a été votre partenaire de son vivant [62].

Aussi toute veuve court-elle un très grand danger car elle doit rester pendant quelques jours près du corps de

---

59. J. B. Danquah, *Gold Coast. Akan Laws and Customs and the Akim Abuaka Constitution*, Londres, G. Routledge, 1928, p. 114.
60. Krige, *op. cit.*, p. 276.
61. Landes, *op. cit.*, p. 37.
62. Rattray, *op. cit.*, p. 193.

son mari. Si son esprit revient avant son éloignement définitif, et, entrant dans ses rêves, copule avec elle, elle sera irrémédiablement stérile.

Les animaux et le monde naturel ne sont pas dangereux en soi s'ils sont maniés correctement et dans le bon sens, l'homme se servant et se nourrissant de la nature. Mais ils le deviennent s'ils prennent le pas métaphoriquement sur l'homme, notamment en dévorant ou manipulant ce fragment très particulier du corps humain, qui se détache de la femme et de l'enfant, qui fut chair vivante et devient chair morte, qu'est le placenta.

Donner le placenta aux chiens, comme chez les Yaghan [63], ou aux blaireaux, comme chez les Navaho [64], ou plus généralement le laisser dévorer par les animaux, comme chez les Havasupai [65], mettre le délivre dans la rivière et le laisser se gonfler comme une outre d'eau, sont des actes qui assurent la stérilité aux femmes ; comme, inversement, manger l'animal-totem du mari [66].

C'est opérer une conjonction entre genres qui devraient normalement être tenus séparés ou ne pas être conjoints de cette manière-là.

*L'équilibre du monde*

La stérilité, simple affaire féminine dans la majeure partie des systèmes de représentation des sociétés humaines (comme obligerait, semble-t-il, à le penser l'évidence objective des faits biologiques apparents, mais en fait conséquence de raisonnements plus complexes), est

---

63. M. Gusinde, *Die Feuerland-Indianer*, vol. II, « Die Yamana. Vom Leben und Lienken der Wassernomaden am Kap Hoorn », Vienne, Anthropos, 1937, p. 502.
64. Bailey, *op. cit.*, p. 26.
65. Spier, *op. cit.*, p. 300.
66. C. R. Lagae, *Les Azande ou Niam-Niam. L'organisation zande, croyances religieuses et magiques, coutumes familiales*, Bruxelles, Vromant, 1926 (Bibliothèque Congo, vol. XVIII), p. 41.

donc perçue avant tout comme la sanction sociale, inscrite dans le corps, d'actes qui enfreignent la loi, qui s'écartent de la norme, et franchissent des limites toujours étroitement circonscrites.

Trois erreurs principales de conduite sont ainsi sanctionnées : *croiser les générations, croiser les sangs, croiser les genres*, lorsque cela est fait de façon impropre et brutale.

Mais plutôt que de sanction, qui implique en premier l'idée de la pénalisation d'une personne fautive, il vaudrait mieux parler de conséquence, de transcription immédiate. Cette suite directe peut toucher celui qui a enfreint la loi, mais aussi une autre personne, ou un groupe ; elle peut porter également ses effets dans d'autres registres. Nous avons vu que des actes de transgression du même ordre ont des effets non seulement biologiques, mais aussi climatologiques, météorologiques, par une sorte de transfert direct métaphorique d'un domaine dans un autre.

Il s'agit cependant toujours de signifier, et surtout de compenser, des ruptures de l'ordre, de l'équilibre du monde.

Revenons une fois encore à la pensée samo.

L'harmonie est nécessaire au bon fonctionnement du monde. De tout il faut ni trop ni trop peu : excès comme défaut sont porteurs de désordre. Cette harmonie repose fondamentalement sur l'équilibre des contraires. Tout dans la nature et le monde socialisé relève de l'une ou de l'autre de deux catégories opposables : le chaud et le froid et leurs corollaires le sec et l'humide. Ainsi, le village est froid et la brousse est chaude, le soleil chaud, la lune froide, l'homme chaud, la femme froide, la terre est masculine et chaude, la pluie est froide, l'acte sexuel est chaud mais le mariage est froid, la guerre, la maladie, l'épidémie sont du côté du chaud, la paix, la santé sont du côté du froid, etc. Les quatre éléments fondamentaux, terre, feu, air et eau sont affectés également de valeurs chaudes ou froides : du côté du chaud, la terre et le feu, du côté du froid, l'air et l'eau.

Il faut des quantités équivalentes de chaud et de froid pour que le monde reste en équilibre. Ce monde en équilibre est un tout constitué d'éléments reliés les uns aux autres de façon telle que le déséquilibre en plus ou en moins du côté du chaud ou du froid dans un registre entraîne normalement une rupture d'équilibre en sens inverse dans un autre registre.

De façon plus précise, le fonctionnement biologique comme le fonctionnement social retentissent naturellement sur celui des éléments naturels et très particulièrement sur le climat. Inversement, des phénomènes climatiques ou astrologiques ont un effet immédiat sur le devenir biologique ou social de l'homme. Il y a correspondance entre ordre social, ordre biologique, ordre climatologique. Ces croyances ne sauraient nous surprendre : on affirme en Europe que la pleine lune fait accoucher les femmes en dehors de leur temps normal et on s'attend pendant la Semaine sainte à ce qu'il fasse mauvais le vendredi ou à tout le moins, par grand beau temps, que le ciel se couvre et s'assombrisse momentanément vers trois heures de l'après-midi, heure présumée de la mort du Christ.

Au-delà de l'équilibre des contraires et des correspondances entre les trois ordres, ce qui importe est l'attirance que les contraires exercent les uns sur les autres : le chaud attire le froid et l'humide, le froid attire le chaud et le sec. L'acte sexuel – chaud – accompli au sein du mariage – froid – entre des partenaires relevant chacun de l'une des deux catégories est sanctionné par des flux normaux d'« eaux de sexe » et par une fécondité harmonieuse. Toute anomalie dans la fécondité d'une union conjugale est donc passible d'être interprétée par les devins à la recherche de la cause du désordre. Car aucun acte n'est insignifiant, gratuit ou perdu : tout signifie toujours, tout se paye, tout se retrouve.

Ces trois domaines – le milieu biologique, le milieu social, le milieu naturel (météorologique ou autre) – sont toujours perçus, dans tout système de croyances, y compris le nôtre, comme intimement liés, car, à partir des propriétés sensibles des choses, l'homme en société a sans cesse construit des systèmes d'interprétation qui expriment simultanément son besoin, comme l'écrit S. J. Tambiah, « d'ordonner les relations sociales, de forger un système de conduite morale et de résoudre le problème de la situation de l'homme dans la nature [67] ».

---

[67]. S. J. Tambiah, « Animals are good to think and good to prohibit », *Ethnology* 8, 1969, p. 459 (notre traduction).

CHAPITRE V

LE SPERME ET LE SANG
De quelques théories anciennes
sur leur genèse et leurs rapports

Quand l'enfant naît, ses veines transportent une certaine quantité de sang, mais celles de l'adulte en transportent bien davantage, et s'il s'en perd au long de la vie, par accident ou selon les lois de la nature pour ce qui est des femmes, il s'en recrée aussi en permanence.

Le sang est indispensable à la vie, il en est le support, et sa présence dans le corps en est le signe, car il est d'expérience triviale qu'un corps vivant saigné à blanc devient un corps mort, et froid. Sang et vie sont chaleur.

Et cet enfant qui naît vivant et chaud, porteur de la faible quantité de sang que son corps peut contenir, procède d'un rapprochement sans lequel la reproduction est impossible, au cours duquel passe bien du corps masculin au corps féminin une substance, qui est donc nécessaire à la création du nouvel être vivant mais qui n'est pas du sang : c'est la « semence », le sperme.

Enfin, seules les filles pubères et les femmes non ménopausées, c'est-à-dire celles qui perdent du sang, sont aptes à concevoir.

Ce très simple agencement de faits, d'expérience ordinaire s'il en est, a suscité la réflexion des hommes dans toutes les sociétés.

D'où proviennent le sang et le sperme ? Par quels mécanismes se constituent-ils dans le corps ? Quels rapports entretiennent-ils ? Que se passe-t-il lors de la conception ?

Et plus encore : quel est le rapport entre lien biologique et lien social ? Qu'est-ce qui fonde la filiation ? Par quoi se marque la continuité entre les vivants et les morts selon les lignes croisées de l'engendrement ?

Qu'est-ce que la personne ? Que transmet-elle ? Comment se combinent dans l'enfant les apports qu'il tient de ses deux parents ? Comment expliquer les ressemblances, etc.

*Un nombre fini de modèles explicatifs*

À ces questions et à bien d'autres, car le catalogue ci-dessus est loin d'être clos, les hommes fournissent des réponses complexes sous forme de théories de la personne plus ou moins élaborées, dont la caractéristique est de présenter à chaque fois une vision cohérente et ordonnée du monde, dont elles justifient l'existence, et de la reproduction, qui sont deux donnés fondamentaux auxquels elles donnent sens.

Bien sûr, chaque groupe humain, par la réflexion conjointe de ses membres qui se dessine et se fortifie mutuellement, sécrète sa propre théorie, et le regard anthropologique rend compte de ces diverses et originales versions et de leur agencement logique interne.

Bien évidemment aussi, ces théories sont dénuées de fondement scientifique – encore qu'il ne soit peut-être pas abusif de désigner comme d'ordre rationnel une démarche de pensée qui part de l'observation et de l'expérience, sinon de l'expérimentation, pour aboutir à une théorie explicative –, mais elles sont tenues pour vraies parce qu'elles suffisent à rendre efficacement compte des faits étalés au regard.

Cependant, aussi diverses et aussi peu scientifiques que soient ces théories, il apparaît que seul un petit nombre de modèles explicatifs à même de répondre à certaines questions centrales peut être construit, cela pour la raison que la réflexion qui y conduit est contrainte de rendre compte du même donné empirique directement observable, lequel laisse peu de possibilités de choix.

Ainsi la réflexion centrale sur la genèse du sperme et du sang, si fortement ancrée dans l'anatomie et la physiologie du corps, animal et humain, trouve là une contrainte initiale proprement physique, telle qu'en des lieux et à des époques extrêmement divers ont été élaborées par des hommes des théories étonnamment semblables d'une part, et dont la pénétration explicative et la sophistication rencontrent parfois celles des connaissances les plus modernes, d'autre part.

*La douce alchimie de la conception*

Ainsi mes informateurs samo utilisent-ils leurs observations anatomiques pour construire un modèle unitaire utilisant et qualifiant ces observations.

Pour eux, homme et femme disposent d'une « eau de sexe » qui se libère lors des rapports sexuels, mais seule celle des hommes est dense et douée d'un pouvoir fécondant. L'eau de sexe provient de la moelle de tous les os, des articulations et de la colonne vertébrale, qui sert de collecteur.

Quand le rapport sexuel est fécondant, l'aspiration de la semence masculine est censée être extrêmement forte. Elle vide proprement l'homme de sa substance. On plaisante à propos de l'homme qui se plaint de courbatures au petit matin, qui a mal dans les genoux, dans les reins, dans le dos : c'est qu'il a « fait l'enfant » au sens littéral du terme cette nuit-là.

La douleur ressentie est le signe d'une aspiration brutale et quasiment totale de la substance présente dans les os, substance rougeâtre, épaisse et gluante, qu'on appelle *mu zunarè* (« eau gluante », « eau filante »), laquelle ordinairement s'écoule doucement dans le corps humain, mise en branle par la marche et l'activité, et se transmue, selon un processus sur lequel les informateurs ne sont guère explicites, en sang et en sperme.

Lors des rapports fécondants, cette douce alchimie est sollicitée brutalement, grâce à une forte dépense de l'énergie et de la chaleur particulièrement masculines qui sont nécessaires à sa réalisation.

Le sperme se transforme par la suite en sang dans le corps des femmes, soit qu'étape ultime d'une trajectoire transformationnelle il retombe à un état antérieur, soit qu'étape intermédiaire il trouve sous cette forme son achèvement.

Malgré cette ambiguïté non levée, il apparaît que sperme et sang ont bien tous deux la même origine : la moelle des os et la moelle de l'épine, confondues.

En temps ordinaire, celui qui n'est marqué ni par la grossesse ni par l'allaitement, les relations conjugales fournissent ainsi aux épouses un surcroît de sang, dont elles perdent la plus grande partie lors de leurs règles, ce qui explique l'abondance des menstrues des femmes adultes comparée à celles des filles nubiles.

Lorsqu'un enfant est conçu, le sperme du mari transmué en sang s'investit dans le fœtus à qui il apporte la dotation sanguine indispensable, support du souffle, de la chaleur et de la vie. Il faut à cela de l'assiduité, des rapports soutenus, répétés, pendant les six ou sept premiers mois de la grossesse (ce qui fait d'ailleurs de l'enfant posthume un être doté de traits particuliers parce qu'il lui manque une bonne partie de la part qui devait lui venir de son père).

Pour ce qui est de la mère, elle utilise son propre sang, qu'elle ne perd plus, comme matière première pour fabriquer le corps de son enfant, squelette compris.

Passé le moment de l'accouchement, la mère va réaliser progressivement la transmutation qui est le propre des femmes, celle de la substance gluante de ses os en lait. De nature essentiellement froide, les femmes n'arrivent jamais à fabriquer, outre le sang, du sperme, seule humeur fécondante. Elles utilisent leur substance à fabriquer un produit moins parfait, ce qui mobilise cependant toutes leurs capacités de chaleur. Par là s'explique aux yeux des Samo la disparition des menstrues non seulement pendant la grossesse, mais aussi pendant les premiers mois de la lactation. Faire du lait requiert toute la chaleur et toute la substance disponibles. Si elles continuent de produire le sang qui leur est nécessaire, il n'y en a pas tant qu'elles puissent en perdre. L'homme seul a assez de chaleur et de puissance pour produire deux humeurs en abondance et simultanément.

*Mélange complexe des sangs
et questions d'hérédité*

Que la mère fabrique avec son sang le squelette de l'enfant ne laisse pas de surprendre, d'un point de vue logique, si du contenu des os découlent par la suite des apports neufs en sang pour l'individu et le sperme des enfants mâles. Nous sommes en effet dans une société patrilinéaire (la filiation est donnée par les hommes) et patrivirilocale (un fils vit avec ses épouses auprès de son père). À cela plusieurs lectures.

Écartons d'abord une illusion d'optique. Ce n'est pas là le signe que les femmes transmettent quelque chose en propre : il s'agit toujours d'une affaire d'hommes. Car une femme tient son sang de son propre père, lequel, s'il disposait d'une dotation initiale en sang fournie par son père, en a produit lui aussi au fil des jours à partir de la moelle de ses os constituée par le sang de sa mère et, au-delà d'elle, par celui de ses ancêtres mâles en ligne maternelle.

Si l'on pousse jusqu'au bout les conséquences des prémisses, à savoir la répartition des apports du père et de la mère et la production des fluides par la moelle des os, on trouve en filigrane l'idée savante d'une régression à l'infini des apports en sang qui proviennent de ces ancêtres masculins par l'intermédiaire des femmes, alors que la dotation initiale qui vient des ancêtres paternels serait, elle, toujours présente au premier plan.

Lors de chaque nouvelle union qui donne des fruits, des apports nouveaux prennent place qui s'effaceront les uns derrière les autres au fil des générations. Un seuil de reconnaissance pour ces apports est même fourni par la théorie locale.

En effet, on peut mettre en parallèle cette théorie de la constitution de l'enfant et les règles d'alliance. Ainsi, en choisissant un exemple très précis, il n'est permis d'épouser un consanguin qui descendrait d'une parente collatérale (la sœur de l'arrière-grand-père, par exemple), reliée à soi par une chaîne composée exclusivement d'hommes (en ligne agnatique) qu'à la quatrième génération issue d'elle, ce qui laisse penser qu'il faut trois générations intermédiaires pour que soit censée s'évanouir dans un enfant la trace de la part physique qui lui vient de ses ancêtres par les femmes.

L'interdiction qui porte sur de tels consanguins sur trois générations mais aussi sur d'autres cousins, cognatiques de façon plus complexe, et d'autres interdits de même nature, ont pour effet sinon pour objet d'empêcher, dans ce système de nature semi-complexe (*cf.* chapitre II), que des lignes, qu'on appellera récessives, de sang identique (celles qui passent par les ancêtres maternelles), ou que la ligne dominante et une ligne récessive de sang identique, se trouvent renforcées par agglutination, c'est-à-dire par la réunion de parties précédemment divisées.

Mais une deuxième illusion est à écarter. La part dominante qui provient de la ligne paternelle est elle aussi un mixte où se produit cette même régression à l'infini des apports qui proviennent des ancêtres maternels.

Ainsi, ce que nous dit cette théorie, dans un contexte social où prime la ligne agnatique de filiation, c'est que celle-ci est moins fondée sur le sang que sur la « parole », c'est-à-dire la volonté et la reconnaissance publique du lien social.

« C'est la parole qui fait la filiation, c'est la parole qui la retire », dit une sentence samo explicite, dont la valeur est éclairée fortement par la théorie génétique du sang, laquelle nous désigne simultanément deux points d'importance pour cette société : l'individu n'existe que dans la diversité des sangs, et la filiation sociale trace sa ligne en la fondant moins sur le sang transmis que sur la parole, volonté exprimée et entendue par le groupe.

Il va sans dire que ces points d'importance seraient d'une nature radicalement différente dans une société qui privilégierait, au lieu de les interdire, des unions consanguines entre cousins proches.

Si la filiation est ainsi construite, comme une trace particulière au milieu des multiples cheminements qui concourent à l'apparition d'un individu nouveau fait de chair, d'os et de sang, elle l'est aussi explicitement par le lien communiel de la nourriture consommée au sein du lignage, marquée négativement par les interdits propres à chaque groupe, nourriture qui génère et renouvelle la chair, mais aussi les os et leur précieux contenu, qui génèrent à leur tour le sang et le sperme.

La vie, qui est l'une des neuf composantes de l'homme dans la pensée samo, baigne le monde, et tout être vivant en détient une parcelle. Dans le corps, elle circule, portée par le sang.

Mais si la chair meurt et pourrit, la vie subsiste de façon atténuée, endormie, dans les ossements et ne disparaît totalement que si on les brûle, information qui corrobore l'idée que le sang, porteur de vie, prend naissance dans les os.

*Conceptions populaires*
versus *pensée scientifique*

J'ai voulu, par cet exemple africain, présenté sous une forme nécessairement ramassée et incomplète, montrer comment se construit un ensemble conceptuel achevé, totalisant, où trouvent leur place dans une même visée la définition de la personne, celle du lien social et le monde naturel où s'inscrit l'homme en société.

Le système de sens ainsi reconstruit par l'observateur à partir d'éléments du discours et de pratiques est *nécessairement imparfait*, au sens où il ne peut jamais être totalement bouclé sur lui-même (ce serait, s'il l'était, un discours paranoïaque, sans échappatoire). Pour les acteurs, en effet, il est rarement, sinon jamais, donné comme tel, sous forme d'une analyse construite qui relierait entre eux en les explicitant sous forme d'un tout les points forts dont nous avons parlé – théorie génétique des fluides, de la personne, de l'alliance, de la filiation, des pouvoirs... –, mais il fonctionne au coup par coup, justifiant quand besoin est rites, interdits et pratiques quotidiennes. Il n'est donc pas par là même exempt de contradictions, au sens dialectique.

Cela dit, il ne faudrait pas croire non plus que le pivot de cette analyse d'un système de sens est uniquement la théorie locale des humeurs et des fluides, ou bien que les raisonnements qui fonctionnent au coup par coup prennent toujours comme point de départ causal cette même conception des choses.

L'ensemble structuré de représentations qui fait sens, et qui est construit de manière différente selon les sociétés à partir du maniement d'opérateurs particuliers, est composé d'éléments qui se définissent mutuellement, ajoutant la contrainte de leur nécessaire interaction et de leur développement mutuel à celle qui procède de l'observation du donné naturel qu'il faut expliquer et comprendre, un peu comme un faisceau d'armes ne tient debout et ne prend forme que parce que chacune prend appui sur toutes les autres.

On aura peut-être compris, à la lumière de ce qui précède, le sens de l'assertion selon laquelle la pénétration explicative de ce type de théories, parce qu'elles sont ancrées dans l'observation du corps, rencontre parfois celle des connaissances scientifiques modernes.

D'une certaine manière, est reconnue en effet la fonction hématopoïétique de la moelle osseuse, même si le processus réel n'en peut être connu et décrit et même si aucune différence n'est faite entre les deux types de moelle.

L'idée de l'effacement progressif des apports des ascendants directs en fonction de leur éloignement généalogique rencontre la notion de récessivité.

Enfin, l'interdiction d'alliance, chez les Samo, entre porteurs de parcelles du même sang, même si elle n'est pas fondée, comme on pourrait ingénument le croire, sur la conscience d'une prévention eugénique nécessaire de tares consanguines virtuelles – il s'agit là seulement du primat idéologique, agissant en tous domaines, accordé au différent au sein de l'opérateur identique/différent –, rencontre l'idée scientifique de la diversification génétique. Pour ne pas parler du présupposé du contenu des caractères que transporte d'un corps à l'autre le sperme fécondant.

J'ai avancé une deuxième assertion. La contrainte initiale physique de l'observation du même donné naturel qu'est le corps humain fait qu'en des lieux et à des époques diverses ont été élaborées de façon indépendante des théories explicatives étonnamment proches les unes des autres sur des points précis, même si l'articulation des divers éléments pris en compte dans l'interprétation culturelle qui en est donnée présente à chaque fois des différences significatives.

Il s'agit là d'un point de vue qui, s'il ne récuse pas absolument l'existence d'emprunts mutuels et de diffusion des idées au long cours dans des conditions pacifiques, sous-entend néanmoins que ceux-ci sont d'autant plus réussis qu'ils rencontrent un moule où ils peuvent naturellement se glisser.

Cela dit, la théorie samo n'est pas un hapax, et je voudrais le montrer brièvement en prenant comme cible l'articulation os/sperme/sang, ou plus largement alimentation/moelle/sperme et sang [1], sur quelques exemples dont certains plus proches de notre culture sont plus éloignés dans le temps tandis que d'autres relèvent de la connaissance ethnographique actuelle.

Il serait sans doute possible d'en fournir bien davantage. Mais le regard comparatiste est tributaire du matériau. Le compte rendu ethnologique est seulement le fruit de ce que l'ethnologue a su ou pu voir.

De plus, les idées les plus fondamentales sont aussi celles dans lesquelles l'homme social vit de façon si « naturelle » qu'elles fonctionnent par prétérition, sans que la nécessité se fasse toujours sentir de les exposer.

Ainsi fonctionne tout corps de représentations. Aussi bien leurs traces sont-elles souvent à débusquer, comme nous le verrons pour l'Égypte ancienne.

Il existe cependant, dans les grandes traditions écrites, la pensée grecque ou hindoue notamment, des textes où des penseurs ont rationalisé les ensembles de faits qu'il leur était donné d'observer.

*De la caractérisation
à la hiérarchie des fluides*

Dans le traité *De la génération des animaux*, Aristote expose admirablement des séries de processus de nature biochimique, qui font l'économie du passage par les os.

Sang, lait et sperme sont les résidus, dont seul le sperme est parfait, de la transformation des aliments dans le corps. La preuve en est « l'affaiblissement qui suit la moindre émission de sperme, comme si le corps était privé du produit final de la nourriture ».

---

1. On peut classer les théories sur l'origine du sperme et du sang selon deux grandes voies : ils dérivent de substances qui sont déjà dans le corps ou qui sont ingérées ; ils proviennent d'un don fait par des êtres supranaturels. Nous nous contentons ici de traiter de la première de ces deux voies.

La chaîne de transformation passe de la nourriture au sang, et de là, par l'effet d'une coction différente selon les sexes, au sperme et au lait.

L'homme, de nature chaude, possède par là même une aptitude à la coction intense du sang, qui le transforme en un résidu parfaitement pur et dense : le sperme. La femme ne peut parvenir à cette opération ; elle parvient seulement à transformer le sang en lait : « Du fait que les menstrues se produisent, il ne peut pas y avoir de sperme. »

Ainsi la différence ultime entre les deux sexes est leur caractérisation en chaud et sec d'une part, froid et humide de l'autre, qualités rendues apparentes par l'aptitude ou l'inaptitude à la coction.

On obtient ainsi une double chaîne de transformations : nourriture-sang-sperme, nourriture-sang-lait, qui rationalise l'ensemble de la production des fluides et surtout les hiérarchise en fonction d'une caractérisation des sexes qui les produisent, présentée comme explication ultime et comme justification de l'ordre social.

Cette même caractérisation en termes opposés et hiérarchiquement disposés, nécessaire chez Aristote à la compréhension des mécanismes internes de la production des fluides, se retrouve (nous l'avons d'ailleurs vue chez les Samo) dans des systèmes conceptuels où l'on ne présente pas nécessairement le sperme comme l'étape ultime d'une coction portant sur le sang.

*Le cycle vital hindou*

Dans le monde hindou, la semence provient également de la nourriture, en faisant cette fois-ci l'économie du passage par le sang. Mais il s'agit moins d'analyses de ce qui semble être des processus biochimiques du type de la digestion, comme chez Aristote, que d'une vision proprement cosmique, qui unit entre eux les éléments de l'univers dans un cycle sans fin.

Des Upanisads antérieurs à 1200 av. J.-C. décrivent une boucle parfaite : « De l'eau, la terre ; de la terre, les herbes ; des herbes, la nourriture ; de la nourriture, la semence ; de la semence, l'homme. L'homme est ainsi l'essence de la nourriture » (*Taittiriya Upanisad* ; Keswani).

À la lecture de ces textes sacrés la crémation est alors perçue comme nécessaire : le corps consumé s'élève en fumée qui se transforme en nuages, lesquels retombent en pluie, fécondant la terre pour produire végétaux, alimentation et semence.

Ne sont pas brûlés certains malades dont on ne souhaite pas voir revenir la maladie à travers le cycle complet des transformations (les lépreux, les varioleux...), non plus que les ascètes de certaines sectes qui veulent se retirer complètement du cycle vital. Pour ces derniers, on les immerge, dans le Gange notamment, c'est-à-dire qu'on les plonge dans l'élément le plus antinomique du feu, où leur substance se dissout intégralement, ou sera consommée par des animaux.

Un certain nombre de textes précisent que la vie, la semence ainsi produite, est stockée dans les os. La crémation la libère, lui permettant de rejoindre le grand cycle vital.

*La semence dans les os*

On retrouve cette même idée de la semence stockée dans les os, sans passage par la coction du sang, dans les civilisations sumérienne et égyptienne.

Dans les deux cas, ce qui importe n'est pas le réinvestissement cosmique de la semence dans le cycle de la vie par le truchement de la crémation, mais au contraire la conservation intégrale des ossements des ancêtres, soit en vue de leur survie dans un autre monde, soit parce que leur présence manifeste la liaison entre les vivants et les morts.

À Sumer [2], l'homme a été créé à partir d'un mélange de poussière et d'eau que le dieu Mardouk fit tenir debout en coagulant le sang du dieu Kingu. De ce sang il construisit le bâti osseux du premier homme : « Je veux coaguler du sang afin de bâtir une ossature et dresser un être vivant. »

À la mort des hommes, la part d'eux-mêmes qui vient de la terre retourne à la poussière. Une part résiste à la dissolution : les os, les *esemtu*. Ces os faits de sang continuent d'être porteurs du double immatériel et du souffle. À condition d'être rassemblés et inhumés, ils permettent au mort d'accéder à une nouvelle forme d'existence.

Le sang constitue les os où se tapit la vie. La grande frayeur est de mourir par accident dans des lieux écartés et d'avoir les os moulus sous la dent des bêtes. Les morts non enterrés deviennent des spectres errants incapables de rejoindre dans l'En-Bas les esprits de leur groupe familial.

Être moulu par la dent des bêtes a son correspondant dans un châtiment *post mortem*, le plus terrible qui soit, infligé par le souverain : faire broyer au mortier les os des vaincus. Assurbanipal oblige ainsi les fils vaincus d'un ennemi mort depuis dix ans à piler les ossements déterrés de leur père. Ce faisant, il oblige les fils à couper eux-mêmes leurs racines et à se détruire en détruisant les fondements de leur lignée.

Les os bien traités « continuent à vivre et à être rattachés par une sorte de cordon ombilical au groupe familial ou à l'ethnie », écrit Elena Cassin.

De ce rapport avec la lignée tout entière les souverains sont bien conscients qui dévastent les villes, comme Assurbanipal après la prise de Suse, mais déportent les ossements des rois, ou qui, vaincus, préfèrent, comme le roi Mérodach-Baladam, roi de Babylone, s'enfuir avec les

---

2. Elena Cassin, « La mort ; valeur et représentation en Mésopotamie ancienne », *in* G. Gnoli et J.-P. Vernant, éd., *La Mort, les morts dans les sociétés anciennes*, Paris, Cambridge, 1982.

ossements de leurs ancêtres plutôt que sauver les membres vivants de leur famille.

En détruisant les os des vaincus on détruit leur histoire, passée et future, parce qu'on détruit leur semence.

Les vivants sont les produits des semences de leurs ancêtres et celles des vivants sont détruites quand celles des morts le sont. Dans les ossements se trouve le principe de la transmission ininterrompue de la vie.

De cette analyse nous pouvons tirer une séquence qui apparie de façon nouvelle les termes de la trilogie : du sang proviennent les os où se trouvent la semence et la vie.

*Les os, principe mâle,
la chair, principe féminin*

En Égypte, c'est de façon explicite la semence elle-même et non pas seulement de façon métaphorique la source de toute vie qui se trouve dans les os.

Mais, parallèle aux interprétations métaphysico-religieuses qui font intervenir les dieux dans le processus initial de création de la semence, des recherches récentes ont montré l'existence très ancienne d'un système anatomique explicatif fondé sur des connaissances vétérinaires précises. Ces recherches peuvent être lues comme un roman policier.

En 1960, Serge Sauneron analyse des inscriptions de l'époque ptolémaïque où il est rendu hommage au Bélier qui « verse », « fige », « concrée », « coagule » la semence dans les os.

Nous sommes sur le versant de l'origine supranaturelle de la semence.

Sauneron voyait là une croyance anatomique curieuse, d'origine récente dans l'histoire égyptienne classique. Notant des croyances analogues dans des textes grecs (« La semence est une défluxion, un doux écoulement de l'épine du dos », Platon) il se pose la question, en termes diffusionnistes, de savoir qui des Grecs ou des Égyptiens a inventé cette curieuse conception anatomique.

Jean Yoyotte fait la même analyse tout en faisant remonter la théorie beaucoup plus haut dans le temps, notant qu'une liaison fonctionnelle semble avoir existé, selon les prêtres de la Basse-Époque, entre le phallus et le dos, ou plus précisément entre le phallus et l'épine dorsale.

D'après le grand texte géographique d'Edfou, l'appareil génital complet, le « générateur », est bien l'organe formé par le « phallus et le dos » réunis ensemble. La colonne vertébrale jouerait ainsi le rôle de collecteur d'une moelle qui s'écoule par le phallus pour se « concréer » à nouveau en os dans le sein maternel.

Les conceptions égyptiennes de la reproduction, telles qu'on les trouve dans le papyrus Jumilhac, font venir les os du principe mâle et la chair du principe féminin.

Dans un commentaire de Plutarque, à propos du démembrement d'Horus, ce sont le sang et la moelle qui dérivent de la semence paternelle, la graisse et les chairs provenant de la mère. Sang et moelle de l'enfant sont donc associés aux os et tous deux issus de la semence paternelle qui concrée les os.

Sauneron remarque que des croyances très anciennes font de l'eau la source de vie et que la même racine en égyptien vaut pour « eau », « semence » et « salive », et en sumérien pour « eau », « sperme », « conception » et « génération ».

Il se demande donc si on peut supposer une naissance parallèle de cette conception en Égypte et en Asie Mineure, « tendant à assimiler deux substances présentant quelque analogie d'aspect », mais penche malgré tout en faveur de l'hypothèse diffusionniste à partir d'une source commune.

Yoyotte, quant à lui, tranche le problème diffusionniste particulier soulevé par Sauneron qui porte sur le sens des emprunts entre la Grèce et l'Égypte en faveur de l'origine égyptienne.

## Les fondements matériels d'une croyance

C'est accessoirement que ces deux auteurs s'interrogent sur les raisons d'être d'une croyance qui assimile moelle et sperme et place la semence dans les os.

Pour Yoyotte, elle procède de raisonnements par analogie, à partir de certaines données de l'expérience vulgaire, qui permettent d'identifier non seulement moelle et sperme, mais os et phallus. Ce serait parce que le phallus est métaphoriquement un os que les inscriptions et textes parlent de la semence dans les os.

Il cite néanmoins dans une note, à titre de curiosité moderne, les propos d'un ouvrier égyptien appartenant à leur équipe, originaire du Saïd, expliquant qu'en cas de surmenage sexuel on avait mal d'abord dans les reins, puis dans le dos, puis dans la nuque. En fait, il rendait compte par là de l'évacuation des réserves vitales de l'homme poussée de plus en plus haut dans le corps, le long de l'épine dorsale, de la même manière que les Samo identifiaient les rapports sexuels suivis de conception par cette douleur masculine particulière, preuve s'il en est d'une aspiration maximale de la semence hors des os.

Avec des textes américains récents (Schwabe *et al.*), et sans quitter l'hypothèse diffusionniste, on remonte dans le temps.

C'est dès la première dynastie, d'après ces auteurs, que l'idée selon laquelle la semence est produite et stockée dans les os se trouve dans les textes.

Le rapport particulier entre épine dorsale et phallus, noté par Yoyotte, serait fondé sur la connaissance anatomique, que l'on trouve dans les textes vétérinaires, d'une particularité de l'appareil génital du taureau, dont la force est associée explicitement à celle de Pharaon.

Le pénis taurin se détend par l'action d'un muscle solidement attaché à la surface inférieure des deux dernières vertèbres avant la queue et solidaire du pénis sur une dizaine de centimètres. Pour les anatomistes égyptiens, l'ensemble pouvait être pris pour un seul et même organe.

Ainsi la connaissance anatomique d'une particularité animale vient-elle dès la première dynastie conforter des croyances essentielles, qui cimentent tout l'appareil idéologique égyptien.

Comme Yoyotte l'avait vu, la connection du pénis avec l'épine dorsale est partie intégrante de la théorie de la semence dans les os. Elle fournit le chaînon manquant. La semence-moelle concrée le squelette et le sang ; les os à leur tour stockent la semence (mais la produisent-ils ? et quel est le rôle du sang ?), laquelle, collectée par la colonne vertébrale, passe de là au pénis qui lui est attaché. Se comprend mieux ainsi l'urgente nécessité de rassembler les os pour permettre la survie dans l'Au-Delà et l'importance accordée à l'épine dorsale dans les textes religieux qui glorifient fécondité et force génésique du Taureau, du Bélier ou de Pharaon.

On trouve en Chine également l'idée d'une communication entre la moelle épinière et le rein, considéré comme un organe génital, et d'une ouverture du canal médullaire dans la région génito-urinaire, ce qui implique « une certaine participation du cerveau et de la moelle à la sécrétion du sperme [3] ». Les os, par ailleurs, étaient déterrés après putréfaction du corps, lavés et re-enterrés. Ils sont censés alors exhaler un pouvoir qui accroît la fertilité de leurs descendants (introduction de *Death and the Regeneration of Life*).

*Au cœur de la croyance, la matière*

On peut peut-être penser, en lisant ce qui précède, qu'après tout l'hypothèse diffusionniste est plausible. Il

---

3. *Dictionnaire archéologique des techniques*, II, Paris, Éditions de l'Accueil, 1964. Article « Médecine ».

suffirait de découvrir quelle grande civilisation a imaginé la première un système si original, liant étroitement les os et la moelle à la transmission de la vie, et l'a ensuite communiqué aux autres grandes civilisations d'une même partie du globe.

Mais on retrouve cette même idée dans des points et chez des peuples fort divers du monde.

Chez les Otomi, par exemple, où les os (« sexe de pierre ») sont producteurs de sperme et source de vie [4], à Hawaii où, après un traitement préliminaire du corps, on met en lieu sûr les restes du squelette, à Tahiti et aux Marquises où on conserve à part le crâne et les os longs, etc. [5]. À côté d'une âme mobile et migrante perdure dans les os la force vitale de la semence, qui est la richesse des descendants.

Cette même idée, présente dans les représentations de multiples populations éparses dans le monde, il est difficile d'imaginer qu'elle ait pu ne pas naître.

Les os en effet offrent une particularité curieuse, notamment les os longs et l'ensemble vertébral (puisque aucune distinction n'est faite entre les deux types de moelle) : ces parties dures qui constituent l'ossature du corps sont creuses et comme refermées durement sur un trésor qu'elles protègent. De plus, la substance blanchâtre des deux moelles a un rapport analogique de consistance et de couleur avec la semence humaine.

Il n'y a donc là, me semble-t-il, aucun sujet d'étonnement à ce que des peuples divers, observateurs de la même manière du même matériau, soient parvenus à la même conclusion : le sperme et la moelle sont de même nature et contiennent le germe de la vie, stocké et protégé jalousement dans les parties dures du corps.

---

4. Jacques Galinier, « L'homme sans pied. Métaphore de la castration et imaginaire en Mésoamérique », *L'Homme* 24 (2), avril-juin 1984.

5. Alain Babadzan, « Une perspective pour deux passages. Notes sur la représentation traditionnelle de la naissance et de la mort en Polynésie », *L'Homme* 23 (3), juill.-sept. 1983.

Il s'agit somme toute d'une interprétation rationnelle tirée de l'observation immédiate des faits bruts.

La semence qui se renouvelle doit bien être stockée quelque part dans le corps : les capsules fermées des os sont l'endroit idéal. Au cœur de la croyance, la matière.

**CHAPITRE VI**

LA MAUVAISE ODEUR L'A SAISI
De l'influence du sperme et du sang
sur le lait nourricier

Dans un certain nombre de langues africaines, avoir la fièvre se dit avoir « le corps chaud ». C'est le cas en langue samo : *mè fula*, corps échauffé.

Avoir le corps chaud est dans cette société un symptôme qui révèle la présence de certaines maladies seulement, puisqu'il n'accompagne pas nécessairement tous les maux dont peuvent souffrir les hommes.

Accompagnées ou non de suées, ce sont des maladies caractérisées par un déséquilibre des humeurs du corps, apparu pour des raisons diverses, selon le système local de représentation de la personne et de la maladie.

La chaleur normale du corps vivant et la sueur, notions confondues sous le même vocable *(tàtare)*, forment conjointement une des neuf composantes de la personne et sont le signe de la présence de la vie, portée par le sang, qui perdure après la mort dans les ossements.

L'excès de chaleur de la fièvre signale en conséquence un ébranlement et un échauffement du sang. Cet ébranlement est dangereux. Le terme *furu*, qui veut dire « chaud », implique en effet en même temps l'idée de danger et aussi celle de rapidité, d'accélération.

Déjà, les nourrissons, dont le corps est si lié au lait maternel, connaissent de ces ébranlements fébriles et dangereux.

Je voudrais, ici, après ces prolégomènes qui concernent la société samo, passer à l'exégèse d'un certain nombre de textes touchant à des situations éloignées les unes des autres dans l'espace et le temps et concernant l'enfant fébrile au sein, et montrer, par le truchement de l'analyse des données ethnographiques samo, qu'elles correspondent aux mêmes principes logiques d'une mécanique des fluides dont la mise en mouvement, par attirance ou répulsion des fluides entre eux, est déclenchée en fonction de leur caractérisation selon des oppositions dualistes fondamentales dont les plus fréquemment rencontrées sont celles du chaud et du froid, du sec et de l'humide, auxquelles d'autres peuvent être associées ou même se substituer.

*Bébés fiévreux et commerce sexuel*

Commençons par les Akkadiens. Dans le *Traité akkadien de diagnostics et pronostics médicaux* présenté par René Labat, une tablette est consacrée spécifiquement aux maladies des bébés.

Un bébé peut être pris par la démone femelle Lamastu, ou par d'autres mains démoniaques, ou être victime de la sorcellerie. Sans référence à des « mains » malveillantes, l'auteur akkadien du traité décrit aussi avec précision les troubles de la percée des dents, les diarrhées, les pleurs et les peurs subites.

Mais dans toute une série de passages [1], l'énoncé ne fait pas état d'emprises maléfiques et renvoie pour des maux précis à une cause naturelle exprimée de façon métaphorique, me semble-t-il : la « mauvaise odeur ».

« Si le bébé, ses entrailles sont entravées et si sa bouche est lourde, la mauvaise odeur l'a saisi,

---

1. René Labat, *Traité akkadien de diagnostics et pronostics médicaux*, Paris, Académie internationale d'histoire des sciences, Leiden, E. J. Brill, 1951, p. 96-01.

Si le bébé, les mucosités lui coulent,
Si le bébé, ses mucosités contiennent du sang,
Si le bébé, son crâne, sa poitrine et le haut de son dos sont chauds,
Si le bébé, la fièvre n'est pas [...] et si ses entrailles sont entravées, la mauvaise odeur l'a saisi. »

Ainsi donc, la « mauvaise odeur » est cause d'une maladie au tableau clinique précis, accompagnée de fièvre dont l'emplacement caractéristique est le haut du corps.

Cette expression particulière n'intervient à aucun autre endroit du corpus, comme cause possible de certaines maladies des adultes. Apparaissent pourtant des causes dues parfois à des agents naturels : la sécheresse, le vent, la poussière, le froid...

Dans l'introduction qu'il donne à cette œuvre, René Labat, énumérant les causes naturelles, physiques, physiologiques ou psychologiques de maladies relevées par les médecins akkadiens à la suite d'observations étiologiques très rationnelles selon nos canons, ajoute à celles qu'on vient d'énumérer les « miasmes de la puanteur », en se référant explicitement au seul passage ci-dessus concernant les bébés au sein, où il est question de la « mauvaise odeur ».

La transposition « mauvaise odeur » / « miasmes de la puanteur » renvoie implicitement à une explication de type environnemental, les miasmes puants étant censés provenir des lieux, marécageux ou à l'hygiène défectueuse, auprès desquels les hommes peuvent être amenés à vivre.

Or, si les miasmes de ce type étaient considérés comme cause naturelle de maladies et de fièvre, il est plausible de penser qu'on devrait les rencontrer également dans le corpus général qui concerne les adultes, au même titre que les autres causes physiques. Ce n'est pas le cas. La mauvaise odeur n'intervient que dans la tablette consacrée aux bébés. De plus, la traduction exacte de ces versets n'est pas « miasmes » ou exhalaisons putrides, nous venons de le voir, mais bien la « mauvaise odeur ».

Ce terme, à l'aspect de litote ou de périphrase aux

yeux des lecteurs que nous sommes, ignorants de son sens, avait vraisemblablement néanmoins un sens bien précis pour le médecin akkadien du VIII$^e$ ou du VII$^e$ siècle avant J.-C. Le rabattre tout uniment sur l'origine environnementale supposée de l'odeur nauséabonde et néfaste correspond plus à notre idée d'une forme de rationalité présente dans les corrélations empiriques que n'importe qui peut établir entre des faits qu'à celle des auteurs des tablettes. C'est en tout cas un glissement interprétatif dénué de fondement véritable.

Pouvons-nous proposer une autre interprétation de ces passages, en gardant présent à l'esprit que la mauvaise odeur est une cause de grave malaise physique pour le bébé au sein et seulement pour lui ?

Il faut pour cela se retourner vers l'ethnographie. Dans bien des sociétés du monde, le sang menstruel est considéré comme porteur de la mauvaise odeur.

Les Samo, dont nous parlions au début de ce texte, disent que le nourrisson se détourne avec horreur du sein de la femme allaitante qui a recommencé à avoir ses règles (le lait n'est pas tari pour autant tout de suite) ou qui a eu un rapport sexuel.

Grognon, perturbé, fiévreux et furieux, pleurant, crachant, il prend et repousse le sein et manifeste bruyamment son déplaisir.

Le sang des règles est censé « descendre » dans les seins et gâter le goût du lait, qui reprend son odeur et son goût naturels après cette période.

Quant au sperme, on sait en pays samo qu'un mari ne peut en principe reprendre les rapports sexuels avec sa femme tant que l'enfant n'est pas sevré, tant qu'il ne marche et ne mange pas. Cela peut représenter plus de deux ans (cf. chap. III).

S'il couche avec sa femme tant qu'elle nourrit, les informateurs disent explicitement que, même si une grossesse ne s'ensuit pas, le sperme tarit le lait et en gâte irrémédiablement le goût. L'enfant au sein, dont on a décrit le mécontentement, maigrit et devient fiévreux.

Aussi est-ce le diagnostic normal qui est porté en présence d'enfants qui repoussent le sein et présentent ces symptômes : ils ont « le corps chaud » parce que leur mère, incapable de se refuser, a repris le commerce sexuel avec son mari.

De plus, on ajoute que les bébés mâles sont beaucoup plus sensibles que les filles à la mauvaise qualité et à la mauvaise odeur du lait de leur mère. Surtout dans le cas où le lait est perturbé non par le sang des règles, mais par la reprise régulière des rapports sexuels des parents.

On dit même que le garçon préférera se laisser mourir plutôt que de supporter longtemps cette souffrance. Les filles supportent toujours mieux souffrance et douleur que l'homme, car seul l'homme a le « cœur rouge » et il est « chaud ».

*Incompatibilité des humeurs*

Le sang et le sperme gâtent donc la qualité, la quantité, l'odeur et le goût du lait.

Ces trois substances sont chaudes, et proviennent à des stades divers de la transformation d'une même humeur fondamentale, l'eau gluante et filante qui sourd de la moelle des os et des articulations.

L'idée sous-jacente à l'impossibilité de trouver ensemble lait et sang, ou lait et sperme est double. Tout d'abord, lors du rapport sexuel, la femme est censée fabriquer également une liqueur, littéralement une « eau de sexe », qui provient de la même humeur fondamentale que le sperme, le lait et le sang. Tout comme le sang des règles, le rapport sexuel a ainsi pour effet de détourner une partie de la substance qui se transforme normalement en lait, ce qui le tarit, le raréfie, ou modifie sa qualité.

Mais plus profondément, on trouve aussi l'idée qu'on ne peut mettre ensemble deux humeurs de même nature, de même origine, de même chaleur car, ou bien elles se consument et se détruisent mutuellement, ou bien elles se repoussent. L'excès de chaleur du lait, induit par le rapport sexuel qui lui donne mauvais goût et mauvaise odeur, est, dans cette logique, plus difficile à supporter par les garçons, qui sont considérés déjà comme naturellement plus ardents (au sens propre) que les filles.

Chez le bébé akkadien, le fait que des mucosités chargées de sang lui coulent du nez est aussi un indice qui va dans le sens de cette interprétation : la présence de sang ou de sperme altère le lait. En effet, le sang et/ou le sperme non consommable refluent dans le corps de l'enfant et trouvent une issue par les orifices supérieurs ; la chaleur indue et cuisante bloque et condense la digestion normale, en « entravant » les entrailles (comme d'ailleurs c'est le cas chez le bébé samo).

Chez les Hausa de Zaria, le lait est appelé le « juge de l'enfant », car ses variations sont immédiatement transcrites dans le corps de l'enfant. Dans la remarquable biographie de Baba de Karo [2] est exprimée cette même idée de l'incompatibilité des humeurs du corps, sous une double forme. Si une goutte du lait de la mère tombe par mégarde sur le sexe du bébé, son sexe meurt : « Si c'est un garçon, il ne pourra rien faire avec les femmes ; si c'est une fille, il n'y aura pas d'entrée, elle sera fermée, ou ses organes de femme mourront... elle ne pourra pas avoir d'enfants. » Mais également, « une femme ne doit pas coucher avec son mari quand elle allaite son enfant. Si elle le fait, l'enfant maigrit, se dessèche. Il ne deviendra pas fort, il sera mal portant ».

Bien sûr, il y a le risque de grossesse. Mais plus profondément, le risque est celui de la consomption ou de la mort par « dessèchement » ; il me semble que ce terme, qui évoque la dessiccation au feu ou à la grande chaleur, n'est pas choisi au hasard.

On craint la grossesse, disent aussi les informateurs samo, car si la mère qui nourrit devient enceinte, « c'est

---

[2]. Mary Smith, *Baba de Karo*, Paris, Plon, coll. « Terre humaine », 1969, p. 161.

exactement comme si on avait tué l'enfant », mais même sans grossesse, coucher avec la mère, c'est condamner l'enfant à la maladie, au « corps chaud », à l'amaigrissement et à l'épuisement.

*Nourrice, brune et douce*

Des idées de ce genre, sur la régulation nécessaire des fluides corporels, compte tenu de l'attirance ou de la répulsion qu'ils exercent entre eux selon les canons de la logique des représentations locales, ne sont pas étrangères à notre culture.

Le traité populaire du professeur Antonin Bossu [3], médecin hygiéniste, sur l'anthropologie de l'homme et de la femme (édition de 1849), offre des lectures tout à fait exemplaires de ce point de vue.

La femme ménopausée, qui ne perd plus son sang, doit s'abstenir de relations sexuelles, sous peine de souffrir de « congestion de la matrice ». Quant à la jeune fille immature, qui ne le perd pas encore ou insuffisamment, chaude par conséquent de cette chaleur de sang, elle est vouée à la consomption, si elle se livre à l'acte sexuel.

Mais ce sont les rapports du lait et du sperme qui nous intéressent ici particulièrement.

Antonin Bossu s'étend longuement sur le choix de la nourrice et sur ses mœurs. Laissons-lui la parole : « Le choix de la nourrice mérite toute l'attention : vingt à trente ans, état de santé parfait, sans difformité, sans trop d'embonpoint ni de maigreur ; haleine douce ; cheveux bruns, mamelles modérément volumineuses, mais fermes, bien conformées et parsemées de veines bleuâtres ; caractère doux et enjoué, mœurs pures. Inutile d'ajouter que

---

3. Antonin Bossu, *Anthropologie ou étude des organes, fonctions, maladies de l'homme et de la femme, comprenant l'anatomie, la physiologie, l'hygiène, la pathologie et la thérapeutique*, Paris, Baillière, 1849 (troisième édition revue et augmentée).

si on remarque autour de la mâchoire ou au cou des cicatrices d'abcès, d'humeurs froides, il faut lui en préférer une autre... La nourrice doit user sobrement d'aliments de facile digestion. Tout lui convient à l'exception des salaisons et des substances échauffantes. Elle peut cohabiter quelques fois *(sic)* avec son mari, pourvu qu'elle mette assez d'intervalle entre l'instant des rapports et celui de l'allaitement. Cependant on a raison de tenir à ce que le contraire existe. »

L'intérêt de ce texte, comme de bien d'autres parties de l'ouvrage, est que le système de représentation sous-jacent fonctionne admirablement par prétérition, de façon elliptique. À aucun moment, dans ce passage, le discours clinique n'explicite les causalités qui y sont exprimées, et qui sont là pourtant, bien présentes.

La femme brune et douce, dans le modèle subalterne de la féminité, est du côté de l'opulent et du prolifique ; sans trop d'embonpoint ni de maigreur, ses humeurs sont donc parfaitement équilibrées. Pour conserver cet équilibre, elle s'abstient de substances « échauffantes ». Inversement, elle ne doit pas souffrir de scrofules, ou d'« humeurs froides », inflammations tuberculeuses des glandes salivaires, qui sont en effet considérées comme antagonistes du lait qu'elles pourrissent et corrompent, le pourrissement étant la marque de l'excès d'humidité froide, comme la condensation et le tarissement sont la marque de la dessiccation par excessive chaleur. Rappelons qu'on soignait les scrofules, jusqu'au XVII$^e$ siècle, avec du sang menstruel, autre antagoniste, afin de rééquilibrer les humeurs.

Enfin, elle peut cohabiter avec son mari, à condition de mettre assez d'intervalle entre l'instant des rapports et celui des tétées.

Qu'est-ce à dire, sinon qu'il existe une incompatibilité entre le lait et le sperme et une communication entre les deux systèmes, génital et nourricier ? Ce qui est en cause n'est pas la crainte d'une nouvelle grossesse qui tarirait le lait. Si c'était le cas, les rapports sexuels seraient interdits à la nourrice. Ce qui est en cause, c'est l'altération du lait ; c'est la certitude que le sperme le corrompt ou en gâte le goût, ou en détériore le pouvoir nutritif et que tous ces effets sont ressentis parfaitement par le bébé.

Gageons d'ailleurs que les attendus de telles formules n'avaient nul besoin d'être explicités de façon consciente, et étaient parfaitement perçus par les lecteurs de cette manière intuitive et immédiate qui est celle avec laquelle tous les hommes vivent leur propre culture et expérimentent le système de représentations qui lui est attaché, qui était celle aussi du lecteur akkadien des tablettes médicales de son temps.

### Émotion du sang et mauvaise odeur

Un remarquable texte médical explicite parfaitement ce qui est ailleurs dit dans le mode allusif de la prétérition. Il s'agit du vingt-quatrième livre – *De la génération* – des œuvres complètes d'Ambroise Paré.

Lui aussi en tient pour la nourrice brune « bien carrée de poitrine... la chair non mollasse... et qu'elle ne soit rousse » (signe d'excès de chaleur), « car les brunes sont de tempérament plus chaude *(sic)* que les blanches : partant la chaleur digère, et cuit mieux l'aliment, dont le lait est rendu beaucoup meilleur [4] ».

Il faut donc à la parfaite cuisson du lait une chaleur essentielle, quoique modérée, ni trop faible (cas de la femme blanche et blonde) ni trop forte (cas de la femme rousse).

Ambroise Paré ne s'étend pas sur les signes que manifesterait le bébé contraint de se nourrir d'un lait trop froid ou trop chaud, mais il s'explique longuement sur les raisons qui militent pour l'interdiction faite à la nourrice d'avoir des rapports sexuels pendant le temps de l'allaitement :

« Car premièrement *le coït trouble son sang, par*

---

4. *Œuvres de Ambroise Paré de la Val du Maine*, Paris, Éditions Pierre de Tartas, 24ᵉ livre, chap. 24 (première édition en 1585).

*conséquent le lait* ; secondement il diminue la quantité du lait, parce qu'il provoque les fleurs (*i. e.* : les menstrues), en divertissant par le moyen du coït le sang des mamelles à la matrice, qui est l'une des principales causes qui altère et corrompt le lait, car le coït émeut le sang menstruel, le fait sortir et changer de situation ; tiercement il *engendre mauvaise odeur* au lait et qualité vicieuse, telle que nous sentons exhaler des corps de ceux qui sont en rut et échauffés en l'amour et acte vénérien. La quatrième raison, c'est que le coït est quelquefois cause d'engrosser la nourrice, dont il advient double inconvénient, l'un à l'enfant qu'elle nourrit, l'autre à l'enfant qu'elle a dedans le ventre : car le meilleur sang abandonne les mamelles, étant attiré à la matrice pour nourrir et augmenter l'enfant qui est conçu et le pire se retire aux mamelles, duquel est fait le lait pour la nourriture de l'enfant nourrisson, lequel se corrompt et diminue. Par quoi l'enfant qui est au ventre de la nourrice ne prend suffisante nourriture, et l'enfant qui est au-dehors en prend de mauvaise. »

Il apparaît ainsi clairement que le risque de grossesse n'est pas la raison première de l'interdiction des rapports sexuels. Nous trouvons, remarquablement exprimée, l'idée de la liaison étroite entre le sang et le lait et de la perturbation qu'apporte le coït, en drainant le sang vers la matrice, où il « s'émeut » et se charge de la « mauvaise odeur », de cette mauvaise odeur dont parlait le texte akkadien et dont je postule qu'elle avait là aussi même origine.

Nous trouvons au Mexique des données qui vont dans le même sens (John Ingham, 1970). Le sang menstruel et la semence masculine sont considérés comme extrêmement chauds, alors que le lait est normalement froid. Les bébés au sein peuvent souffrir de deux types de maux selon que le sang de la mère est excessivement refroidi ou excessivement échauffé.

L'enfant *enlechado* souffre de consommer un lait cru, ce qui est le cas si la mère mange des nourritures classées dans la catégorie des nourritures froides, ou se lave la poitrine et le ventre à l'eau froide, ou expose son dos à la chaleur du soleil, ce qui a pour effet de repousser toute la froideur du corps féminin dans les seins.

*Chipileza* est en revanche la maladie chaude dont souffre l'enfant dont la mère a repris le commerce sexuel et est devenue enceinte : en raison de la chaleur qu'elle émet à ce moment, son lait devient jaune et aqueux et l'enfant, *chipil*, somnolent, diarrhéique, mâchonne ses lèvres et s'agite.

Dans ce cas précis, la logique du mouvement des humeurs, et de leur caractérisation en chaud et froid, veut que l'excès de chaleur liquéfie au lieu de concentrer, d'où l'évocation de la diarrhée et du lait aqueux, tandis que l'excès de froid se traduit par des condensations blanchâtres dans les selles du bébé.

*Équilibre du corps, équilibre du monde*

Nous n'avons fait là qu'aborder la surface des choses. Les liaisons établies au sein de chaque système d'interprétation entre différentes grandeurs sont infiniment subtiles et dépassent largement le cas de l'enfant au sein.

Assurément, aussi, chaque culture présente une version cohérente de ces liaisons qui doit se comprendre par rapport à elle-même, si elle peut être éclairée par la comparaison avec d'autres.

Mais à travers cette excursion dans l'espace et dans le temps, il me semble important de montrer que les conceptions ethniques particulières touchant au corps et au mouvement des humeurs renvoient à des thèmes invariants dont l'organisation obéit à une structure logique commune. Rencontres qui n'ont pas lieu d'étonner si l'on admet que la réflexion des hommes porte sur de mêmes évidences élémentaires auxquelles il convient de donner du sens.

Une fièvre particulière du nourrisson au « corps

chaud », qui se détourne du sein où il trouve cependant sa seule nourriture, qui souffre de maux divers dont le tableau clinique, toujours explicable, peut varier, prend tout son sens comme excès de chaleur issu de perturbations du système des humeurs dans le corps de la femme dont il dépend étroitement pour sa survie.

L'explication de cette fièvre, qui signale un ébranlement néfaste de l'équilibre des humeurs, rassemble – on s'en convaincra aisément à la lecture des différents exemples sommairement brossés ici – des représentations ou des savoirs multiples et convergents : sur la santé conçue comme harmonie, sur la caractérisation propre, par exemple, à chaque sexe, aux choses, aux aliments, au sein d'oppositions de type dualiste, sur l'origine et la transformation des fluides du corps, sur les transferts possibles du cosmos au corps humain ou d'un corps à un autre, sur les effets et la sanction tant physique que morale d'actes intentionnels ou involontaires, etc.

Les protagonistes, ceux qui entourent la mère et l'enfant malade, investissent spontanément l'ensemble de ces savoirs implicites dans le diagnostic qu'ils portent, dont la cohérence n'est parfaite aux yeux de l'observateur que si, tirant sur un fil, il dévide tout l'écheveau, s'apercevant du même coup que cet écheveau correspond à un système explicatif du monde d'une grande et nécessaire généralité.

CHAPITRE VII

MOITIÉS D'HOMMES, PIEDS DÉCHAUSSÉS
ET SAUTEURS À CLOCHE-PIED
Figures archaïques de la masculinité

Le thème du pied déchaussé est un motif courant, on le sait, dans l'Antiquité et dans le folklore européen, où l'un de ses aspects les plus connus est la figure de Cendrillon. Il a été choisi par Rodney Needham [1] comme base d'examen pour tenter de répondre à la question laissée d'ailleurs sans réponse : pourquoi les institutions changent-elles ?

Il note cependant la force particulière de certaines d'entre elles, qui ne changent pas, fondées qu'elles seraient sur la force structurale du biologique : lois de la filiation et de l'alliance, lois de l'asymétrie, visible dans la prééminence universelle de la droite sur la gauche. Selon Robert Hertz, dans ce dernier cas, il s'agirait de l'élaboration symbolique d'une pure asymétrie organique, cérébrale, qui conduit la pensée vers une logique bipolaire. Nous avons vu en effet qu'on est en face de contraintes fortes, qui entraînent des « possibilités limitées » de combinatoires.

Dans ces cas, on peut comprendre et expliquer par là pourquoi des phénomènes sociaux ne changent pas,

---

1. Rodney Needham, « Unilateral figures », in *Reconnaissances*, Toronto/Buffalo/London, University of Toronto Press, 1980, p. 17-40.

car les contraintes ne seraient pas d'ordre social, mais ancrées dans le biologique.

Mais – et c'est là la question que se pose Needham –, que se passe-t-il dans les cas de représentations fortes et durables qui ne sont apparemment pas inscrites dans la nécessité biologique ?

*Une moitié d'homme,
vue de profil*

Rodney Needham prend comme exemple de ce type d'institutions et de représentations symboliques l'image généralement masculine de la moitié d'homme, coupée verticalement, vue le plus souvent du côté droit.

Cette image a une distribution quasiment universelle, sans apparemment d'autre contrainte à être que d'ordre symbolique, et sa distribution géographique s'expliquerait, selon lui, dans la majorité des cas, par la diffusion et l'emprunt.

Cette moitié d'homme que l'on trouve dans les mythes, les contes, les représentations graphiques (fig. 1, 2, 3), qui n'a qu'un œil, un bras, une jambe, est une forme stable, quel que soit le contexte. Homme ou personnage mythique, il est représenté prêt à se mettre en mouvement, bras étendu, jambe légèrement

FIG. 1. *Esprit chukchee, figure unilatérale, illustrant la page de couverture du livre de Rodney Needham,* Reconnaissances *(extraite du livre de Waldemar Bogoras,* The Chuckchee, *Jesup North Pacific Expedition Publications, VII, Leiden Brill, 1909).*

FIG. 2. *Gravure rupestre de la fin du néolithique trouvée sur les bords de la mer Blanche (Musée du ski à Umeá, Suède, in Barquins, 1992).*

FIG. 3. *Gravure rupestre de la fin du néolithique trouvée sur les bords du lac Onega, Carélie (Musée du ski à Umeá, Suède, in Barquins, 1992).*

fléchie, prêt à sauter ou à glisser sur sa jambe unique.

De telles formes stables, sans nécessité biologique apparente, renverraient donc à l'inconscient collectif, à des constantes d'ordre psychique, qu'il s'agirait de débusquer.

Le motif se trouve en Australie, à Tikopia, aux Marquises, en Nouvelle-Guinée, en Indonésie, en Chine, chez les Gilyak, Yakout et Samoyèdes, chez les Buryat, en Inde, à Ceylan, en Europe – Roumanie, Grèce, Allemagne, Irlande –, dans le monde arabe, en Afrique et à Madagascar, chez les Eskimo, les Indiens du Pacifique, des Plaines, les Iroquois, les Aztèques et jusque chez les populations disparues de Terre de Feu.

*L'histoire mythique de Silai*

Needham s'attarde sur l'histoire mythique de Silai, chez les Ngaju de Bornéo, dont nous retenons ici quelques traits : le premier homme et la première femme ont une fille très belle dont Lune, Jangga, s'éprend. Il descend, l'épouse et vient la visiter à chaque nouvelle lune.

Lorsqu'elle est enceinte, elle tombe sous le coup d'un interdit, l'empêchant précisément de rencontrer son mari à ce moment : elle lui devient interdite à la nouvelle lune, qui est le temps pourtant des rapports sexuels.

Fâché, Jangga retourne sur son territoire lunaire. Son épouse proteste devant cette situation, disant qu'il n'en pourra résulter qu'une naissance monstrueuse ; on peut penser que cette inquiétude sous-entend que les rapports sexuels pendant la grossesse façonnent, forment et constituent pleinement l'embryon.

Silai naît déformé : en effet, c'est un corps unilatéral. Quand il est grand, il s'enquiert de son père et le rejoint après un voyage plein d'embûches. Celui-ci ne peut croire que c'est son fils : il le soumet à des épreuves dont il sort vainqueur. À la suite de quoi il entreprend de le refaçonner après l'avoir désintégré en le limant, puis fait fondre dans un creuset où il rajoute l'eau-de-vie, qui est donc sa contribution personnelle à la fabrication de l'enfant. De la masse brûlante, il fait un homme complet, qui, revenu sur Terre, et plein d'astuce, devient l'ancêtre des hommes blancs.

Cette histoire est un paradigme qu'on retrouve sous différentes formes dans d'autres lieux. Un autre thème, moins fréquent, qu'on trouve chez les Roti des îles Sunda, met en scène une femme fort présomptueuse qui veut *enfanter seule* et que l'éclair divise en deux parties, l'une masculine et l'autre féminine.

À travers tous les récits rapportés, il apparaît qu'on ne peut montrer d'associations privilégiées avec d'autres motifs. Needham, après d'autres, en conclut que ce qui appelle explication est bien la figure elle-même et non le contexte où elle se trouve placée.

Des explications, il y en eut.

Pour A. Szàbo [2] (1941), l'individu ne peut être pensé dans le mythe, mais seulement le couple, comme c'est le cas des êtres humains primordiaux de la pensée grecque, qui furent séparés en deux et dont chaque moitié cherche son complément. La figure unilatérale représenterait donc l'impensable, la monstruosité absolue, l'individu.

Pour Gudmund Hatt [3] (1949), esprit plus prosaïque, il s'agirait simplement de la représentation figurée de monstres réels qui auraient frappé les imaginations locales. Pour cette raison, il est partisan de la théorie selon laquelle ce motif fut inventé de façon autonome à chaque fois, quelle que soit la diversité des lieux où on le rencontre. Rappelons que Needham croit, lui, à la diffusion.

A. E. Jensen [4] (1950) postule de façon neuve et astu-

---

2. A. Szàbo, « Der Halbe Mensch und das Biblische Sundenfall », *Paideuma* 2, 1941, p. 95-100.
3. G. Hatt, *Asiatic Influences in American Folklore*, Copenhague, E. Munksgaard, 1948.
4. A. E. Jensen, « Die Mythische Vorstellung vom Halben Menchen », *Paideuma* 2, 1950, p. 95-100.

cieuse que, du fait de la remarquable symétrie du corps humain, il devenait automatiquement nécessaire pour l'esprit humain d'imaginer l'existence de formes non symétriques. Bien que l'hypothèse semble juste (la nécessité de représenter à la fois le même et son contraire), elle ne suffit pas pour tout expliquer.

W. Deonna [5] (1959) voit dans l'unilatéralité la concentration extrême du pouvoir, la totalité. Réduire à l'unité intensifie ce qui est représenté, de même que multiplier, c'est-à-dire procéder à l'opération contraire. D'une certaine façon, la figure unilatérale a pour pendant, dans l'expression de la force, la multiplicité des membres des figures du panthéon hindou. Celui qui n'a qu'une jambe posséderait ainsi des forces magiques et procréatives intenses accrues. Nous reviendrons sur ce point.

Enfin, Dominique Zahan [6] (1975) voit dans la moitié d'homme la transformation de l'idée d'équilibre en celle de latéralité portée à son paroxysme.

Si chacune de ces explications est valide à sa manière, aucune n'est totalement satisfaisante pour rendre compte de la totalité des occurrences.

Needham poursuit sa démonstration en fondant fortement la validité du motif comme entité singulière, autonome, dont la forme clairement définie, non ambiguë, ne peut absolument pas être confondue avec aucune autre.

Cependant, on bute sur une question essentielle, si l'on se réfère aux ressources inépuisables de l'imagination : pourquoi est-ce la dichotomie qui a été choisie comme forme opératoire, et de plus longitudinale ? Ce mode de division, élu parmi d'autres, donne une base

---

5. W. Deonna, « " Monokrépidès ". Celui qui n'a qu'une sandale », *Revue de l'histoire des religions* 89, 1935, p. 50-72.
6. D. Zahan, « Colors and body-painting in Black Africa : the problem of the " half-man " », *Diogène* 90, 1975, p. 100-119.

somatique à une opération qui est de type purement intellectuel.

*Une opération intellectuelle :*
*couper, mais où ?*

Division somatique, certes, mais il reste qu'une césure dans le corps humain peut être faite en divers endroits. Bien des formes monstrueuses, par exemple, présentent des césures horizontales.

Dans la variété qui nous occupe, c'est bien le principe de symétrie *versus* asymétrie qui est à la base du choix de la coupure verticale, longitudinale.

Il semble, dit Needham, qu'on puisse difficilement concevoir une autre manière de partager le corps en deux.

Il nous semble au contraire qu'il est tout à fait possible, imaginable, pensable, réalisable, de couper le corps selon d'autres formules, comme le montrent par exemple les masques bifrons (à deux visages, accolés par l'occiput), ou les têtes à jambes, cas où le principe de symétrie n'est évidemment pas requis. En dehors des masques bifrons, il n'y a pas d'exemple de césure verticale face/dos.

Des représentations à césure horizontale existent, comme dans les mythes aztèques où le premier homme et la première femme ne possédaient pas la partie inférieure du corps ; dans d'autres exemples, la partie supérieure est placée, dirons-nous, sur un autre socle, ou alors c'est la partie inférieure qui se trouve directement reliée à la tête, comme dans les figures monstrueuses relevées par Jorge Baltrusaitis.

En Chine, on trouve des êtres mythiques doublement unilatéraux, si l'on peut ainsi dire : ils possèdent un bras droit et une jambe gauche, ou vice versa, et se marient avec celui ou celle qui fournit les pièces manquantes du puzzle.

Platon raconte dans *Le Banquet* l'origine de l'homme. L'être humain fut au début un être rond avec deux dos et quatre flancs formant un cercle, doté de quatre mains, quatre jambes et de deux visages identiques. Cet être qui roulait avait une force considérable. Arrogant, il en vint à s'attaquer aux dieux. Zeus, pour affaiblir la communauté des humains, a l'idée de les diviser en deux, les rendant du même coup plus nombreux.

On notera ici que cette division qui, en même temps sépare les sexes et génère la sexualité, affaiblit en ce cas au lieu de la concentrer la force génésique. Tout au moins, il la répartit différemment.

Les êtres humains, séparés sexuellement, marchent désormais sur deux jambes. « Mais, menace Zeus, si les hommes continuent à se mal comporter, je les diviserai à nouveau et ils sautilleront alors sur une seule jambe. » « Encore heureux, commente Aristophane, qu'on se soit bien tenu par la suite, sinon nous serions coupés en deux *le long de la ligne du nez.* » C'est donc bien d'une division verticale sur le plan de la latéralité qu'il s'agit immédiatement.

Le mythe platonicien a ceci d'exceptionnel qu'il explique comment on a pu penser dans le monde grec la production des figures unilatérales. Dans d'autres mondes, les deux moitiés contrastées, de façon qualitative et sexuée, restent néanmoins unies : en Inde, Siva Andhanarisvara est le Seigneur à moitié femme. Si son côté droit est masculin, son côté gauche est féminin et porte les vêtements et parures qui correspondent à ce sexe. Dans bien des rituels d'initiation, le corps de l'initié est partagé en deux parties peintes de façon différente. Et nous citerons pour mémoire le film *Freaks* où l'un des « monstres » est présenté comme étant moitié homme et moitié femme, coiffure, maquillage et vêtements étant adaptés à ce clivage latéralisé.

Il y a peu, à vrai dire, de représentations figurées du motif. Généralement, le motif mythique est plaqué directement sur le corps humain. Quand il est figuré, c'est la partie droite qui est représentée.

Mais, dans les textes ethnographiques, lorsqu'on parle d'êtres unilatéraux, le côté ne semble pas être d'une importance capitale, comme si la latéralité n'était qu'un trait secondaire, le trait principal étant bien la dichotomie : *un être coupé en deux* et non un être réduit à son côté droit.

*La force psychique
de la représentation latérale*

Nous avons vu que la plupart des auteurs, Needham compris, penchent pour la *diffusion* de ce motif, à partir d'une origine à déterminer. Needham estime qu'on pourra éventuellement faire un jour la démonstration d'un rapport entre l'Afrique de l'Ouest et la Terre de Feu, via la Sibérie et les îles Marquises.

Cependant, la théorie diffusionniste ne peut rendre compte élégamment de la distribution globale connue. Il faut donc bien admettre, lui semble-t-il, qu'il puisse y avoir eu des productions séparées, inventées à chaque fois, et donc que la cause est à trouver dans des propriétés inhérentes à l'esprit humain.

Mais qu'on pense à la diffusion d'un thème en un lieu particulier ou à la nécessité interne à produire de telles élaborations, nous nous trouvons confrontés à de mêmes questions. Car, reprenant une idée exprimée il y a longtemps par Franz Boas, il nous semble que si la diffusion d'un thème peut prendre, c'est parce qu'elle rencontre sur son chemin de mêmes nécessités pulsionnelles à être. La vraie question à se poser serait d'ailleurs à notre avis tout autre : pourquoi ne trouve-t-on pas ce motif partout ?

La réponse que nous apporterions à cette question est la suivante : c'est qu'il s'agit d'un possible parmi d'autres. Ailleurs, d'autres figures mentales possibles de la représentation mythique du corps humain, de ses forces et capacités, ont dû être actualisées. Il faudrait pouvoir identifier et recenser toutes les figures qui, ailleurs, compensent l'absence de celle-ci. Pour en revenir à l'idée de la diffusion, s'il y a bien des cas manifestes de diffusion (en Indonésie, à Bali), il reste que c'est une hypothèse qui ne peut tenir à elle seule. Même en l'admettant, par pétition de principe, on aurait toujours à expliquer, d'ailleurs, la raison fantasmatique, imaginaire, de la création en un seul lieu d'une figure qui aurait eu, par sa seule force migratoire, autant de facilité à s'imposer dans d'autres contextes.

Après des analyses scrupuleuses et minutieuses, Needham en arrive à la conclusion qu'on ne peut mettre en évidence aucune corrélation majeure de ce schème avec des traits sociaux, ni non plus avec des complexes significatifs de représentations, au-delà des facteurs premiers d'expérience : cette inscription de la symétrie dans le corps, et, ajouterons-nous, d'une symétrie différentielle en raison de la scandaleuse séparation des sexes.

Prenons par exemple comme facteur explicatif la notion de mutilation. On peut recourir aux travaux duméziliens : Odin, le prophète, le voyant, perd un œil, comme Tyr, le juriste, perd la main droite, chacun perdant ainsi l'attribut essentiel de sa propre fonction. Mais ce trait paradoxal de la mythologie germanique peut-il servir d'explication pour toutes les figures unilatérales, les figures de moitiés d'hommes ? Il faudrait, dit Needham, être certain qu'un côté assume bien une certaine fonction, or nous ne savons même pas à coup sûr de quel côté il s'agit.

À cela néanmoins, nous répondrons que dans les textes et discours mythiques il n'est sans doute pas nécessaire d'apporter cette précision, qui serait entendue d'elle-même, par prétérition.

En tout cas, il apparaît nettement que quand représentations figurées il y a, c'est le *côté droit masculin* qui est représenté.

Une dernière tentative d'explication, pour Needham, recourt à l'expérience du corps, à celle de l'hémiplégie. Une objection se présente immédiatement : pourquoi cette seule expérience pathologique du corps offrirait-elle un soubassement à la création d'un ensemble mythico-symbolique de représentations ?

La seule raison indubitable est que l'homme aurait un intérêt majeur qui le pousse à la représentation de l'unilatéralité. Mais lequel et pourquoi ?

À la fin des analyses décevantes qu'il a menées, Needham en vient à la conclusion que plus d'exemples et une meilleure méthode comparative ne permettraient pas de fournir une réponse à la question posée. Tout ce qu'on peut dire, c'est qu'un facteur psychique sans doute extrêmement fort pousse à la création d'un archétype, qui par définition est potentiellement universel, corrélé à d'autres tendances premières de l'imagination, donnant ainsi naissance à des assemblages symboliques complexes. Son caractère archétypal tient à sa distribution, sa stabilité et sa récurrence dans des contextes fort différents.

La question que pose Needham est donc bien celle-ci : quel est l'intérêt majeur qui pousse l'imagination humaine à la représentation de l'unilatéralité – et, ajouterons-nous, droite et virile ? À quoi tient la force psychique de cette représentation qui serait l'unique forme archétypale connue dont la nécessité à être ne proviendrait pas de contraintes physiques fortes ?

Needham souhaite que les anthropologues partent à la recherche d'autres archétypes du même ordre : ayant une forme stable quels que soient les contextes et les modes de représentation, et relevant seulement de l'imaginaire. Nous n'avons pas de base, dit-il, pour aller plus loin.

*Matière proliférante, puissance concentrée*

Quels éléments pour aller plus loin ? Ce sont ces points qu'il convient de discuter.

Et tout d'abord, est-ce si sûr que nous manquions d'éléments pour aller plus loin, si nous reprenons toutes les recensions auxquelles il s'est livré ? Nous avons rassemblé, au travers de ces analyses, différents points qui, nous semble-t-il, font sens ou pourraient faire sens si on les envisageait globalement.

Tout d'abord, les figures unilatérales sont bien évidemment inscrites dans le corps, mais la terminologie neutre utilisée fait oublier que le corps n'est pas seulement celui de l'homme. L'être humain est bisexué. Le mythe platonicien le représente d'ailleurs dans cette totalité ronde qu'une sanction divine va diviser, obligeant chacune des moitiés à chercher son autre moitié, son complément pour ne faire qu'un.

Or, c'est bien toujours d'une moitié d'homme, au sens de *vir*, qu'il s'agit, aussi bien dans les représentations figurées que mythiques. Quand on rencontre une représentation féminine, ce qui est rare, il s'agit toujours d'un esprit.

Ensuite, ce sont des côtés *droits* qui sont figurés, même si les informateurs questionnés, comme les Kaguru, ne peuvent pas dire quel est le bon côté du dieu.

Encore, la thèse de Dumézil concernant la mythologie nord-européenne doit peut-être être prise en considération : mais le mutilé perd-il, ou au contraire concentre-t-il, par sa mutilation, l'essence de sa fonction ?

Enfin, la punition de la femme qui voulait enfanter seule, tout comme l'histoire de Silai, fournissent d'intéressants points de comparaison possibles. Dans le premier cas, un corps humain féminin est divisé en deux : il était donc porteur potentiel des deux sexes. Dans le cas de Silai, l'absence de rapports sexuels pendant la grossesse, puisque le père est au loin, fait que l'enfant n'est pas *nourri* par les apports de semence paternelle. Il n'est pas achevé, il n'est pas complet. Il doit être recuit par son père dans un chaudron, analogue à la matrice dont il est sorti : son corps humain est réduit à l'état de limaille, de rognures, auxquels le père ajoute pour la cuisson une nécessaire eau-de-vie.

On retrouve dans cette histoire le modèle aristotélicien de la monstruosité qui commence là où le *pneuma* mâle ne parvient pas à s'imposer à la matière féminine. Ce sont deux forces de nature différente.

C'est le *pneuma* qui donne la forme accomplie de l'être humain, sous sa forme *vir*. La matière féminine, si n'est pas réglée sa production anarchique, donne naissance à la monstruosité dont la première forme est la féminité, la seconde, la multiparité, la troisième, la monstruosité, visible, par excès ou par défaut.

De quelle force était donc pourvu Silai, l'être unilatéral, produit de la seule matrice, auquel manquait la part du père ? Il est possible que cette représentation, qui fait de l'être entier reconstitué l'ancêtre des Blancs et non celui des Ngaju, ne soit pas particulièrement flatteuse pour les premiers, s'il a fallu détruire un excès de matière féminine dans une forme unilatérale caractérisée dans l'histoire comme monstrueuse, pour la recomposer différemment avec l'apport de l'eau-de-vie paternelle.

W. Deonna avait eu, me semble-t-il, une intuition fort juste. Rabattre sur l'unité, ou démultiplier, c'est tout un : il s'agit de concentrer ou multiplier une certaine puissance.

Chez les Grecs, la seule concentration possible de puissance est le propre du mâle, qui transforme le sang par coction en ce produit élaboré qu'est le sperme, porteur non de matière mais de *pneuma*, qui brûle jusqu'à s'évaporer, donne forme et vie à l'embryon, et ne se résout jamais en prolifération anarchique féminine de la matière.

Dans la vision des Ngaju, à partir des mêmes éléments conceptuels sur la nécessité des apports paternel et maternel, on construit une image différente, qui permettrait à l'idée d'une concentration féminine de puissance de voir le jour. Mais si monstruosité de Silai il y a, c'est qu'il s'agit d'une forme difficilement pensable de la concentration de la force.

Cette hypothèse, qui postule que l'image représente une concentration de la force, née de la rencontre d'Aristote et du mythe de Silai permettrait peut-être – en l'élaborant davantage, en trouvant d'autres éléments conceptuels qui pourraient être situés sur de mêmes chaînes associatives où se trouvent placées les figures unilatérales – de fournir des éléments de réponse aux questions posées par Needham.

*La concentration de puissance virile*

Les questions peuvent être d'ailleurs posées différemment.

Rappelons que pour Needham, saisi par la constance de cette représentation qu'il appelle archétypale, le problème était double : peut-on dire qu'il existe des représentations archétypales dont la nécessité à être ne proviendrait pas de contraintes physiques fortes ; peut-on penser et prouver qu'il en existe d'autres que celle-ci ?

Son analyse est restée décevante à nos yeux, dans la mesure où il a mis en forme le problème qu'il posait selon deux directions différentes : une théorie diffusionniste d'une part ; la recherche de rapports constants, supposés être éclairants, entre cette figure et des données du social relevant d'autres domaines considérés comme nettement séparés – la parenté, l'économique, le politique –, d'autre part.

Dans notre optique, il s'agit d'une quête de tout autre nature, puisque nous allons rechercher des pistes de concepts associés à celui de la figure unilatérale, grâce au truchement de ces faits signalés ci-dessus comme significatifs dans les récits et descriptions, même si Needham ne leur accorde pas un intérêt particulier.

Plusieurs pistes sont ainsi à suivre : le sautillement sur la jambe unique nous conduit au sauteur à cloche-pied, à l'homme sans pied, au pied enflé, au boiteux, mais aussi au pied déchaussé, tout comme l'eau-de-vie du père de Silai qui entre dans la composition d'un fils entier peut trouver des correspondances du côté des représentations de la semence dans les os ou du rapport entre genou et force virile (F. Galand-Pernet [7]).

Nous ne suivrons pas toutes ces différentes pistes. Une seule association nous suffira ici pour éclairer peut-être la question : celle qui existe nécessairement de façon contextuelle entre la figure unilatérale et l'homme qui ne porte qu'une sandale ou qui saute à cloche-pied.

Nous nous référons pour ce faire aux travaux si étonnamment documentés et foisonnants de Deonna [8] (1935 et 1959).

Le prototype en est Jason, qui réalise un oracle prédisant à Pélias de se méfier d'un homme qui ne porterait qu'une sandale. Jason arrive à un festin, après avoir omis de chausser ou perdu – les récits varient – sa sandale gauche. Seul son pied droit est chaussé. Son père, roi de Iolcos, a été chassé de son trône par Pélias et Jason a été élevé par le centaure Chiron. Pélias pour le tenir écarté du trône que, devenu jeune homme, il revendique, l'envoie chercher la Toison d'Or. Un jour de sacrifice ou de fête, Jason revient, le pied gauche nu, accomplissant ainsi l'oracle qui effrayait Pélias.

Selon l'hypothèse classique de Salomon Reinach [9], il s'agit là d'une forme de rite d'investiture par la sandale.

---

7. F. Galand-Pernet, « Genou et " force " en berbère », *in* D. Cohen, *Mélanges Marcel Cohen*, Paris, Mouton, 1970, p. 255-262.
8. W. Deonna, *op. cit.*
9. S. Reinach, « Bronzes figurés de la Gaule romaine », in *Bibliographie des monuments figurés grecs et romains*, t. V, Paris, Firmin-Didot, 1891.

Jason, en se présentant le pied gauche nu, signifie par là qu'il a été dépouillé de ses droits et réclame la sandale, c'est-à-dire en fait le pouvoir du spoliateur. Mais le pouvoir politique est-il réellement représenté par la sandale ?

Il existe bien d'autres situations, dans le monde antique, où des hommes vont avec un pied nu : des guerriers et chasseurs qui ne prennent qu'une chaussure pour aller au combat ou à la chasse. Les dieux ont le pied droit nu et les mortels le gauche, tandis que dans les représentations chrétiennes, Dieu et Jésus-Christ sont représentés avec les deux pieds nus. Les textes présentent des légionnaires comme portant une jambière à la seule jambe droite, tandis que les gladiateurs samnites portaient une cnémide à la seule jambe gauche. Salomon Reinach s'étonne de cette différence selon que l'on est gladiateur ou légionnaire et voit là la mise en évidence de « besoins différents » sur la nature desquels il ne se prononce pas.

Dans d'autres exemples connus, et sans raison particulière pour valider l'explication proposée, on dira que les Étoliens ne chaussent qu'une seule sandale « à cause de leur caractère belliqueux », explication dont les contemporains devaient sans doute saisir le sens sans avoir besoin de le dire, ou que la tenue des chefs qui chassent le sanglier de Calydon, avec le pied gauche nu, correspond à une « coutume qui rend léger à la chasse et qui est d'un usage général chez les Étoliens », au fameux caractère belliqueux comme nous venons de le voir.

L'explication prosaïque, reprise maintes fois depuis l'Antiquité, est qu'il est plus facile de courir si la jambe gauche est nue, parce que le pied agrippe ainsi plus solidement la terre. Si Aristote estime que l'inverse rendrait la course plus aisée, il semble en tout cas certain qu'aucun de nos auteurs ne se soit avisé d'en faire lui-même l'expérience. Car qu'il s'agisse du pied droit ou du gauche, n'avoir qu'un pied chaussé n'est pas ce qui rend le plus habile à la course.

La même explication est donnée par Thucydide, qui commente la sortie désespérée de leur ville que font les

Platéens en 428, tous n'ayant pour l'occasion que le pied droit chaussé : il s'agirait, d'après Thucydide, de se donner ainsi plus de facilité pour traverser des vasières.

Mais si l'on examine l'ensemble des cas connus historiques ou ethnographiques où des individus se doivent d'avoir un pied nu, il apparaît qu'il ne peut s'agir ni d'une fantaisie ni d'une nécessité pratique, mais bien d'un rite souvent d'ordre funéraire (y compris par anticipation), mais aussi agraire ou de fécondité.

Didon montant sur le bûcher dépose une chaussure, délace la ceinture de sa robe et dénoue ses cheveux. Médée fait de même : *nuda pedem, nudos humeris, infusa capillos...* et conjure, ainsi faite, les divinités chthoniennes et des ténèbres. De nombreux monuments présentent des héros ou des dieux au pied gauche chaussé, tel le Dionysos de la Villa des Mystères, divinité des mystères infernaux. En Allemagne, on pensait que les enfants au pied nu ne deviendraient pas adultes, comme le bétail tombe malade s'il passe sur un chemin où a marché un homme chaussé d'une seule chaussure.

Prend son sens ici l'idée de cet excès de force virile concentrée dans un seul membre, selon l'hypothèse centrale de Deonna, et dont l'extrême chaleur rendue à la terre, sans l'intermédiaire de la chaussure, n'est pas supportable par les faibles ou les inférieurs : les enfants, les animaux, les ennemis, mais aussi le conjoint (c'est-à-dire, dans ce cas, la conjointe puisque le passant déchaussé est un homme), ou les vieillards ayant dépassé l'âge actif de la maturité. Conjoint et vieux parents peuvent en mourir.

Chaleur intense de la virilité condensée dans un seul membre, qui peut être selon les cas positive ou négative. Négative en Allemagne, selon les croyances rapportées ci-dessus, elle est positive au Pérou, où, lors de la fête de l'agriculture, les hommes mettent en pièces un bœuf que conduit un jeune garçon qui n'a qu'une chaussure.

Raisons rituelles donc, de nature différente.

Les hommes de l'Antiquité grecque qui ne portaient

qu'une sandale, qu'une jambière ou qu'une cnémide, allaient combattre, d'une manière ou d'une autre, ou allaient au-devant de la mort, ou se vouaient aux puissances infernales, ou officiaient, tel Jason, des rites chthoniens.

*Une force génésique accrue et intensifiée*

Pourquoi cependant s'agit-il d'un seul pied (sauf pour le dieu chrétien qui représente la totalité), avec cette différence droit/gauche qui oppose les dieux aux mortels, comme elle oppose dans un autre registre les hommes aux femmes ?

Cette opposition qui distingue les hommes des dieux distingue aussi malheur et félicité : *dextro pede*, se lever du pied droit et le chausser en premier est gage de bonheur et l'expression signifie « féliciter », tandis que la gauche renvoie à l'idée de mauvais présage, de mort et de malheur.

Les exercices à cloche-pied, ou en équilibre instable, dont il existe pour l'Antiquité de nombreux documents figurés, avec des représentations de figures unilatérales très particulières, fortement sexuées, peuvent apporter une réponse. Il nous faut peut-être souligner ici que, bien que la chose ne soit pas toujours clairement exprimée, la figure unilatérale masculine, vue du côté droit, n'a pas le sexe clivé en deux sur sa longueur. La moitié d'homme possède un pénis entier.

Il existe de nombreux documents figurés d'êtres en équilibre instable, une jambe repliée et relevée. Le pied est relevé et non posé sur un support (*cf.* fig. 4, 5, 6). Dans les exercices de palestre, un bras dans le dos, une jambe repliée, il faut maintenir en équilibre une balle sur la cuisse. Dans les banquets, on s'amuse à faire tenir coupes et plats en équilibre, sans rien renverser du contenu, sur la jambe relevée, une plante de pied retournée, sur le corps en arc de cercle, ou même sur le sexe

MOITIÉS D'HOMMES, PIEDS DÉCHAUSSÉS...   183

FIG. 4. *Stèle funéraire attique* (Bulletin de correspondance hellénique *VII, 1883, planche XIX,* in *Deonna, 1959, 10*).

FIG. 5. *Éphèbe nu sur coupe à figures rouges* (Corpus Vasorum, France, *n° 17*, Louvre, *n° 10, III, 1b, pl. 14, n° 6 [F/129]*, in *Deonna, 1959, 14*).

FIG. 6. *Silène ou Satyre en équilibre, sur un vase à figures rouges* (Weege, Der Tanz in der Antike, *n° 104, fig. 141*, in *Deonna, 1959, 16*).

« La figure asymétrique symbolise et connote l'intensification de la force, mais pas de n'importe laquelle : la force créatrice ou procréatrice », Min, le dieu égyptien de la fécondité, n'a qu'une seule jambe et un seul bras (bas-relief, temple de Louxor).

érigé. Le jeu du *kottabos* est pratiqué en Grande-Grèce, en Étrurie, en Grèce, jusqu'au IIIe siècle. Au sommet d'une haute tige de métal se tient une statuette en équilibre en chiasme (jambe gauche, bras droit levés), qui tient le *manès*, un disque inférieur que fera résonner en tombant un disque supérieur posé seulement sur la pointe de la tige. Il s'agit pour le joueur de faire tomber ce disque en projetant de loin sur lui le contenu d'une coupe (*cf.* fig. 7 et 8).

FIG. 7. *Jeu du* kottabos, *joué par des Silènes, s'apprêtant à lancer le jet sur le disque, sur un vase à figures rouges (Saglio-Pottier,* Dictionnaire des Antiquités, *article* Kottabos, *867, fig. 4306, in Deonna, 1959, 19).*

Tous ces jeux, comme ceux de *l'askôliasmos* (lors des vendanges, se tenir à cloche-pied sur une outre gonflée d'air), le jeu de l'Empuse (démon à une seule jambe) à Tarente, se sont progressivement vidés de leur contenu rituel, lié à la fertilité et à la croissance des végétaux.

L'*askôliasmos* est une mise en scène des Dionysia attiques, l'outre étant la peau du bouc sacrifié au dieu. Au Siam, le roi Bancal devait lors des semailles se tenir toute la journée sur le pied gauche ; s'il posait son pied droit par terre, il ébranlait le trône et faisait rater les ensemencements.

Dans bien des rites agraires, on trouve un personnage avec un pied nu, ou devant se tenir sur un seul pied, nu ou non. Pour Deonna, il s'agit en conséquence d'une attitude rituelle de prière aux dieux, pour assurer la fertilité de la terre et la fécondité humaine.

Mais pourquoi un rite d'équilibre sur un pied aurait-il cette fonction ? Vraisemblablement, dans la suite logique des thèmes exposés précédemment, parce que se concentre dans un seul membre, qui n'ébranle pas la terre, une force génésique accrue et intensifiée.

*La moitié d'homme,
quintessence de force procréatrice*

On en revient alors à la question : si le rite d'équilibre sur un pied, ou le pied déchaussé, a cette fonction, quel rapport y a-t-il avec les représentations unilatérales d'un côté droit masculin ?

Dans des travaux de J. Przyluski [10] et un ouvrage de J. Herbert [11], on trouve mention de Ajaikapad, la force sexuelle génératrice. Or Ajaikapad est aussi celui qui n'a qu'un seul pied, ce à quoi l'exégète ajoute : celui qui ne fait qu'un acte unique, qui n'est capable que d'une seule action, à savoir *procréer*.

Prend tout son sens alors l'hypothèse de Deonna : la réduction à l'unité – soit la figure asymétrique – tout comme son contraire – la

FIG. 8.
*Figurine
du* kottabos
*de Pérouse*
(Rom. Mitt.,
*1986,
pl. XIIb,
in Deonna,
1959, 22).

---

10. J. Przyluski, « Études indiennes et chinoises », I : « Les Unipèdes », *in Mélanges chinois et bouddhiques*, vol. 2, Bruxelles, Institut belge des hautes études chinoises, 1933, p. 307-332.
11. J. Herbert, *La Mythologie hindoue, son message*, Paris, Albin Michel, 1979.

multiplication des membres – symbolise et connote l'intensification de la force, mais pas de n'importe quelle force : la force créatrice ou procréatrice de la masculinité.

Une monnaie de Sinope [12], du temps de Sévère-Alexandre, représente peut-être la quintessence de cette idée. Elle montre une jambe humaine droite surmontée d'une tête de taureau. Un culte est rendu à cette forme monstrueuse, comme en témoigne la présence à son pied d'un autel porteur d'une flamme (*cf.* fig. 9).

FIG. 9. *Monnaie de Sinope, sous le règne de Sévère-Alexandre, représentant une jambe humaine surmontée d'une tête de taureau, devant laquelle un autel est allumé* (Revue archéologique, *1910, II, n° 98, fig. 1, in Deonna, 1959, 38*).

---

12. *Revue archéologique* II, 98, 1910, fig. 1.

Nous trouvons là le condensé de plusieurs représentations : la figure asymétrique, la quintessence virile du taureau, la présence implicite de la semence dans le réservoir de la tête, car la jambe et le pied unique, symbole de fécondité, sont directement reliés à ce réservoir de force procréatrice, la réduction à l'unité soulignant l'intensification de cette force virile procréatrice.

Cette image va droit à l'essentiel en conjuguant trois symboles : la jambe droite, le crâne et le taureau.

Dans cette optique, rien d'étonnant à ce que les figures unilatérales soient des figures masculines vues du côté droit. *L'unilatéralité, ici, n'est en effet rien d'autre que la représentation figurée de l'asymétrie fondamentale : la différence des sexes.*

Mais il nous faut alors convenir que Needham se trompe quand il postule que cette représentation particulière quasi universelle n'obéirait pas à des contraintes fortes de type physique, mais uniquement à des opérations d'ordre intellectuel et symbolique, comme la nécessité pour l'esprit humain de postuler l'existence de formes non symétriques.

Ce n'est pas l'interprétation opérée par la pensée de la dichotomie verticale d'un corps humain qui donnerait une base somatique à une pure idée, c'est à l'inverse l'existence du primat de la puissance sexuelle masculine qui est au fondement de cette représentation particulière, condensé de valeurs symboliques.

Ainsi, la question posée par Needham est-elle, à nos yeux, dénuée de sens. Non que les faits soient faux, mais parce que les hypothèses avancées à partir d'une analyse comparative erronée, postulant la diffusion et la nécessité d'appareils sociaux et idéologiques semblables et congruents partout de la même manière ne pouvaient qu'aboutir au constat proposé comme une évidence : il existerait des invariants au substrat purement symbolique, qui se maintiennent durablement sans nécessité physique, sans inscription biologique.

Une autre forme d'analyse, associant dans un même

registre, celui des représentations, des concepts qui apparaissent clairement ou en filigrane dans les récits, permet de dessiner les contours d'un ensemble plus vaste où prend sens la figure sexuée de la moitié d'homme comme partie d'un tout conceptuel, ancré bien au contraire dans la part la plus profondément physique de l'homme-*Homo* : la différence des sexes.

---

N.B. Les figures des pages 167 et 184 ont été redessinées par David Rigoulet.

**CHAPITRE VIII**

D'ARISTOTE AUX INUIT
La construction raisonnée du genre

Sur le thème de la génération et de la détermination du sexe, Aristote a élaboré un des plus beaux modèles explicatifs qui soient, modèle philosophique argumenté et raisonné où nous retrouvons bien des points de la génétique sauvage des populations dites primitives. La source utilisée ici est le livre IV de l'ouvrage *De la génération des animaux* [1], ouvrage qu'il écrivit entre 330 et 322, à la fin de sa carrière. Il prend comme point de départ de sa réflexion les travaux de quelques-uns des penseurs qui l'ont précédé.

Pour Anaxagore, la détermination du sexe vient du père : les garçons provenant du testicule droit, le plus chaud, les filles, du gauche. Pour Empédocle, c'est la plus ou moins forte chaleur de la matrice, selon l'état du sang menstruel, qui fait naître un garçon ou une fille. Comme on le voit, dans les deux cas, c'est une plus forte chaleur qui fait concevoir un mâle.

Aristote critique ses devanciers sur certains points, car ce n'est pas une mince affaire, dit-il, que de démontrer que la mise en présence du froid déclenche la production d'un utérus sur le fœtus, dans la matrice de la mère, bien

---

1. Aristote, *De la génération des animaux*, Paris, Les Belles Lettres, 1961.

qu'il conserve la vertu de l'opposition entre chaud et froid.

Mais, de façon plus fondamentale, il postule que le sperme n'apporte aucune matière au fœtus ; il est pur *pneuma*, souffle et puissance.

Le mâle est celui qui est capable de réaliser, par la force de sa chaleur, la coction du sang, et de le transformer en sperme : « Il émet un sperme qui contient le principe de la forme », et par principe il faut entendre le premier moteur, que l'action soit menée en lui-même ou en un autre être. Or, la femelle, matière, n'est que réceptacle. Si toute coction exige la chaleur, le sperme étant l'aboutissement épuré de la coction du sang, le mâle est donc doté d'une chaleur plus grande que la femelle. C'est d'ailleurs parce qu'elle est froide que la femelle a plus de sang et qu'elle en perd : sinon, elle en ferait du sperme.

C'est cette différence fondamentale, en qualités de chaud et froid, qui implique et justifie la différence anatomique des organes : un sexe, chaud, sécrète un résidu pur en petite quantité que les testicules suffisent à stocker ; l'autre, froid, incapable de parvenir à cette coction, a besoin d'un organe plus vaste, l'utérus. À chaque puissance correspond ainsi un organe approprié.

Mais alors, si l'homme qui est chaud domine, pourquoi engendre-t-il cependant des filles, et même des filles qui parfois ressemblent à leur mère ?

*Un principe mâle altéré*

C'est « quand le principe du mâle ne domine pas, qu'il est incapable d'opérer la coction, faute de chaleur, et n'impose pas sa propre forme. Il se montre inférieur à ses tâches, il est nécessaire alors qu'il se change en son contraire ». L'engendrement de filles est ainsi le résultat d'impuissance partielle, « car le contraire du mâle est la femelle ».

Cela se vérifie, dit-il, dans les faits.

Jeunes et vieux parents donnent plus souvent naissance à des filles qu'à des garçons. « Chez les premiers, la chaleur n'est pas encore parfaite, chez les autres, elle fait défaut. » Ils ont des spermes fluides et humides, ce qui signe le manque de chaleur du corps. On fait d'ailleurs plus de mâles quand le vent est au nord, car le vent du sud apporte l'humidité, et l'homme a plus de mal à opérer alors la coction. D'autres causes accidentelles jouent, car les règles viennent aux moments les plus froids et les plus humides et à la disparition de la lune.

Interviennent aussi les conditions atmosphériques, la nature des aliments, la nature de l'eau : dure et froide, elle facilite la naissance de femelles. C'est du froid qui s'ajoute à du froid, et rend plus ingrate encore la tâche de coction et de transformation du sang en sperme qui incombe à l'homme.

Encore ne s'agit-il là que de causes accidentelles, additives. Si seule la puissance mâle était en acte, il n'y aurait que des mâles engendrés.

« Le tout premier écart, écrit-il, est la naissance d'une femelle au lieu d'un mâle. Mais elle est nécessitée par la nature, car il faut sauvegarder le genre des animaux où mâles et femelles sont distincts. »

Toute chose peut s'altérer. S'altérant, elle se transforme en son contraire. D'où, dans la génération, ce qui ne domine pas s'altère en son contraire, selon la nature de la puissance qui a manqué à l'agent générateur.

Aristote distingue trois éléments dans la puissance mâle du sperme, trois éléments qui peuvent s'altérer en leur contraire :

La puissance générique masculine, qui donne le mâle. Si elle est dominée, le produit sera féminin.

La puissance individuelle, qui fait que ce mâle est cet individu particulier. Si celle-là seule est dominée, le produit mâle, issu de la puissance générique, ressemblera non pas à son père, mais à sa mère.

La puissance générique, dominée ou non, donne le

sexe ; la puissance individuelle, dominée ou non, donne les lignes de la ressemblance.

Si les deux puissances mâles, générique et individuelle, n'arrivent pas à dominer, à créer la forme, sur la matière féminine, le produit sera une fille qui ressemble à sa mère.

Il n'y a cependant pas de symétrie. De la défaillance du masculin ne s'ensuit pas l'existence d'une authentique puissance féminine qui imposerait forme et ressemblance, comme chez les Navaho. Pour Aristote, seule importe la défaillance du masculin.

*La ressemblance dans la forme humaine*

Ce n'est pas tout. Aux puissances générique et individuelle s'adjoint le mouvement, en acte et en puissance.

Les mouvements qui façonnent l'embryon (ils le façonnent, ils ne lui apportent pas de matière) peuvent être soutenus ou relâchés.

C'est le relâchement plus ou moins accentué des mouvements, associé aux défaillances des puissances, qui explique la ressemblance des enfants non à leurs parents mais à des ancêtres plus éloignés.

Modèle parfait : domination de la puissance générique, il naît un garçon ; domination de la puissance individuelle, il ressemble à son père ; le mouvement est soutenu, parfaite ressemblance au père ; au pire, si le mouvement est relâché, il ressemble au grand-père ou à l'arrière-grand-père paternel.

Modèle le plus imparfait : abaissement de la puissance générique, il naît une fille ; abaissement de la puissance individuelle, elle ressemble à sa mère ; si le mouvement est soutenu, on fera l'hypothèse qu'elle ressemble particulièrement à sa mère ; mais si le mouvement est relâché, elle ressemblera à sa grand-mère ou à son arrière-grand-mère maternelle.

Deux cas intermédiaires : si la puissance générique

mâle est abaissée mais que domine la puissance individuelle, l'enfant sera une fille qui ressemble à son père, mais si le mouvement se relâche, selon l'importance du relâchement, elle ressemblera plutôt à son grand-père ou à son arrière-grand-père paternel.

Mais si la puissance générique domine et que soit abaissée la puissance individuelle, l'enfant sera un garçon qui ressemble à sa mère, et si le mouvement était relâché, qui pourra même ressembler à sa grand-mère ou à son arrière-grand-mère maternelle.

Et puis parfois « naît un être qui finit par n'avoir plus apparence humaine mais seulement animale : c'est ce qu'on appelle les monstres ».

Pourquoi existent-ils ?

*La matière animale de la féminité*

Je cite ici Aristote : « Ce qui reste en fin de compte, quand les mouvements se relâchent et que la matière n'est pas dominée, c'est essentiellement le caractère général, c'est-à-dire l'animal. »

Or il faut nous souvenir de ce que nous avons vu plus haut : le mouvement, c'est ce qui vient de l'homme et caractérise la puissance générique et individuelle de l'homme. La matière est ce qui vient de la féminité et nous avons vu que, de façon explicite, pour Aristote, le premier état de l'anormalité, de la monstruosité, c'est que la conception donne une femelle et non un mâle.

Lorsque les puissances sont dominées et que le mouvement est le plus fortement relâché, il ne reste plus que la matière brute du féminin, c'est-à-dire la matière animale.

Le monstre hybride, c'est en quelque sorte une forme de clonage du féminin, de reproduction à l'identique de la matière, non dominée par le souffle. C'est la défaite de la puissance masculine, l'irruption des forces brutes et animales de la matière. Il n'y a plus aucune harmonie dans le rapport des forces en présence. L'excès du féminin qui en résulte, donc de la matière, c'est le monstre. Mais il ne peut y avoir d'excès du masculin.

Non pas qu'Aristote pense que des hybrides puissent naître. Il le dit expressément : « La production de tous ces monstres dépend des causes que nous avons données, mais ils ne sont jamais ce que l'on dit, ils n'en ont que la ressemblance » (IV.3.769a). En effet, la naissance d'un animal dans un autre est impossible car (ajoute-t-il raisonnablement) « les durées de gestation ne sont pas les mêmes ». Mais il existe d'autres monstres que les hybrides : ceux qui ont des parties en surnombre ou en moins.

*La monstruosité, excès de féminin*

Contrairement à Démocrite qui expliquait la naissance du monstre par le conflit de deux semences qui pénètrent toutes deux dans un utérus, Aristote, à nouveau, considère que la cause n'est pas à attribuer à la semence volatile du mâle, mais à la matière fournie par la femelle. « Il est préférable de considérer que cette cause se trouve dans la matière et dans les *embryons en gestation* » (IV.3.769b).

Il observe en effet que lorsque l'utérus est en longueur, comme chez les serpents, où les œufs se suivent, ou lorsque les œufs sont disposés dans des cellules séparées, comme chez les abeilles, on ne trouve pas de monstruosité. Il faut donc qu'elle tienne à la matière elle-même, et surtout à la disposition de cette matière féminine dans certaines espèces, tout particulièrement chez les espèces multipares, où il y a gêne mutuelle dans la croissance des individus au sein d'un même organe.

« D'ailleurs, même chez l'homme, écrit-il, c'est dans les régions où les femmes sont multipares qu'il y a surtout des monstres, par exemple en Égypte. » On considérait en effet, des textes divers l'indiquent et Aristote lui-même dans l'*Histoire des animaux*, que les femmes égyptiennes mettaient fréquemment au monde des jumeaux.

Le problème qu'il se pose à ce point de sa réflexion, et très logiquement semble-t-il, est de savoir s'il faut considérer de la même manière, c'est-à-dire comme ayant la même cause, le développement de parties superflues dans la monstruosité et la multiparité.

Pour nous, anthropologues, qui savons bien que la multiparité n'est jamais vécue comme une chose ordinaire, cette question vaut effectivement d'être posée : la multiparité est-elle, après la féminité, la deuxième monstruosité possible, dans la logique aristotélicienne s'entend ?

On sait que la conception résulte d'une seule copulation, dit-il. « Le sperme du mâle [...] concentre et façonne la matière qui est dans la femelle [...] à la manière dont agit la présure sur la partie liquide du lait » (IV.4.731b). Mais quand la présure agit sur le lait, elle le concentre en une seule masse. Similairement, la concentration de la matière animale et féminine par le sperme ne devrait produire qu'un seul embryon. « Si le mâle émet plus de sperme [qu'il n'est nécessaire]... cette surabondance n'aboutira à rien de plus grand, mais tout au contraire amènera une destruction par dessèchement. »

Le dessèchement est donc, me semble-t-il, dans cette argumentation logique, envisagé comme représentant la figure contraire de la monstruosité : si l'excès de froid dans la matière féminine produit la monstruosité, l'excès de chaleur due à une excessive production spermatique fait que le sperme s'annihile lui-même en se consumant. Pour se faire mieux comprendre, Aristote emploie une métaphore bien choisie : l'excès de violence du feu ne chauffe pas davantage l'eau, mais la fait s'évaporer et disparaître.

Donc, s'il y a multiparité, l'agent spermatique ne peut être en cause ; c'est qu'il agit sur une matière maternelle qui est disposée à cela.

Les animaux unipares ne produisent de matière féminine que la quantité qui convient à la formation d'un seul embryon. « Si jamais il en vient davantage, il y a alors production de jumeaux. C'est aussi pourquoi une telle production semble plutôt une monstruosité, parce qu'elle se fait contre la règle générale et habituelle » (IV.4.722a).

Ainsi, la multiparité comme la monstruosité ne sont rien d'autre que l'excès du féminin.

La naissance de filles, la multiparité, la monstruosité représentent dans un ordre croissant les anomalies qui tiennent à la domination de la nature, de la matière, qui est féminine, que l'homme en temps ordinaire façonne à son image, quand il lui impose sa domination en tous points.

La formation contre nature de parties en surnombre a bien la même cause que la production de jumeaux : « Cette cause se trouve déjà dans les embryons, si la matière qui prend forme est plus abondante que ne l'exige la nature de la partie à former. »

Mais la monstruosité n'est monstrueuse que pour l'homme.

« En effet, le monstre appartient à la catégorie des phénomènes contraires à la nature, à la nature considérée non pas dans sa constance absolue, mais dans son cours ordinaire, que nous observons ; car du point de vue de la nature éternelle, et soumise à la nécessité, rien ne se produit contre nature », discours philosophique qui, à sa manière, rejoint le discours mythique que relaient les croyances populaires qui se rapportent au *teras* (le monstre) et au *loimos* (le Fléau).

Le monstre, le « produit mal formé » des Sumériens, le *teras* des Grecs, l'androgyne ou l'hermaphrodite des Romains, enfants néfastes que l'on jette à l'eau, sont les signes du Fléau, du *loimos*, de la *Pestilentia*.

Sanction du sacrilège contre un sanctuaire d'Apollon, Eschine décrit ainsi la malédiction divine : « Que la Terre ne porte plus de fruits, que les femmes ne mettent plus au monde d'enfants semblables à leurs parents, mais des monstres, que même dans les troupeaux, les nouveau-nés ne soient pas conformes à la nature de leur genre. » Mal envoyé par les dieux, le *loimos* frappe la collectivité tout entière de stérilité : stérilité de la terre, des femmes, des animaux.

Tite-Live rapporte des calamités survenues en 200 avant J.-C. : « Toutes ces choses affreuses, hideuses, parurent être le fait d'une nature qui aurait confondu et brouillé les germes. On eut surtout horreur des hermaphrodites. On en trouva qui furent conduits à la mer, comme l'avait été un fœtus atteint de la même étrangeté. »

Seuls les dieux peuvent mêler les genres et les générations. Hésiode pensait que la race humaine s'éteindrait quand les hommes naîtraient avec les cheveux blancs – autre forme de monstruosité –, autrement dit : lorsque seraient intervertis l'ordre naturel des choses et l'ordre apparent des générations.

Dans le cours naturel des choses, et s'ils suivent la loi divine et la loi sociale, les hommes et les animaux produisent des petits qui leur ressemblent et ont les caractéristiques de leur genre et de leur espèce.

La nature – pour Aristote –, la Terre et les dieux – pour le mythe et les croyances populaires – produisent des monstres comme objets de nature, nés de leur volonté, qui ne sont contre nature qu'à l'échelle de l'homme, de son histoire et de sa reproduction.

Les dieux ne sont pas liés par une forme contingente ; ils en changent à volonté et nul ne connaît leur visage. Pour eux, jamais les espèces ne sont fixées.

Ainsi Aristote nous fournit-il un modèle rationnel, philosophique, complet, de la génération, du rôle de chaque sexe dans la procréation, de la détermination du sexe même et de l'existence des diverses sortes de monstruosité.

Mais, si je puis dire, l'affaire est entendue à la naissance. Les produits sont toujours soit masculins soit féminins et normalement se conforment à la définition de leur sexe, à l'exception des hermaphrodites, qui sont pour

Rome, nous venons de le voir, le paradigme de la monstruosité.

*Le modèle Sambia :*
*on ne naît pas homme, on le devient*

Cependant, la détermination du sexe social n'est pas partout et toujours calquée sur la détermination du sexe biologique. Parfois, elle doit être matériellement construite, la forme apparente ne suffisant pas à en décider. C'est le cas par exemple pour de nombreuses sociétés de Nouvelle-Guinée. Je prends comme exemple l'une d'entre elles, les Sambia, remarquablement décrits par Gilbert Herdt [2].

Ici, on ne pense pas en termes de chaud et de froid ; on recherche l'identique, le semblable, plutôt qu'on ne le fuit ; la moelle n'a pas partie liée au sang et aucune coction du sang n'intervient dans la production du sperme.

Bien au contraire, la semence ne peut s'autoproduire : elle doit être apportée.

Les garçons sont dépourvus de la capacité endogène d'atteindre la masculinité. Ils sont censés posséder le même organe que celui d'où provient le flux menstruel féminin, mais il est sec et non fonctionnel. L'organe génital masculin est vide à la naissance. Or la semence est ce qui fait la masculinité : os solides, muscles durs, ventre plat. Ce réservoir vide doit donc être rempli. Nous verrons comment.

Corollairement, s'il doit être rempli et si la semence ne peut s'autoproduire, contrairement au sang, cette réserve est périssable. Les hommes vivent donc avec la préoccupation constante de la perte de semence : les contacts sexuels l'épuisent et tarissent leur vie même. Les

---

2. Gilbert Herdt, « Semen depletion and the sense of maleness », *Ethnopsychiatrica* 3, Paris, MSH, 1981, p. 79-116.

degrés dans les figures de cette anxiété spécifique distinguent les hommes entre eux.

On recherchera les mariages avec des nièces ou sœurs de clan, car la semence ne se perd pas de la même manière quand elle rencontre une substance corporelle au moins partiellement identique. Dans des cas pathologiques, certains hommes refusent même tout rapport avec des femmes et l'obligation corollaire de faire des enfants, le rapport homosexuel institutionnalisé, avec du « même » là aussi, étant infiniment moins risqué pour l'homme. Mais de quels rapports homosexuels s'agit-il ?

Dès sa septième année, dans la Maison des hommes, l'enfant mâle va être inséminé, de façon régulière, par fellation, tout d'abord par les maris des sœurs et des cousines parallèles patrilatérales de son père, ensuite par les jeunes adolescents non encore mariés.

L'ordre de l'âge est impératif : les plus âgés inséminent les plus jeunes. On cherche à éviter autant que faire se peut tout investissement psychologique et affectif entre les partenaires de l'opération.

Au moment du mariage, les jeunes hommes doivent passer exclusivement à l'hétérosexualité (sauf naturellement lorsqu'ils sont tenus d'accomplir leur devoir en inséminant leurs neveux par alliance, les fils des frères de leurs épouses). Pratiquement presque tous maîtriseraient ces changements sans éprouver de graves problèmes.

Alors que la féminité est considérée comme complète et naturelle de façon innée, la masculinité doit donc être construite.

La semence est nécessaire pour activer le sang féminin et procréer. Une régulation des rapports s'ensuit. Cependant, et dans le cadre des rapports hétérosexuels seulement, les hommes peuvent recharger partiellement leur stock en consommant la sève d'un arbre particulier qu'on trouve en forêt. Mais, aussi espacés qu'ils soient, les rapports conjugaux doivent être assidus auprès de la femme enceinte pour façonner, là aussi, l'enfant à naître.

On fait la différence entre être un mâle (avoir un pénis et des testicules suffit à cela) et être un homme. Un mâle n'est complet que rempli, doté de sa réserve. Il faut être rempli pour pouvoir remplir à son tour.

Avec la paternité vient la crainte de l'épuisement des réserves. Mais tout mâle doit accepter de perdre ce qui fait l'essence de la masculinité pour devenir un homme comme son père le fit pour lui. L'homosexualité, comme choix de vie, est totalement refusée.

*Les Inuit :*
*Genre et identité sont dissociés du sexe*

Chez les Inuit, plus connus sous le nom d'Eskimo, c'est tout autre chose.

L'enfant qui vient au monde a certes un sexe apparent, mais ce sexe n'est pas nécessairement considéré comme son sexe réel. En effet, le sexe réel est celui qui est porté par l'identité, par l'âme-nom, c'est-à-dire le sexe de l'ancêtre dont l'âme-nom a pénétré telle femme, s'est installée dans sa matrice pour renaître à nouveau, ce que les chamanes font savoir à la naissance de l'enfant.

Ainsi Iqallijuq est-elle la réincarnation du père de sa mère (Saladin d'Anglure[3]). Elle se souvient de sa vie intra-utérine dans un igloo minuscule où, sur deux banquettes situées à droite et à gauche, reposaient les symboles du travail masculin et du travail féminin. À sa sortie, homme réincarné, elle se saisit, par choix, des objets masculins. Homme par son âme-nom, elle naquit avec un sexe apparent féminin.

C'est l'âme-nom et l'identité qui s'y rattache qui prennent le pas sur la différenciation physiologique. Les enfants sont alors élevés comme s'ils étaient de l'autre sexe. Vêtus comme les individus de l'autre sexe, ils par-

---

3. Bernard Saladin d'Anglure, « Iqallijuq ou les réminiscences d'une âme-nom inuit », *Études inuit* 1 (1), p. 33-63.

ticepent exclusivement aux activités de celui-ci. Iqallijuq se croyait garçon et excellait dans les activités de chasse.

À la puberté tout change brutalement. Les adolescents doivent, du jour au lendemain, adapter leur comportement à leur sexe apparent.

Cela ne va pas sans douleur pour tous les partenaires. Lorsque Iqallijuq dut revêtir contre son gré ses premiers vêtements féminins, sa mère, de son côté, pleurait de voir la réincarnation de son père soumise à la menstruation.

En fait, on réajuste progressivement la personnalité individuelle au sexe apparent. Certains expédients sont de nature subtile. Ainsi, le premier compagnon d'Iqallijuq fut-il son cousin, qui vécut de façon inverse la même situation qu'elle : c'était un garçon élevé en fille. Leur union ne dura pas, tous deux trouvèrent ensuite un partenaire dont les deux identités n'étaient pas dissociées, mais chacun s'était entre-temps adapté au mode de vie et aux activités de son sexe réel.

Toutefois, l'identité portée par l'âme-nom ne change pas tout au long de la vie.

*Ordre symbolique, ordre naturel*

On le voit, pensés par l'homme, le genre, le sexe, sa détermination, l'adaptation de l'individu ne sont pas des faits relevant simplement de l'ordre naturel.

Constructibles et recréés, ils relèvent de l'ordre symbolique, de l'idéologie, alors même que l'énoncé de cet ordre symbolique vise à les établir ensuite comme des faits de nature pour tous les membres de la société.

Ainsi, chez Aristote par exemple, tout part de l'opposition qu'il présente comme « naturelle » entre le chaud et le froid, le sec et l'humide, l'actif et le passif, la puissance et la matière, qui connotent respectivement le masculin et le féminin. Dirai-je, pour conclure, que ce mode aristotélicien de pensée n'est pas étranger à nos discours modernes, y compris dans le registre scientifique.

On ignore toujours en quoi consiste exactement la puissance fécondante du sperme. Dans l'édition de 1984 de l'*Encyclopædia Universalis,* dans l'article « Fécondation » (Lavergne et Cohen), on peut lire ce qui suit : « La particularité des gamètes femelles est un régime métabolique particulier. Une fois différenciées, ces cellules vont témoigner d'une extraordinaire *inaptitude* à poursuivre leur développement ; elles entrent dans un état d'*inertie* physiologique tel qu'elles sont vouées à mourir si elles ne sont pas activées. C'est alors que se révèle la nécessité de la fécondation : le gamète mâle assurera la *fonction activatrice naturelle* (c'est nous qui soulignons). Cette vertu séminale a été reconnue depuis la plus haute Antiquité. Et pourtant, la puissance vitalisante de la semence mâle – ou du pollen – reste encore mal expliquée, alors qu'elle joue un rôle clé dans la reproduction sexuée. »

On aura noté que le vocabulaire utilisé par les auteurs est le même que celui d'Aristote, et on ne niera point qu'il exprime des concepts mal définis qui renvoient à l'éternelle nature et à un fonds populaire de croyances : la cellule féminine, matière « inerte » et « inapte », doit être « activée », sinon elle meurt, par la cellule mâle dotée de « vertu » séminale et d'une « puissance vitalisante » dont la nature même n'est pas connue.

Nous pourrions sans doute l'appeler *pneuma.*

**CHAPITRE IX**

LE SANG DU GUERRIER
ET LE SANG DES FEMMES
Contrôle et appropriation de la fécondité

Il ne fait pas de doute, pour tout observateur de la société occidentale, qu'elle est marquée par une éclatante domination masculine.

La subordination féminine est évidente dans les domaines du politique, de l'économique et du symbolique.

Il y a peu de représentantes féminines de la nation dans les organes locaux ou centraux de gouvernement (décision et administration).

Sur le plan économique, les femmes sont le plus souvent confinées à la sphère domestique, dont elles ne sortent d'ailleurs jamais absolument : en effet, les femmes qui ont un travail salarié doivent combiner de fait les deux activités. Lorsqu'elles ont des activités hors du champ domestique, il est rare que les femmes puissent accéder au sommet, aux postes de responsabilité, de direction, de prestige, dans leur profession.

Sur le plan symbolique, relayé par la tradition et l'éducation donnée aux enfants, les activités valorisées et prisées sont celles qu'exercent les hommes.

De plus, un corps de jugements de valeur met en évidence des caractéristiques présentées comme naturelles et donc irrémédiables, observables dans le comportement, les performances, les « qualités » ou « défauts » féminins considérés comme marqués sexuellement de façon typique.

Un discours négatif présente les femmes comme des créatures irrationnelles et illogiques, dépourvues d'esprit critique, curieuses, indiscrètes, bavardes, incapables de garder un secret, routinières, peu inventives, peu créatrices notamment dans les activités de type intellectuel ou esthétique, peureuses et lâches, esclaves de leur corps et de leurs sentiments, peu aptes à dominer et à contrôler leurs passions, inconséquentes, hystériques, changeantes, peu fiables voire traîtresses, rusées, jalouses, envieuses, incapables d'être bonnes camarades entre elles, indisciplinées, désobéissantes, impudiques, perverses... Ève, Dalila, Galatée, Aphrodite...

Il existe un autre corps de discours, apparemment moins négatif. Fragiles, casanières, peu douées pour l'aventure intellectuelle et physique, douces, émotives, recherchant la paix, la stabilité et le confort du foyer, fuyant les responsabilités, incapables d'esprit de décision, d'esprit d'abstraction, crédules, intuitives, sensibles, tendres et pudiques, les femmes ont besoin par nature d'être soumises, dirigées et contrôlées par un homme.

Dans les deux cas, et sans souci des contradictions entre les deux versions (la femme brûlante, la femme froide ; la femme pure, la femme polluante), ce discours symbolique renvoie à une nature féminine, morphologique, biologique, psychologique.

Ces séries qualitatives sont marquées négativement ou de façon dévalorisée, alors que les séries qualitatives masculines correspondantes sont positives ou valorisées.

La différence entre les sexes est, toujours et dans toutes les sociétés, idéologiquement traduite dans un langage binaire et hiérarchisé. Hiérarchisé, alors qu'on devrait logiquement s'attendre à ce que les deux pôles soient équidistants d'un moyen terme qui serait positif. Mais le moyen terme n'est pas positif, et il manque souvent. Le tiède existe entre le chaud et le froid, et la combinaison des deux pourrait être positive, or ce n'est pas le cas.

Un seul des deux pôles est valorisé ; et, chose troublante, est souvent valorisé l'aspect considéré moralement comme négatif et *a contrario* dévalorisé l'aspect positif d'une paire d'oppositions. Par exemple, tous les hommes en société disent préférer la paix à la guerre, mais, néanmoins, partout il est mieux vu pour un homme d'être valeureux au combat que « femmelette » (ce terme est choisi à dessein). La valorisation du pôle négatif rend compte d'un rapport de forces. Ce qui est moralement le meilleur peut être socialement décrié ou de peu de statut.

John Ingham donne un exemple remarquable de cela à partir d'une étude sur la médecine et la caractérologie dans des communautés mexicaines [1]. Comme chez les Samo, chaud va avec sec, froid avec humide, les hommes sont du côté du chaud, les femmes du côté du froid, et un certain nombre de qualités sont ainsi marquées. Ainsi, être *macho* ou être avare, c'est être chaud ; être bon, généreux, naïf, c'est être froid ; le juste milieu, l'homme qui serait engagé dans des relations équilibrées avec autrui sans être ni trop *macho* ni trop naïf devrait être un idéal. Mais cet homme-là n'existe pas. N'existent que le *macho* et le *tonto*, l'imbécile, qui est en fait le généreux et le naïf. Dans l'imagerie populaire, il est bien d'être *macho* et mal d'être *tonto*. En principe, la générosité est préférable à la dureté, la pluie à la sécheresse, la paix à la guerre. Mais la réalité des jugements et des actes dément ces principes moraux.

Il y a donc un sexe majeur et un sexe mineur, un sexe « fort » et un sexe « faible », un esprit « fort », un esprit « faible ». Ce serait cette « faiblesse » naturelle, congénitale, des femmes qui légitimerait leur assujettissement jusque dans leur corps.

---

1. John Ingham, « On Mexican folk medicine », *American Anthropologist* 12, 1970, p. 76-87.

Nous ne poserons pas ici la question de savoir si ce rapport inégalitaire des sexes dans la société occidentale peut et doit changer, et si oui, selon quelles modalités, mais deux questions tout à fait différentes.

Peut-on dire que cette domination masculine est *universelle* ? Si oui, où se situe *l'origine*, l'explication de cette inégalité foncière entre les sexes ?

*La suprématie masculine*
*sous le regard anthropologique*

Il n'est pas sûr du tout que l'on dispose d'une recension exhaustive de toutes les sociétés humaines existantes ou ayant existé. Il est certain que toutes les sociétés connues ne sont pas pour autant toutes décrites. Et quand elles le sont, ce n'est pas nécessairement d'une manière qui mette en évidence la nature du rapport établi par chacune entre les hommes et les femmes.

Ces réserves faites, qui impliquent l'absence de preuve scientifique absolue, il existe une forte probabilité statistique de l'universalité de la suprématie masculine, qui résulte de l'examen de la littérature anthropologique sur la question.

Une des critiques faites à cette affirmation, d'un point de vue féministe, est que la majeure partie des études anthropologiques a été menée par des hommes. On ajoute que lorsqu'elles sont menées par des femmes, celles-ci participent nécessairement de l'idéologie dominante de leur propre société qui valorise la masculinité, et par conséquent s'intéressent davantage au monde des hommes, considéré comme plus intéressant et de toute façon plus facile d'accès.

Un double biais, ethnocentré et androcentré, ferait donc que l'on regarde les autres sociétés avec les yeux de la nôtre et plus particulièrement avec les yeux de l'homme chez nous dominant.

Enfin, le monde des femmes étant particulièrement

secret et clos pour un anthropologue, mâle de surcroît, on dispose en ce qui les concerne de la vision masculine de leur propre société.

Les femmes des sociétés étudiées de la sorte seraient donc regardées d'un regard doublement masculin, ce qui expliquerait que domine dans la littérature anthropologique l'image de leur statut humilié.

Il n'est pas possible de rejeter totalement cet argument, mais il convient d'en atténuer la portée pour plusieurs raisons.

En premier lieu, s'il est admis que les anthropologues femmes participent de l'idéologie dominante de leur propre société, il est contradictoire de penser que dans d'autres sociétés, les femmes puissent avoir un corps de représentations radicalement différent de celui des hommes.

En deuxième lieu, la tendance naturelle de tout anthropologue étant de s'intéresser aux aspects exotiques et les plus éloignés de sa propre culture, il n'est donc pas évident que des hommes seraient incapables de voir et de noter les cas où les femmes jouent un rôle important et actif, éloigné des canons de notre propre culture.

Il n'est pas exclu d'ailleurs qu'une percée massive dans le monde des femmes, menée par des anthropologues femmes et féministes, ne fasse apparaître des handicaps féminins supplémentaires jusqu'ici ignorés.

On peut citer un travail de Martin King Whyte (1973), qui présente des corrélations statistiques établies sur un échantillon de quatre-vingt-treize populations entre des variables concernant la position des femmes et le sexe de l'observateur, et qui montre en conclusion que cette dernière donnée est d'importance négligeable. L'auteur conclut que les travaux faits par des hommes ne sont pas nécessairement exhaustifs et sûrs, mais qu'on n'y trouve pas de distorsion systématique tendant à présenter le statut féminin comme anormalement bas. Une plus grande abondance de documents fournis par des observateurs de sexe féminin donnerait une vue plus détaillée et donc plus juste du rôle joué par les femmes, mais n'indiquerait pas nécessairement que leur part est meilleure que celle que l'on croyait généralement. Il est vrai par exemple que l'ethnologue Phyllis Kaberry a, dès 1939, rectifié l'image, donnée par Bronislav Malinowski pour les aborigènes australiens, de femmes humbles, déférentes devant l'homme, écrasées, écartées du sacré. Mais elle n'inverse pas pour autant le sens général de leur histoire.

Une seconde objection à la probabilité statistique (fondée sur l'examen des documents anthropologiques) de l'universalité de la domination masculine est qu'elle ne fait pas la part belle à l'Histoire. Cet argument est présenté de deux façons différentes.

Dans les grandes sociétés actuelles, on observerait un nivellement dont le pivot central est une domination de type patriarcal, les femmes ayant été dépossédées de droits ou de situations privilégiées qu'elles détenaient antérieurement, sous l'influence de plusieurs facteurs : les religions révélées judéo-chrétiennes et islamique ; le développement du commerce et de l'industrie privilégiant des activités de type nouveau et perturbant de la sorte les situations acquises ; l'incidence du colonialisme véhiculant et aggravant ces deux facteurs dans les régions où il a sévi.

On rétorquera qu'on ne voit pas très bien comment des religions révélées privilégiant le rôle de l'homme auraient pu naître et se développer à contre-courant absolu de l'idéologie dominante en ces temps. De la même manière, on ne voit pas très bien pourquoi, si en un lieu donné elles avaient été dominantes politiquement, économiquement, idéologiquement, les femmes auraient été incapables de s'adapter aux transformations sociales impliquées par le changement d'ordre économique ou la colonisation.

Dans tous les cas, le nivellement en question s'est traduit vraisemblablement par l'aggravation, non par l'inversion progressive d'un statut.

*Le thème du matriarcat primitif*

La deuxième version de l'argument fondé sur l'Histoire renvoie à la théorie évolutionniste bien connue du matriarcat primitif, dérivée des thèses de Bachofen (1861), selon laquelle il y aurait eu un stade initial de l'humanité marqué par l'ignorance de la paternité physiologique, le culte des déesses-mères et la domination féminine, politique, économique et idéologique, sur les hommes.

Ce n'est pas ici le lieu de faire la critique des théories évolutionnistes de l'humanité ; on dira simplement que le terme de matriarcat, impliquant l'idée du pouvoir féminin, a été et continue fréquemment d'être utilisé pour référer en fait à des situations réelles de matrilinéarité, où les droits éminents sont ceux des hommes nés dans des groupes de filiation définis par les femmes, ou pour référer à des situations mythiques comme celle des Amazones.

Dans les sociétés matrilinéaires en effet, la possession de la terre, la transmission des biens, les pouvoirs politiques (pouvoirs villageois ou pouvoirs politiques plus larges) appartiennent aux hommes. Mais au lieu que ce soit, comme dans une société patrilinéaire, les pères qui transmettent des biens et des pouvoirs à leurs fils, ce sont les frères de la mère, les oncles maternels, qui les transmettent à leurs neveux.

Il y a eu effectivement des femmes guerrières, des Amazones. Il est vrai, ainsi, que dans certaines sociétés amérindiennes des femmes accompagnaient les hommes à la chasse et à la guerre. Elles ne les dirigeaient pas. Elles accompagnaient les hommes. Comme du reste faisaient en Gaule les jeunes filles, les jeunes concubines. Une femme mariée avait des enfants et restait au foyer ; mais, parmi les jeunes filles pubères non encore mariées, certaines vivaient en concubinage avec des chefs, par exemple, et avaient le droit de participer aux chasses et aux opérations guerrières, tant qu'elles n'étaient pas entrées dans le statut normal de la femme mariée. Cela ne signifie pas pour autant que la civilisation gauloise se soit jamais approchée du matriarcat.

De même que n'étaient pas matriarcales les sociétés mycéniennes parce qu'elles révéraient des déesses-mères. Le dieu principal était bien cependant une déesse, la Terre. Des cultes étaient rendus à la fécondité, à la fertilité, par le truchement de cette déesse-mère ; Zeus n'a été introduit que par la suite. Mais les croyances religieuses n'impliquent pas que le corps de l'organisation sociale soit en totale harmonie avec l'une ou l'autre de leurs implications.

Une représentation archaïsante et mystique des origines parle un langage idéologique, bien sûr, et non réaliste.

En Afrique de l'Ouest, cette représentation archaïsante des origines parle directement sous la forme d'un mythe de la séparation des sexes. À l'origine, donc, pas de communisme primitif, mais une séparation spatiale des sexes, avec une gestion sociale séparée : il n'y avait somme toute ni patriarcat ni matriarcat. Un dieu supérieur leur interdisait de se voir. Il avait répandu sur le sol, entre les hommes et les femmes, un grand tapis de feuilles sèches, en sorte qu'il leur était impossible de se rejoindre sans faire de bruit et signaler au dieu les infractions à la règle. Mais les hommes désiraient tant rejoindre les femmes qu'ils ont rampé sur le sol en versant de l'eau devant eux pour humecter les feuilles et les empêcher de faire du bruit. Un jour, ils se sont fait surprendre par leur dieu, qui s'inclina alors devant les faits : puisqu'on ne parvenait pas à maintenir les sexes séparés, alors ils allaient vivre ensemble désormais, avec tous les inconvénients que cela supposait.

Ce qui était regrettable, en somme, c'est qu'il y ait deux sexes : le monde aurait été bien plus facile à organiser s'il n'y en avait eu qu'un seul.

Pour construire la société, les premières règles sont

celles qui portent sur la parenté et le mariage. Or, parce qu'il y a deux sexes, parenté et mariage ne peuvent aboutir qu'à des relations d'inversion entre les sexes et non de symétrie. Regardons par exemple ce qui se passe dans le cas d'un certain mariage préférentiel : si un homme doit épouser la fille du frère de sa mère, la situation réciproque pour une femme lui fait épouser le fils de la sœur de son père.

Une inversion fondamentale entre les sexes est perçue sans être clairement énoncée sous la forme suivante : la femme agit toujours *à l'envers* de l'homme. C'est là le scandale primaire. Dans aucune société on ne parvient à faire en sorte qu'hommes et femmes agissent de façon totalement parallèle ou symétrique. Au début est donc la binarité, puis tout est distribué en deux, et affecté à un sexe ou à l'autre, selon deux pôles qui sont aménagés comme s'ils étaient opposés.

*Le cas des Iroquoises*

La société humaine qui, du point de vue de l'anthropologie, paraît avoir été la plus proche de la définition du matriarcat, est celle des Iroquois (Judith Brown, 1970), étudiée par de nombreux auteurs, depuis l'ouvrage célèbre du jésuite Lafitau (1724) et le récit de la vie de Mary Jemison publié par Seaver en 1880.

Dans les six nations iroquoises, les femmes n'étaient pas traitées avec une déférence ou des égards particuliers et il semble bien, d'après Lewis Morgan, que les hommes se considéraient comme supérieurs, consacrant toutes leurs activités à la chasse de longue durée (une campagne pouvait durer un an) ou à la guerre. Mais les femmes, ou tout au moins certaines d'entre elles, jouissaient de droits ou de pouvoirs rarement égalés.

La règle de filiation passait par les femmes et la résidence était matrilocale. Les femmes appartenant à la même lignée vivaient dans la même grande maison avec leurs époux et leurs enfants, sous la tutelle de « matrones » dont on ne sait pas exactement, malheureusement, comment elles étaient choisies.

Ces matrones, qui commandaient et dirigeaient la vie des grandes maisons, dirigeaient également le travail féminin agricole, apanage des femmes, réalisé en commun sur les terres collectives qui étaient la propriété des femmes de la lignée. Les matrones faisaient elles-mêmes la redistribution de la nourriture cuite, par foyer, auprès des hôtes et auprès des membres du Conseil.

Ces matrones étaient représentées, sinon au Grand Conseil des Six Nations iroquoises, du moins au Conseil des Anciens de chaque nation, par un représentant masculin qui parlait en leur nom et faisait entendre leur voix.

Cette voix n'était, de fait, pas négligeable, puisque les matrones disposaient d'un droit de veto en ce qui concerne la guerre, si le projet guerrier ne leur agréait pas.

Elles pouvaient, de toute façon, empêcher la réalisation d'un projet de guerre qui n'avait pas leur accord en interdisant simplement aux femmes de fournir aux guerriers la provision de nourriture séchée ou concentrée qu'il leur fallait emporter.

Pour Judith Brown, les matrones iroquoises doivent leur statut élevé au fait qu'elles contrôlent l'organisation économique de la tribu (ce sont elles également qui redistribuent le produit de la chasse masculine), ce qui est possible, compte tenu d'une structure sociale matrilinéaire favorable, parce que l'activité productrice fondamentale des femmes, à savoir l'agriculture à la houe, n'est pas incompatible avec la possibilité de s'occuper des jeunes enfants.

D'après le même auteur, il apparaît, de façon très intéressante, qu'il n'y a que trois types d'activités économiques qui permettent ce cumul des tâches : la cueillette, l'agriculture à la houe et le commerce traditionnel (ce qui ne veut pas dire pour autant que toutes les sociétés qui pratiquent ces formes d'activité offrent aux femmes des situations privilégiées).

Il reste qu'il n'est pas indifférent que ce soit les matrones qui jouissent d'un haut statut chez les Iroquois. Nous reviendrons sur ce point plus loin.

*De la quasi-égalité au quasi-esclavage*

La recherche d'une vérité originelle essaie de prendre appui sur l'étude des sociétés que nous considérons comme les plus primitives (bien qu'elles aient elles aussi une histoire), à savoir les sociétés de chasseurs-collecteurs, ces populations qui ne pratiquent ni l'agriculture ni l'élevage, et vivent par prélèvement direct sur les fruits de la nature, par la chasse, la pêche, le ramassage des insectes et petits animaux, la cueillette des baies, fruits et graminées sauvages.

Il y aurait à l'heure actuelle une trentaine de sociétés de chasseurs-collecteurs. Elles n'offrent pas une vision commune des rapports hommes/femmes qu'on pourrait supposer être une survivance d'un unique modèle archaïque. Mais toutes, semble-t-il, manifestent l'existence d'une suprématie masculine, avec cependant d'énormes variations allant de la quasi-égalité des deux sexes chez certains groupes indiens de pêcheurs (comme les Anaskapis du Canada) au quasi-esclavage des femmes chez les Ona (ou Selk'nam) de Terre de Feu (Anne Chapman).

Il est vrai que dans certaines sociétés de chasseurs-collecteurs (en Australie, en Afrique notamment) les femmes jouissent d'une grande autonomie. Maurice Godelier l'explique par le fait qu'il n'y a pas alors de différence entre économie domestique et économie publique, en raison de l'absence de la propriété privée, et parce que l'unité familiale n'est pas strictement conjugale. Les hommes n'y exercent pas de contraintes physiques ; les trajets du groupe en déplacement sont choisis pour combiner une bonne chasse et une bonne cueillette ; les femmes sont libres de leurs mouvements et disposent d'elles-mêmes.

Mais ces visions « idylliques » ne doivent pas faire oublier l'existence d'autres groupes appartenant au même type économique, et où les rapports des hommes et des femmes sont marqués par la violence.

Anne Chapman décrit, par exemple, une société où les femmes n'ont aucun droit, où un mari peut frapper, blesser et même tuer son épouse sans encourir aucune sanction, où les femmes, méprisées, ne connaissent quotidiennement que la brutalité dans la sujétion, et, périodiquement, lors des sessions de la société d'initiation masculine qui pouvaient durer plusieurs mois, la terreur et la violence infligées par les masques. Il est intéressant dans leur cas de noter qu'un mythe d'origine justifie cet état de dépendance.

À l'origine, raconte Anne Chapman, les hommes, en situation d'abjecte soumission, étaient contraints d'exécuter tous les travaux, y compris domestiques, et servaient leurs épouses, réunies dans la grande maison des femmes, d'où sortaient les rugissements de masques terrifiants.

Lune dirigeait les femmes. Cela dura jusqu'au jour où Soleil, homme parmi les hommes, qui apportait du gibier près de la hutte initiatique pour nourrir les femmes, surprit les moqueries des jeunes femmes sur la crédulité des hommes, et comprit que les masques n'étaient pas l'émanation de puissances surnaturelles dirigées contre les hommes, mais un subterfuge inventé et utilisé par les femmes pour les tenir en état de dépendance.

Les hommes étranglèrent alors toutes les femmes, à l'exception des très jeunes fillettes à la mémoire vierge, et inversèrent les rôles.

Lune retourna au Ciel où elle cherche toujours à se venger de Soleil : les éclipses de soleil en témoignent. Ce retournement des choses justifie le pouvoir masculin absolu.

Les femmes sont tenues dans l'ignorance de la situation originelle, le mythe en effet n'est transmis qu'aux hommes pendant les périodes d'initiation ; comme les hommes, elles voient dans Lune et les êtres qui lui sont associés des ennemis du genre humain, dans la mesure où elles les savent être hostiles à leurs frères, leurs fils, leurs maris.

*« Matriarcat primitif »*
*et fonction sociale des mythes*

Magnifique exemple s'il en est de la nature mythique, c'est-à-dire purement idéologique, du thème du matriarcat primitif, dans une société patriarcale du type le plus « primitif ».

Ce n'est pas un exemple isolé. Chez les Baruya de Nouvelle-Guinée, qui ne sont pas des chasseurs-collecteurs, mais des horticulteurs, et qui pratiquent eux aussi des initiations masculines, on apprend aux hommes, lors de ces stages initiatiques, que ce sont les femmes qui ont à l'origine inventé l'arc et les flûtes cérémonielles.

Les hommes les leur ont volés en pénétrant dans la hutte menstruelle où ces objets étaient cachés. Depuis, eux seuls savent s'en servir – la flûte est le moyen de communication avec le monde surnaturel des esprits –, ce qui leur confère une suprématie absolue (Godelier).

Chez les Dogon, en Afrique occidentale, le mythe raconte une dépossession similaire des femmes de leur pouvoir sur le monde du sacré, les hommes leur ayant dérobé les jupes des masques en fibres teintes en rouge.

Dans tous ces cas, il s'agit de sociétés à pouvoir masculin marqué, qui justifient leur organisation sociale par rapport à un état mythique matriarcal originel.

Mais qu'on n'aille pas croire que le mythe du matriarcat originel est universel et que cette universalité vaut preuve du caractère historique de la chose, confortant ainsi les théories évolutionnistes.

On trouve parfois le récit d'un même renversement fondateur à partir de prémisses bien différentes, car le fait structural est précisément le thème du renversement fondateur, le mythe d'un monde à l'envers qu'il faut remettre à l'endroit, et non le contenu particulier de chaque histoire.

Ainsi, chez des peuples lagunaires de Côte-d'Ivoire, des sociétés matrilinéaires à pouvoir masculin également évoquent dans leurs mythes un état originel inverse, fondé cette fois-ci sur des institutions totalement et harmonieusement patrilinéaires.

Le Fleuve réclame au groupe le sacrifice d'un enfant avant de se laisser traverser. La femme du chef refuse de donner son fils, tandis que la sœur du chef donne le sien, pour sauver son frère et le groupe tout entier. Le chef décide alors que désormais la transmission des pouvoirs et des biens se fera non pas au fils de l'homme, mais au fils de la sœur, au neveu utérin.

Mais là, nulle violence féminine n'est faite aux hommes pour leur prendre une part de leurs prérogatives. Deux femmes : l'épouse, la sœur ; deux attitudes féminines ressenties comme diamétralement opposées, et à partir desquelles le chef décrète la nouvelle loi de filiation ; l'égoïsme de l'épouse-étrangère, l'altruisme et le dévouement de la sœur-consanguine.

Mais déjà le chef est mâle et le statut de chef reste au mâle. Et dans cette remise à l'endroit, c'est la filiation et la succession agnatiques qui étaient à l'envers, mais non la suprématie masculine.

C'est que le mythe ne parle pas de l'Histoire : il véhicule un message. Sa fonction est de *légitimer l'ordre social* existant.

Les exemples ci-dessus des Ona, Baruya, Dogon, expliquent que l'ordre social, incarné dans la prééminence du masculin, repose sur une violence originelle faite aux femmes. Le mythe déclare explicitement que toute culture, toute société est fondée sur l'inégalité sexuelle et que cette inégalité est une violence. Faut-il pour autant croire à de réels actes intentionnels de violence initiale, comme actes fondateurs de l'ordre social ?

Faut-il croire à une dépossession historique, ou s'agit-il simplement du discours justificatif que tient la société sur elle-même pour rendre compte d'une situation produite par un ensemble de causes non intentionnelles, objectives ? Nous reviendrons plus loin sur ce point essentiel.

Le mythe légitime l'ordre social, avons-nous dit. Cependant, toutes les sociétés n'ont pas élaboré de mythologies à proprement parler pour « fonder » la domination masculine, lui donner sens. Mais toutes ont un discours idéologique, un corps de pensée symbolique qui a cette même fonction de justifier la suprématie de l'homme aux yeux de tous les membres de la société, à ceux des femmes comme à ceux des hommes, car les uns et les autres participent par définition de la même idéologie, inculquée dès l'enfance.

*Un corps solide de pensée symbolique*

Ces discours symboliques sont bâtis sur un système de catégories binaires, de paires dualistes, qui opposent face à face des séries comme Soleil et Lune, haut et bas, droite et gauche, clair et obscur, brillant et sombre, léger et lourd, face et dos, chaud et froid, sec et humide, masculin et féminin, supérieur et inférieur.

On reconnaît là l'armature symbolique de la pensée philosophique et médicale grecque, telle qu'on la trouve chez Aristote, Anaximandre, Hippocrate, où l'équilibre du monde, comme celui du corps humain et de ses humeurs, est fondé sur un harmonieux mélange de ces contraires, tout excès en un domaine entraînant désordre et/ou maladie.

Dans la pensée grecque, les catégories centrales sont celles du chaud et du froid, du sec et de l'humide, qui sont directement associées à la masculinité (le chaud et le sec) et à la féminité (le froid et l'humide), et, de façon apparemment inexplicable, affectées de valeurs positives d'une part, négatives d'autre part, bien qu'il y ait une certaine ambivalence du sec et de l'humide qui n'ont pas en eux-mêmes de fortes valeurs positives ou négatives, mais les prennent en association dans différents contextes.

Ainsi, dans l'ordre du corps, le chaud et l'humide sont du côté de la vie, de la joie, du confort, donc du positif, le sec et le froid sont du côté de la mort, donc du négatif (les morts sont assoiffés). Mais dans l'ordre des saisons, le sec est du côté positif avec le chaud de l'été, l'humide est du côté négatif avec le froid de l'hiver.

Si l'on vient à l'ordre sexué, les femmes, corps vivants, donc chauds et humides qui refroidissent et s'assèchent par les pertes des menstrues, devraient donc être plus sèches que les hommes.

Or, le mâle est chaud et sec, associé au feu et à la valeur positive, le féminin est froid, humide, associé à l'eau et à la valeur négative (Empédocle, Aristote, Hippocrate).

C'est qu'il s'agit, dit Aristote, d'une différence de *nature* dans l'aptitude à « cuire » le sang : les menstrues chez la femme sont la forme inachevée et imparfaite du sperme.

Le rapport perfection/imperfection, pureté/impureté, qui est celui du sperme et des menstrues, donc du masculin et du féminin, trouve par conséquent chez Aristote son origine dans une différence fondamentale, présentée comme « naturelle », biologique, qui est une construction de l'esprit, l'aptitude à la coction : c'est parce que l'homme est au départ chaud et sec qu'il réussit parfaitement ce que la femme, parce qu'elle est naturellement froide et humide, ne peut que réussir imparfaitement, dans ses moments de plus forte chaleur, sous la forme du lait. Est postulée au départ la caractéristique binaire à deux pôles connotés de façon négative et positive, caractéristique qui fonde l'inégalité idéologique et sociale entre les sexes.

Ce discours philosophico-médical, qui donne une forme savante aux croyances populaires, est comme le mythe un discours proprement idéologique. Les corrélations des oppositions binaires entre elles ne s'enracinent pas dans une quelconque réalité biologique, mais uniquement avec les valeurs positive ou négative attribuées dès le départ aux termes eux-mêmes. Tout comme le mythe, il a pour fonction de justifier l'ordre du monde comme l'ordre social.

Ainsi, dans un ensemble parfait qui unit le mythe, la classification des végétaux et le rapport idéologique des sexes, Marcel Détienne (1977) nous explique, à partir des histoires mythologiques de la conception par Héra seule, sans aucun apport de semence, d'Arès et de Jouvence, pourquoi la laitue, herbe potagère froide et humide, est consommée par les femmes : elle est excellente pour la venue des règles et le bon écoulement du sang, mais son corollaire est la frustration du plaisir. C'est la raison pour laquelle les hommes n'en consomment jamais, par crainte de l'impuissance et de la privation du désir et du plaisir (c'est elle qui rendit Adonis impuissant). Car la jouissance sexuelle appartient de droit aux mâles, les femmes doivent se contenter d'engendrer et se préparer à cela par la consommation des aliments adéquats.

*Le travail symbolique*
*et la logique des contraires*

La pensée grecque a conditionné notre propre culture occidentale, certes, nous allons le voir.

Mais comment expliquer, sinon par des constantes propres au travail symbolique à partir du même matériau, à savoir le donné anatomique et physiologique des sexes et le rapport social inversé qui s'ensuit dans certaines situations, que cette même logique des contraires, des oppositions binaires à valeurs positive et négative, se retrouve dans des sociétés où l'influence de la pensée grecque ne s'est certes pas fait sentir ?

Ainsi, dans la pensée chinoise, le yin et le yang sont les deux principes constitutifs de l'univers, dont l'existence harmonieuse est fondée sur l'union bien sentie des contraires. Yin, c'est le féminin, la terre, le froid, l'ombre, le nord, la pluie, l'inférieur. Yang, c'est le masculin, le ciel, la chaleur, l'ensoleillement, le sud, l'impétuosité, le supérieur.

Chez les Inuit de l'Arctique central (Saladin d'Anglure, 1978), où Lune est homme et Soleil sa sœur est femme, où, à l'envers des exemples grec et chinois pour certains des termes en présence « le froid, le cru et la nature sont du côté de l'homme, le chaud, le cuit et la culture du côté de la femme », le mythe d'origine fait des femmes rien d'autre que des « hommes fendus » : c'est d'un homme qu'est issue la première femme, et la femme procréatrice n'est qu'un sac, un récipient qui abrite temporairement une vie humaine engendrée par l'homme. Toujours renvoyée à l'espace domestique, elle ne peut sortir de l'ordre masculin où elle est confinée que par une évasion au sens propre, dans le désert de glace et de neige, qui la conduit à la mort par épuisement.

Bien d'autres exemples, africains, indonésiens, américains, etc., pourraient être proposés. *Dans tous les cas, des ensembles de réductions symboliques donnent leur sens aux pratiques sociales.*

Naturellement, dans d'autres cultures, d'autres systèmes binaires que celui fondé sur le chaud et le froid peuvent désigner les mêmes pratiques ou bien, comme chez les Inuit, un système binaire fondé sur le chaud et le froid peut inverser tout ou partie de la série des associations connexes.

Il n'y a pas, en effet, dans ces choix de rationalité fondée sur une appréhension objective d'un donné naturel, alors même qu'ils paraissent naturellement légitimes. Il faut considérer ces oppositions binaires comme signes culturels et non comme porteurs d'un sens universel – *le sens réside dans l'existence même de ces oppositions et non dans leur contenu,* c'est le langage du jeu social et du pouvoir.

*Les apparences de la raison*

Le discours de l'idéologie a partout et toujours toutes les apparences de la raison.

Notre propre discours culturel, hérité d'Aristote, fonde lui aussi sur des différences biologiques, sur une prétendue nature éternelle, un rapport social institué.

Il est intéressant de ce point de vue de considérer le discours scientifique et médical du XIX$^e$ siècle, tel qu'il s'exprime par exemple dans les écrits de Julien Virey (Yvonne Knibiehler, 1976).

Par des glissements successifs, il passe d'une caractérisation des sexes du type binaire à la légitimation de la domination d'un sexe sur l'autre, sous le couvert de l'argumentation scientifique la plus moderne, objective, rationnelle, tirée de l'observation d'un donné biologique. Pourtant, rien d'autre ne nous est restitué ici que le discours d'Aristote, ou celui des Inuit, ou celui des Baruya de Nouvelle-Guinée.

Pour Virey, le couple idéal, c'est « un mâle brun, velu, sec, chaud et impétueux, [qui] trouve l'autre sexe délicat, humide, lisse et blanc, timide et pudique ».

C'est l'énergie du sperme qui donne de l'assurance et de la hardiesse aux femmes mariées : « Il est certain que le sperme masculin imprègne l'organisme de la femme, qu'il avive toutes ses fonctions et les réchauffe. »

La femme a une sensibilité « exquise » due à ses téguments souples et fins et à une ramification plus intense que chez l'homme des nerfs et des vaisseaux sanguins sous la peau. Cette sensibilité exquise lui donne une aptitude particulière à la jouissance, une inflammation facile des passions, donc une tendance naturelle au dévergondage, à la dépravation, à l'impossibilité de se concentrer et de réfléchir, actes qui sont, quant à eux, éminemment et naturellement masculins. Cette même sensibilité qui désigne par nature la femme pour les soins aux enfants, aux malades, aux vieillards, engendre aussi des passions redoutables, et c'est la raison pour laquelle l'homme se doit de la contrôler étroitement.

Virey écrit : « Si la femme est faible par sa constitution même, la nature a *donc* voulu la rendre soumise et dépendante dans l'union sexuelle ; elle est *donc* née pour la douceur, la tendresse et même pour la patience, la docilité ; elle doit *donc* supporter sans murmure le joug de la contrainte, pour maintenir la concorde dans la famille par sa soumission (c'est nous qui soulignons) » (*De l'éducation*, 1802).

Contrairement à ce que pense Yvonne Knibiehler, il ne s'agit pas là d'une pensée individuelle « naïvement » phallocratique influencée par les stéréotypes de son époque, mais au contraire de l'expression construite, sous forme savante, d'archétypes communément partagés.

Ce texte traduit, de manière raisonnée et « scientifique », les jugements de valeur populaire du type de ceux qui ont été énumérés au début de ce chapitre. Il est dans le prolongement de la pensée d'Aristote, qui elle-même élaborait rationnellement des archétypes bien antérieurs, et il préfigure le discours des médecins aliénistes et hygiénistes du XIX$^e$ siècle, notamment sur l'hystérie féminine, ou sur le traitement de la masturbation.

Le discours symbolique légitime toujours, nous venons de le voir, le pouvoir masculin, que ce soit en raison des violences initiales mythiques que les femmes auraient fait subir aux hommes, et donc d'un mauvais usage du pouvoir lorsqu'elles l'avaient entre leurs mains (mythe ona de Terre de Feu), ou que ce soit en raison de l'impossibilité « naturelle », biologique, où elles se trouvent d'accéder au rang supérieur, celui de l'homme.

Dans tous les cas, l'homme est la mesure naturelle de toutes choses ; il crée l'ordre social.

Les Baruya de Nouvelle-Guinée (Godelier) expriment directement cette même idée : les femmes sont le désordre, elles sont certes plus créatives que les hommes, mais de façon brouillonne, désordonnée, impétueuse, irréfléchie. Ainsi, à l'aube des temps, ce sont elles, nous l'avons vu, qui ont inventé les flûtes et l'arc que les hommes ont dérobé ensuite et qui sont le signe de leur pouvoir. *Mais* elles avaient monté l'arc à l'envers et tuaient à l'aveuglette, de façon anarchique, autour d'elles. Les hommes après l'avoir volé ont monté l'arc à l'endroit : ce qui fait qu'ils tuent désormais à bon escient. Là où les femmes créatrices apportent le désordre, l'homme apporte l'ordre, la mesure raisonnable de toutes choses. Ainsi parlent le mythe et le discours symbolique.

Comment expliquer alors le statut si particulier, entre autres exemples, des matrones iroquoises ?

Judith Brown (1970) déclare que les sources anciennes ne permettent pas de connaître le mode de désignation des « matrones », chefs de grandes maisons. Mais elle-même, à la suite d'autres auteurs, les désigne du terme de doyennes en âge (« elderly heads of households »).

Nous postulerons qu'il s'agissait vraisemblablement de femmes avancées en âge, et, si leur tour à la tête de la maison ne venait pas automatiquement par simple succession, de femmes d'âge plus puissantes que d'autres, en caractère, en force d'âme, en autorité.

On avancera ainsi l'hypothèse que le terme « matrones », utilisé par les anciens auteurs, désigne des femmes âgées, donc, pour dire les choses autrement, dans leur vérité physiologique, des femmes ayant dépassé ou atteint l'âge de la ménopause.

La ménopause n'est pas un sujet sur lequel on peut trouver beaucoup d'informations dans la littérature anthropologique : sujet auquel on ne pense pas, sujet gênant, sujet censuré sinon sujet tabou. On parle de l'avancée en âge, de la vieillesse, comme stade de la vie, mais pas du seuil où tout bascule.

Néanmoins, il apparaît de façon générale, dans les comptes rendus anthropologiques, lorsqu'il est question des femmes, que leur statut individuel a tendance à changer dans leur vieillesse – pour parler clairement, lorsqu'elles sont ménopausées – ou si elles sont stériles, c'est-à-dire dans les situations où les femmes ne sont pas ou ne sont plus capables de concevoir.

*Femmes « à cœur d'homme »*

Un très intéressant article d'Oscar Lewis (1941) parle de celles que les Indiens Piegan canadiens appellent les femmes « à cœur d'homme ».

Dans cette société décrite comme parfaitement patriarcale, le comportement féminin idéal est fait de soumission, réserve, douceur, pudeur et humilité. Il existe cependant un type reconnu de femmes qui ne se comportent pas avec la réserve et la modestie de leur sexe, mais avec agressivité, crânerie et hardiesse. Elles n'ont pas de retenue en paroles ni en actes : certaines urinent publiquement, comme des hommes, chantent des chants d'hommes, interviennent dans les conversations masculines.

Ce comportement va de pair avec une maîtrise parfaite des tâches tant masculines que féminines qu'elles exécutent. Elles font tout plus vite et mieux que les autres. Elles conduisent leurs propres affaires sans interférence ni appui des hommes, et même parfois ne laissent pas leur mari entreprendre quoi que ce soit sans leur assentiment.

On les pense actives sexuellement et non conventionnelles en amour, mais elles-mêmes prétendent à plus de vertu que les autres femmes. Elles ne craignent pas, en cas d'adultère, d'être traînées sur la place publique car on les accuse d'être promptes à se défendre par sorcellerie. Elles ne craignent pas non plus les conséquences mystiques de leurs actes.

Enfin, elles ont le droit, comme les hommes, d'organiser des danses du soleil et de participer aux jugements par ordalie. Elles ont la « force ».

Que faut-il donc pour être reconnue comme femme à cœur d'homme chez les Piegan ?

Oscar Lewis indique qu'il y faut la combinaison de deux caractères : il faut être riche, avoir une position sociale élevée ; et il faut être mariée.

C'est mieux également d'avoir montré dans son enfance des signes précurseurs, d'avoir été une fille préférée de son père, dotée en chevaux. Une femme pauvre sera battue et tournée en dérision si elle prétend à des comportements de femme à cœur d'homme.

Certaines femmes ne deviennent « cœur d'homme » qu'après plusieurs mariages et veuvages successifs où elles ont hérité d'une partie des biens de leurs défunts époux. Devenues « cœur d'homme », elles épousent – schéma masculin – des maris plus jeunes qu'elles (de cinq à vingt-six ans d'après les statistiques d'Oscar Lewis) qu'elles dominent en tous points.

Le mariage est donc une nécessité absolue pour être « à cœur d'homme » et c'est de lui que proviennent richesse et statut élevé.

Il est dommage d'ailleurs qu'on n'en sache guère plus sur le système de pensée des Piegan, mais il est fort vraisemblable que les idées aristotéliciennes du type de celles que Virey développait devaient être assez proches des leurs (« la femme mariée a quelque chose de plus viril, de plus masculin, de plus assuré, de plus hardi que la vierge timide et délicate... On voit communément des filles fort grasses perdre leur embonpoint par le mariage comme si l'énergie du sperme imprimait plus de roideur et de sécheresse à leurs fibres », *De la femme*). L'homme, la qualité du sperme de l'homme, fait la femme, la qualité de la femme.

Il faut cependant qu'une condition supplémentaire soit remplie pour être femme « à cœur d'homme ». Elle ne fait pas explicitement partie des conditions énumérées par les informateurs, ce qui ne doit pas nous étonner puisqu'il s'agit de la condition *sine qua non* : il faut être d'un âge avancé.

Sur les cent neuf femmes mariées de l'échantillon d'Oscar Lewis, quatorze sont du type « à cœur d'homme ».

L'une a quarante-cinq ans, une autre quarante-neuf, les autres ont entre cinquante-deux et quatre-vingts ans. Une seule cependant a trente-deux ans. Lewis ajoute en conséquence aux deux critères précédents celui de maturité. Mais le mot est sans doute faible. Pour la majeure partie de l'échantillon, il s'agit bien de femmes hors de leur période de fécondité, ménopausées.

Pour aucune d'entre elles il n'est fait allusion aux enfants qu'elles ont pu mettre au monde, ce qui est regrettable, car il aurait été intéressant de savoir si la femme de trente-deux ans comptée comme femme « à cœur d'homme » avait connu des grossesses ou pas.

En tout cas, Oscar Lewis lui-même déclare que les désaccords des informateurs au sujet du caractère « cœur d'homme » de telle ou telle femme ne concernaient que les plus jeunes.

*La pierre de touche de la fécondité*

Ménopause et stérilité suscitent des imaginaires, des attitudes et des institutions extrêmement contrastés selon les sociétés, et pourtant explicables selon la même logique symbolique.

Si le modèle iroquois ou piegan n'est pas rare en ce qui concerne les femmes d'âge, d'autres sociétés, africaines notamment, font de la femme ménopausée une femme dangereuse, qui accumule de la chaleur, et sur qui risque de peser l'accusation de sorcellerie, surtout si elle est pauvre et veuve, et donc sans « force » pour y répondre et se défendre.

Ce n'est donc pas le contraire de l'exemple piegan, même si un coup d'œil rapide pourrait le laisser penser, car la femme « à cœur d'homme » qui, inversement, se rit des accusations de tous ordres parce qu'elle a la « force » pour y répondre impunément par la sorcellerie, doit être riche et mariée.

Dans la plupart des populations dites primitives, la

stérilité – féminine, s'entend, car la stérilité masculine n'est généralement pas reconnue – est l'abomination absolue. Mais pas toujours.

Ainsi, chez les Nuer d'Afrique occidentale, une femme, lorsqu'elle est reconnue stérile, c'est-à-dire après avoir été mariée et être demeurée sans enfants pendant un certain nombre d'années (jusqu'à la ménopause, peut-être?), rejoint sa famille d'origine où elle est désormais considérée comme un homme : « frère » de ses frères, « oncle » paternel pour les enfants de ses frères.

Elle va pouvoir se constituer un troupeau comme un homme, avec la part qui lui revient au titre d'oncle, sur le bétail versé comme prix de la fiancée pour ses nièces. Avec ce troupeau et le fruit de son industrie personnelle, elle acquittera à son tour, comme si elle était un homme, le prix de la fiancée pour se procurer une ou plusieurs épouses.

C'est en tant que mari qu'elle entre dans ces rapports matrimoniaux institutionnels. Ses épouses la servent, travaillent pour elle, l'honorent, lui témoignent les marques de respect dues à un mari.

Elle recrute un serviteur d'une autre ethnie, Dinka le plus souvent, à qui elle demande, entre autres prestations de services, le service sexuel auprès de sa ou de ses épouses. Les enfants nés de ces rapports sont les siens, l'appellent « père » et la traitent comme on traite un père-homme. Le géniteur n'a d'autre rôle que subalterne : lié peut-être affectivement aux produits qu'il a engendrés, il n'en reste pas moins un serviteur, traité comme tel par la femme-mari, mais aussi bien par les épouses et les enfants. Il sera rémunéré de ses services par le don d'une vache, « prix de l'engendrement » à chaque fois que se mariera l'une des filles qu'il aura engendrées.

Ainsi, qu'elle soit absolue ou relative – c'est-à-dire due à l'âge, à la ménopause –, la stérilité et le corps social des institutions et comportements qu'elle suscite peuvent toujours s'expliquer selon les schémas des représentations symboliques analysées plus haut.

Il apparaît, en tout cas, que la femme stérile n'est pas, ou n'est plus, à proprement parler une femme. De façon négative ou positive, femme manquée ou homme manqué, elle est plus proche de l'homme que de la femme.

Ainsi, *ce n'est pas le sexe, mais la fécondité, qui fait la différence réelle entre le masculin et le féminin*, et la domination masculine, qu'il convient maintenant de tenter de comprendre, est fondamentalement le contrôle, l'appropriation de la fécondité de la femme, au moment où celle-ci est féconde.

Le reste, à savoir les composantes psychologiques, les aptitudes particulières qui composent les portraits de la masculinité et de la féminité selon les sociétés et qui sont censées justifier la domination d'un sexe sur l'autre, est un produit de l'éducation, donc de l'idéologie.

« On ne naît pas femme, on le devient », a écrit justement Simone de Beauvoir (comme on devient homme ou père dans certaines sociétés de Nouvelle-Guinée, *cf.* chapitre VIII). Ainsi, il n'y a pas d'instinct maternel au sens où on l'entend ordinairement, à savoir que la maternité serait affaire purement biologique et qu'il va donc de soi que, déterminée par sa nature, la femme ait vocation à l'entretien des enfants, et, au-delà, à l'entretien du domestique.

La maternité est un fait social comme un fait biologique (il en est de même pour la paternité ; Nicole Mathieu, 1974), et il n'y a rien dans le fait biologique lui-même qui explique l'enchaînement inéluctable qui, à travers l'« instinct maternel », voue la femme aux tâches domestiques et à un statut de subordination.

L'appropriation de la fécondité dans le corps masculin est vouée à l'échec : il ne peut jamais y avoir que simulacre. Elle passera donc par le contrôle : appropriation de femmes elles-mêmes ou des produits de leur fécondité, répartition des femmes entre les hommes.

Les femmes sont fécondes, inventives, créent la vie ; en contrepartie, il est vu comme du ressort de l'homme d'apporter l'ordre, la réglementation, d'imposer des limites, déterminer des sphères, inscrire le politique.

Ce contrôle est rendu possible par le handicap qui double le pouvoir de fécondité : la femme enceinte ou qui allaite a une moins grande aptitude à la mobilité que l'homme. On a pu ainsi montrer que chez les Bushmen, chasseurs-cueilleurs-nomades, sans animaux domestiques pour fournir du lait, un homme parcourt entre cinq et six mille kilomètres par an, une femme entre deux mille cinq cents et trois mille.

*Les deux pivots de l'inégalité sexuelle*

L'entrave à la mobilité n'implique pas pour autant une infériorité des aptitudes physiques – ni, *a fortiori*, des aptitudes intellectuelles –, cependant, elle a dû entraîner un certain type de répartition des tâches, au sein des sociétés préhistoriques d'hommes sauvages, chasseurs-collecteurs, qui dépendaient uniquement de la nature (on sait que l'agriculture et l'élevage sont des inventions relativement récentes de l'histoire de l'humanité).

Aux hommes la chasse aux gros animaux et la protection des désarmés contre les prédateurs de tous ordres ; aux femmes la surveillance des jeunes non sevrés et la collecte des ressources alimentaires d'accès plus facile que le gros gibier (on ne chasse pas aisément avec un bébé accroché au flanc) : répartition qui naît de contraintes objectives et non de prédispositions psychologiques de l'un et l'autre sexe aux tâches qui leur sont de la sorte imparties, ni d'une contrainte physique imposée par un sexe à l'autre. Répartition qui ne comporte en soi aucun principe de valorisation.

Le contrôle social de la fécondité des femmes et la division du travail entre les sexes sont vraisemblablement les deux pivots de l'inégalité sexuelle.

Encore convient-il de saisir les mécanismes qui font

de cette inégalité un rapport valorisé de domination sujétion.

La parenté est la matrice générale des rapports sociaux. L'homme est un être qui vit en société ; la société n'existe que divisée en groupes, fondés sur la parenté et surmontant cette division originelle par la coopération. L'institution primaire qui ouvre à la solidarité entre groupes est le mariage. Un groupe qui ne compterait que sur ses propres forces internes pour se reproduire biologiquement, qui pratiquerait l'inceste et uniquement l'inceste serait conduit à disparaître, ne serait-ce que par la raréfaction de ses membres : un frère et une sœur, conjoints, ne donnent qu'une descendance au lieu de deux. L'échange des femmes entre les groupes est l'échange de la vie puisque les femmes donnent les enfants et leur pouvoir de fécondité à d'autres qu'à leurs proches.

Le maillon fondamental de la domination masculine, articulée sur les contraintes économiques du partage des tâches, est sans doute là : dans le renoncement mutuel des hommes à bénéficier de la fécondité de leurs filles et de leurs sœurs, des femmes de leur groupe, au bénéfice de groupes étrangers. La loi d'exogamie qui fonde toute société doit être entendue comme loi de l'échange des femmes et de leur pouvoir de fécondité entre des hommes.

Le remarquable est la constance avec laquelle il y a toujours, à travers des règles de filiation et d'alliance particulières, appropriation initiale par les hommes du pouvoir spécifique de reproduction des femmes de leur groupe, comme de celles qui leur sont données en échange des leurs. C'est à cet endroit seulement que la violence, la force, peuvent être invoquées comme explication ultime.

L'appropriation du pouvoir de fécondité des femmes, pouvoir qui est vital pour la constitution et la survie de toute société et qu'on se procure par l'échange des femmes entre groupes, s'accompagne du confinement des femmes dans le rôle maternel. On aura la Mère et la mère nourricière.

C'est d'autant plus aisé que l'enfant est tenu au sein

pendant de longs mois. Le sevrage, dans les sociétés qui ne connaissent pas l'allaitement artificiel et les techniques modernes d'alimentation des bébés, a lieu vers deux ans et demi sinon trois ans. L'enfant ne connaît que la mère comme nourricière pendant ces années, et continuera d'aller vers elle une fois sevré pour être nourri, et cela d'autant plus « naturellement » que le confinement social dans le rôle nourricier, de garde et d'entretien, aura eu lieu.

La mère peut être élevée très haut, considérée très hautement – c'est le cas des déesses-mères –, idéalisée, cela n'est pas contradictoire avec la notion même de pouvoir masculin.

L'appropriation et le contrôle de la fécondité des femmes, le confinement des femmes dans le rôle nourricier facilité par la dépendance alimentaire de l'enfant, cette mainmise en quelque sorte, ont été accompagnés de la création de savoir-faire techniques spécialisés, c'est-à-dire l'usage exclusif par le sexe masculin de certaines techniques qui nécessitent un apprentissage réellement ou faussement sophistiqué, mais dont rien, dans la constitution physique féminine, n'explique que la femme n'y ait pas accès.

Se constitue ainsi en contrepartie un domaine réservé masculin, comme il y a un domaine réservé, inaccessible, des femmes, celui de la reproduction biologique.

Prenons encore exemple chez des peuples chasseurs-collecteurs : chez les Ona de Terre de Feu (Anne Chapman), la chasse à l'arc est du ressort de l'homme. Il apprend à fabriquer arc, flèches, éventuellement poison. Il apprend dès son plus jeune âge à tirer à l'arc et cet apprentissage lui est exclusivement réservé.

A. Chapman montre que, sans l'apprentissage idoine, les femmes adultes ne peuvent, au sens physique du terme, se servir de cet objet, non plus qu'un homme qui ne l'aurait pas appris dans son enfance.

Le domaine réservé de savoir-faire techniques hautement spécialisés, corollaire d'une répartition sexuelle des tâches primaire et fondée sur des contraintes objectives, a pour effet un autre confinement des femmes dans des tâches qui requièrent certes aussi une connaissance et un savoir-faire (non propres à un sexe : les hommes aussi peuvent cueillir en période de pénurie), mais qui ne seront jamais du domaine réservé masculin.

Même s'il arrive que des femmes parviennent à pénétrer dans le domaine réservé, ou qu'une partie de ce domaine soit progressivement investie par elles, l'important est que le domaine réservé continue toujours d'exister tout en se modifiant.

Là-dessus se greffe le travail de la pensée, la création idéologique que nous avons vue à l'œuvre dans les symbolismes exposés plus haut : une valeur inégale est attribuée aux tâches accomplies, qui ne tient pas à la quantité du travail fourni ni à la maîtrise de son exécution.

La part des femmes, par la cueillette, représente parfois plus de soixante-dix pour cent des ressources alimentaires du groupe dans les sociétés de chasseurs-collecteurs, mais cela n'a pas d'importance : le vrai prestige est attaché à la fonction de chasseur.

Nous voici confrontés à l'ultime énigme. Parce qu'il me semble que la matière première du symbolique est le corps, car il est le lieu premier d'observation des données sensibles, et parce qu'à tout problème complexe il ne peut y avoir de solutions qui ne recourent à des explications dont l'enchaînement remonte à des données de plus en plus simples jusqu'à ce qu'elles butent sur des évidences élémentaires, j'avancerai que la raison en est peut-être une caractéristique ancrée dans le corps féminin (et qui n'est pas l'« inaptitude à la coction du sperme »).

Ce qui est valorisé alors par l'homme, du côté de l'homme, est sans doute qu'il peut faire couler son sang, risquer sa vie, prendre celle des autres, par décision de son libre arbitre ; la femme « voit » couler son sang hors de son corps (ne disait-on pas communément « voir » en français, pour dire « avoir ses règles » ?) et elle donne la vie (et meurt parfois ce faisant) sans nécessairement le vouloir ni pouvoir l'empêcher.

Là est peut-être dans cette différence le ressort fondamental de tout le travail symbolique greffé aux origines sur le rapport des sexes.

**CHAPITRE X**

## FIGURES DU CÉLIBAT
Choix, sacrifice, perversité

Il existe quelques sociétés, ou mieux, quelques grandes civilisations coextensives avec une certaine idée religieuse, qui préconisent le célibat, en tant que moyen d'atteindre à la chasteté, pour tous ceux qui consacrent leur vie à leur dieu ou à une idée, soit en entrant dans des ordres religieux, soit en devenant prêtres du culte.

C'est le cas de certaines religions chrétiennes et aussi du bouddhisme. Pour ne parler ici que des motivations explicites de la religion catholique, le célibat est alors présenté comme un impératif purement transcendantal et comme une question de dogme : il est posé comme allant de soi que la vie dans l'au-delà, dont on postule l'existence nécessaire, est une vie dont toute sexualité et affectivité sont absentes car entièrement tournées vers Dieu ; la sexualité, bien que nécessaire à la survie de l'espèce, devient le lieu privilégié du péché, le prototype même de toute concupiscence, c'est-à-dire des désirs qui font passer les réalités de la vie terrestre bien avant les impératifs du salut de l'âme dans l'au-delà.

*Ici, la recherche de la perfection et du salut*

La chasteté par le célibat est alors le moyen le plus achevé d'atteindre à une certaine forme de perfection par laquelle l'individu cherche à obtenir son salut (le christianisme est une religion du salut), la forme secondaire en étant la continence dans le mariage ; puisqu'il faut bien que l'espèce se perpétue, ne serait-ce que pour honorer Dieu, il est nécessaire que la plupart des individus se consacrent à ce but, mais en dissociant autant que faire se peut, dans l'acte charnel, le but de procréation et le plaisir.

Il convient cependant de noter parallèlement plusieurs points. D'autres grandes religions du salut, le judaïsme, l'islam, ne font pas passer la recherche de la perfection et le salut par la suppression de la sexualité dans le célibat.

D'ailleurs, alors même que la pureté du célibat monastique ou sacerdotal est présentée comme une question fondamentale, la doctrine de l'Église a varié sur ce point, qui n'a été fixé que progressivement, à partir du IV$^e$ siècle, par différents papes, synodes et conciles : la loi de célibat des prêtres n'a été ainsi définitivement établie qu'au concile de Latran en 1139. C'est toujours resté l'un des points essentiels de la contestation au sein de l'Église, comme ce fut l'occasion par excellence des grands schismes.

Les motivations de l'Église n'étaient d'ailleurs pas d'ordre exclusivement dogmatique : des préoccupations plus concrètes, sociales et économiques, s'y sont étroitement mêlées. Un prêtre ou un moine marié, élevant des enfants, a nécessairement des préoccupations et des affects d'ordre temporel qui auraient tendance à prendre le pas sur le service qu'il doit à Dieu.

De façon plus terre à terre encore, s'est posé très tôt

le problème de l'héritage des biens ecclésiastiques. Le célibat a pour avantage d'interdire tout transfert privé de ces biens à des descendants sinon à des collatéraux.

Enfin, il n'est pas sans intérêt de noter que le célibat religieux ou sacerdotal est conçu et présenté comme une alliance mystique de l'individu avec Dieu. Que cette union mystique soit une consécration de la sexualité dans un rapport exclusif avec Dieu conçu comme un mariage apparaît clairement dans les écrits des grands mystiques, comme dans certaines représentations figurées dont nous ne citerons que l'exemple célèbre de l'extase de sainte Thérèse d'Avila représentée par le Bernin.

D'une certaine manière, c'est le mariage, et non le célibat, qui est reconnu par ce biais comme le modèle de toute vie. Ainsi, dans les sociétés qui ont adopté ces religions, la notion de célibat comme choix de vie n'est pas étrangère aux mentalités, y compris dans la vie laïque. Les impératifs d'ordre économique qui faisaient prendre le voile aux filles non dotées, dans les familles aristocratiques ou bourgeoises françaises, sont aussi ceux qui, dans bien des familles paysannes, faisaient de certains cadets ou cadettes des serviteurs à vie, voués au célibat, de l'aîné marié qui maintenait intact le patrimoine.

*Là, l'impossibilité de s'accomplir*

Mais partout ailleurs, c'est une idée incompréhensible. Le célibat primaire est conçu comme étant contre nature. Nous distinguerons en effet le célibat primaire de celui des veufs et divorcés. Il vaudrait mieux dire d'ailleurs : des veuves et divorcées, car c'est celui-là qui, dans les diverses sociétés humaines, pose problème et peut être résolu diversement.

Comme l'écrivait le Père Schramm à propos des Mongols T'ou-jen de Chine : « Nous autres, Européens, nous ne trouvons pas étrange de rencontrer des gens qui ne sont pas mariés ; nous ne sommes pas surpris de voir des célibataires dans nos bureaux, dans nos réunions, dans nos fêtes ; l'idée ne nous viendra pas de leur incriminer le célibat ; bien qu'au fond nous sentions que cette situation est anormale, nous trouvons en dehors des principes religieux assez de raisons, si ce n'est pour justifier le célibat, du moins pour l'excuser. Or, une mentalité pareille n'existe pas chez les T'ou-jen. Aucun T'ou-jen ne comprendra qu'un homme qui n'est pas religieux, qui n'est pas lama, ne soit pas marié, à moins qu'il en soit empêché physiquement [1]. » Dans l'esprit t'ou-jen, on n'est pas honnête homme tant qu'on n'est pas marié. Des parents s'épuiseront et se ruineront s'il le faut pour marier tous les fils, y compris en vendant les filles.

Plus généralement, on ne trouvait pas en Chine, dans la société traditionnelle, et même jusqu'à une date récente dans la société communiste, de célibataires primaires endurcis. Francis Hsu explique de façon très nette que « le vieux garçon ou la vieille fille sont socialement perdus [2] ».

C'est davantage vrai pour une femme que pour un homme, parce qu'une femme n'a pas de place dans la vie en dehors du mariage. Si une fille trop disgraciée dépasse l'âge idéal de la reproduction, elle est perdue pour toujours et n'a d'autre solution que de se réfugier dans un temple ou de se consacrer à la divination, car, du fait de sa virginité, elle peut devenir un guérisseur puissant.

Malgré ces quelques possibilités d'avantages spirituels, c'est un sort généralement refusé par les femmes, car dans la conception matérialiste de l'au-delà en Chine on pense qu'une « juste place dans le monde spirituel procède automatiquement de la place appropriée occupée ici-bas ».

---

[1]. Père L. Schramm, *Le Mariage chez les T'ou-jen du Kan-sou (Chine)*, Shanghai, Imprimerie de la Mission catholique, 1932, p. 5-6.
[2]. Francis L. K. Hsu, *Under the Ancestor's Shadow*, New York, Columbia University Press, 1948, p. 253.

Il y avait trois impératifs catégoriques en Chine, énoncés par Mencius : l'acte non filial par excellence est de ne pas avoir de postérité ; c'est par excellence le crime contre les ancêtres, mais c'est aussi un crime contre soi (contrairement à l'idée chrétienne où l'individu se dépasse dans le célibat). Une personne qui, en dehors de toute organisation de type ascétique, suivait par choix une vie de célibat était considérée comme représentant la figure extrême de la perversité [3].

Un célibataire n'est jamais « une personne accomplie », car seul le mariage confère le statut et les responsabilités d'adulte, quel que soit l'âge où il est contracté. Marié à treize ans, un homme ne peut pas s'abriter derrière son jeune âge pour esquiver ses devoirs.

Enfin, tout individu doit chercher à avoir la postérité la plus nombreuse possible.

*Ces démons froids*
*que sont les vierges mortes*

Il semble cependant qu'il y ait eu, même dans la Chine impériale, des sororités où les filles désireuses d'échapper au sort qui leur était promis, c'est-à-dire à la tyrannie des belles-familles, se vouaient au célibat et s'engageaient à pratiquer des actes drastiques au cas où on les forcerait au mariage (retour dans la famille dans les trois jours, ou suicide essentiellement).

La plus connue de ces associations secrètes, sous la conduite de nonnes semble-t-il, était la Golden Orchid Society, qui prônait que le célibat était la forme la plus pure de vie et qui recourait à des opérations magiques, à des entreprises de sorcellerie (enterrer des ossements d'enfants sous le foyer, sous le lit conjugal et sous les réserves de riz), ou même au poison (« quatre onces

---

3. Marion J. Levy, *The Family Revolution in Modern China*, Cambridge, Mass., Harvard University Press, 1949, p. 94.

d'arsenic blanc ») pour faire disparaître les maris encombrants.

Mais il semble cependant que la plupart de ses membres finissaient par succomber aux rets du mariage traditionnel [4].

Non seulement pervers, le célibat, et surtout celui des filles, représente de plus une menace mystique pour la société. En effet, dans la conception de l'homme telle qu'elle apparaît chez les T'ou-jen et, semble-t-il, dans l'ensemble chinois, une troisième âme est supposée se transformer, après la mort, en démon ; c'est elle qui tourmente les autres êtres humains en leur apportant le malheur et la maladie. Schroder, en 1952, écrit : « Un mécontentement viscéral et une sorte d'idée d'avoir manqué les objectifs de la vie sont liés à l'âme des filles mortes adultes sans avoir été mariées. Elles deviennent des démons d'une nature si dangereuse que même les autres démons s'écartent de leur chemin [5]. » La seule manière de les éloigner, en Chine, est de brûler le corps et tout ce qui le touchait.

Pour l'auteur cité, cette crainte provient de la conception bouddhiste que la femme est impure et que cette impureté lui est enlevée seulement par l'homme et par la descendance qu'elle lui fournit.

En fait, de notre point de vue, cette conception est moins celle de l'impureté que celle de la nature froide et humide du principe féminin (le yin).

La femme est censée s'équilibrer en trouvant réchauffement et assèchement dans le commerce sexuel avec l'homme dont le principe vital, le yang, représente la chaleur.

Toute absence d'équilibre est danger, par excès. Ce n'est pas par hasard si seul le feu, la crémation, vient à

---

4. V. R. Burkhardt, *Chinese Creeds and Customs*, Hong-Kong, The South China Morning Post Ltd, 1954.
5. D. Schroder, « Zur Religion den Tujen des Sininggebietes (Kubunor) », *Anthropos* 47, 1952.

bout de ces démons froids que sont les vierges mortes sans hommes.

On trouve des idées analogues dans bien des sociétés. Retenons seulement la tendance à légitimer la crainte du célibat par des raisons d'ordre mystique qui touchent non seulement l'individu lui-même mais le corps social en son entier.

Chez les Chagga d'Afrique-Orientale, par exemple, on pense qu'un grand danger menace le territoire tout entier si jamais, par malchance, un adulte venait à mourir sans avoir été marié [6]. Mais l'auteur qui rapporte ce fait ne précise pas la nature de ce danger, dont nous pensons qu'il s'agit de la sécheresse.

## *L'union mystique de célibataires défunts*

Dans le cas de jeunes gens, le malheur est pour eux-mêmes seulement dans la vie qu'ils ont à mener dans l'au-delà, au village des morts, où ils devront vivre comme célibataires, sans être honorés sur terre. Le jeune homme mort réclame souvent une épouse à son père. Aussi pratique-t-on, dans la mesure du possible, un mariage entre morts.

Le père cherche un autre père infortuné dont une fille adolescente est morte sans avoir été mariée et l'on pratique alors une union mystique, symbolisée par la présence, dans la tombe de l'homme, d'une tête de chèvre et de trois pierres qui représentent son épouse.

Un homme riche pourra également payer le prix de la fiancée et épouser une jeune fille pour le compte de son fils mort sans descendance : les enfants qu'il en aura seront les enfants de ce fils et ils lui rendront un culte filial qui rendra douce sa vie de mort (le premier-né de

---

6. B. Gutmann, *Das Recht des Dschagga*, Munchen, C. H. Beck, 1926, p. 131.

cette femme porte, selon l'usage, le nom de son grand-père paternel, qui est en fait son géniteur [7]).

Gutmann rapporte des exemples, rarissimes, d'hommes qui craignent le contact des femmes et refusent obstinément le mariage le plus longtemps qu'ils peuvent. Méprisés par tous, et par les jeunes filles en particulier, on les appelle « ceux qui n'ont pas de vie en eux ». Leurs parents s'arrangent généralement pour les marier de force, surtout s'il s'agit du fils aîné d'un frère aîné, car tous ses frères et cousins doivent attendre qu'il soit marié pour le faire à leur tour. En raison de la gravité des risques encourus par le pays, c'est le chef qui généralement s'en mêle en faisant enlever une fille peu plaisante et avancée en âge dont personne n'a encore voulu, pour en faire l'épouse du récalcitrant.

On fait ainsi d'une pierre deux coups, si l'on peut dire. Peu importe si le mariage tient ou pas : l'important, c'est qu'il ait eu lieu. Il n'y a donc pas de statut plus anormal, plus décrié, plus hostile au corps social que celui de célibataire, aux yeux des Chagga.

*Une agression surnaturelle*

Chez les Indiens Ojibwa d'Amérique du Nord, on attend aussi de chaque homme et de chaque femme qu'ils se marient, et cette attente va tellement de soi, et il est si inhabituel qu'elle ne soit pas remplie, que les rares cas de célibat primaire tant masculin que féminin reçoivent une explication qui n'a rien à voir avec l'idée d'un choix personnel. Le célibataire est une victime d'agressions surnaturelles.

Hallowell (1955) dit qu'il existe une croyance qui veut que « de telles personnes ont rêvé au Grand Lynx, l'une des rares entités supernaturelles qui ont un carac-

---

7. Ch. Dundas, *Kilimanjaro and its People*, Londres, H. F. et G. Witherby, 1924, p. 249-250.

tère exclusivement maléfique [8] ». Les esprits agissent comme des incubes ou des succubes ; extrêmement jaloux, ils amènent la folie, la maladie, le malheur et même la mort sur leur partenaire en rêve si celui-ci ose se marier.

Victime, le ou la célibataire est aussi dangereux, en d'autres occasions. D'après Jenness (1935), qui parle du célibat féminin secondaire, celui des veuves, et non du célibat primaire, la femme seule est regardée avec une grande frayeur : « Les petits enfants fuient à son approche, et quelques Indiens pensent même que l'infection de la mort ajoutée à leurs mystérieuses qualités féminines a pour effet de *tuer jusqu'à l'herbe et aux arbres* autour de leur wig-wam et qu'un enfant qui croiserait leurs traces en resterait estropié pour la vie [9] (c'est nous qui soulignons). » On peut raisonnablement penser que sous le neutre de la formulation se cache l'enfant vulnérable de sexe masculin, qui n'a pas encore assumé toute sa chaleur et sa force viriles.

Pendant une période de deuil de trois à quatre ans, les veuves vivent ainsi dans le plus grand isolement, cheveux dénoués et non peignés, vêtues d'oripeaux et couvertes de cendres. La veuve qui se parerait de vêtements propres et neufs se verrait mise à nu, et battue par les consanguines de son mari.

*Great Buffalo Woman*

Mais si le célibat des femmes est considéré comme plus impensable encore que celui des hommes et plus dangereux pour elles-mêmes et pour les autres (car les Ojibwa pensent que la vie privée des filles doit être minutieusement réglée sur celle des hommes, alors que

---

8. A. I. Hallowell, *Culture and Experience*, Philadelphia, University of Pennsylvania Press, 1955, p. 300.
9. D. Jenness, *The Ojibwa Indians of Parry Island. Their Social and Religious Life*, Ottawa, National Museum of Canada, 1935, p. 106.

celle d'un homme est laissée à sa discrétion), il y a cependant une énorme différence entre la vie célibataire d'une veuve et celle d'une jeune fille.

Car, rendue adulte par son mariage, la femme veuve ou divorcée jouit ensuite de sa liberté. Si la plupart d'entre elles se remarient passé le deuil, il existe un certain nombre de femmes remarquables, dont les histoires de vies ont été racontées par Ruth Landes (1938), et qui choisissent l'autonomie complète (d'autres choisissent de ne pas se remarier, mais retournent avec leurs enfants vivre auprès de leurs parents, dans la dépendance de leurs consanguins).

Le choix de l'autonomie requiert « l'acquisition des techniques masculines pour chasser, tendre des pièges, pêcher, fabriquer des canoës... Un certain nombre de veuves ont été ainsi réputées pour leur habileté dans l'accomplissement des tâches qui relèvent des deux sexes. Une veuve peut ainsi acquérir une personnalité aussi notable qu'un homme et même manifester des compétences chamanistiques [10] ».

Ainsi, Companionable Woman, qui défendit les siens et ses voisines contre cinq Indiens sioux, « en tua un avec un fusil pris par ruse dans le canoë des agresseurs, et réussit à cacher tout son monde dans une île déserte. Elle reçut ensuite le titre honorifique purement masculin de Ogitcida ("brave", "grand cœur") et le droit de porter une plume sur la tête pour montrer à tous sa bravoure [11] ».

Des célibataires de cette sorte – dont nous avons vu qu'elles devaient avoir dépassé l'âge de la ménopause ou en être très proches –, qui acquièrent un statut d'homme en pourvoyant totalement à leurs besoins et à ceux de leurs familles, sont unanimement respectées. Mais si elles acquièrent les compétences masculines, elles doivent aussi

---

10. R. Landes, *The Ojibwa Woman*, New York, Columbia University Press, 1938, p. 83.
11. R. Landes, *Ojibwa Sociology*, New York, Columbia University Press, 1937, p. 172.

connaître les règles des actions des hommes, sous peine de châtiments supernaturels.

Ainsi, Great Buffalo Woman se suffisait à elle-même dans la forêt, mais ne connaissait pas toutes les règles. Invitée à participer à un rituel en l'honneur de l'Ours, elle commit la faute de donner sa part de viande d'ours (un morceau de choix : la langue) à des chiens, sans être vue. À sa sortie suivante pour chasser, elle fut attaquée par un ours qui la laissa pour morte. Great Buffalo Woman ne connaissait pas toutes les règles de vie masculines et en payait ainsi le prix.

Ainsi quelques femmes peuvent atteindre, à leurs risques et périls, au statut d'homme. Une seule activité masculine leur reste totalement interdite : la divination. Un petit pas qui reste à faire et qui marque pour toujours la différence, aux yeux des Ojibwa.

*La moitié d'un être humain*

Inversement, il n'y a pas d'exemple où un homme Ojibwa, veuf ou célibataire, ait jamais tenté d'accomplir les tâches féminines pour se suffire à lui-même. Il est toujours assisté, à défaut d'épouse, par une parente qui a la charge de son confort quotidien.

J'avais fait les mêmes observations chez les Samo, où je n'ai pas rencontré de célibataires primaires. Des hommes rendus veufs, ou abandonnés par leurs épouses successives, en raison de leur mauvais caractère, vivent de l'aide compatissante de voisines ou de parentes qui leur apportent l'eau et des plats cuisinés. Si on les oublie, la seule tâche culinaire à laquelle ils puissent se livrer sans déchoir est de faire griller au feu quelque animal, quelque épi de maïs, quelques arachides.

Inversement, des veuves, si elles ont la capacité de construire leur maison, de cultiver ou faire cultiver des terres, de nourrir leurs enfants, et de payer leur impôt par leur industrie sans avoir à recourir à un parent mâle, sont libres de vivre seules, en jouissant du respect d'autrui. Elles restent cependant auprès des parents de leur mari décédé, mais sans avoir à accepter une union léviratique, c'est-à-dire le remariage avec un frère du mari décédé ; ainsi, leurs enfants sont élevés dans leur lignage d'origine. J'en connais un seul cas.

Plus généralement, des veuves ou divorcées qui choisissent de ne pas se remarier, mais n'ont pas la capacité de se suffire comme des hommes, vivent en ville d'une industrie féminine particulière qui est la fabrication et le commerce de la bière de mil. Coupées du milieu traditionnel, et ne cultivant pas la terre, elles sont réputées vivre une vie licencieuse et sont considérées comme des femmes « sauvages » *(gagare)*, au contraire des femmes civilisées, policées, qui sont dans la dépendance des hommes, mari ou parents, ou qui se suffisent à elles-mêmes de manière convenable, selon les standards locaux.

Le mariage, dans les différentes sociétés humaines, est un état de coopération économique où les deux sexes usent des compétences techniques que leur culture leur reconnaît, compétences qui ne sont nullement dictées par des aptitudes naturelles, mais par des conventions sociales.

Même si une société particulière, comme celle des Ojibwa, permet aux femmes d'accéder à la maîtrise des tâches qui sont du ressort des hommes, il reste toujours quelque chose en plus d'inatteignable, qui est leur domaine réservé.

La répartition sexuelle des tâches est ainsi le point qui rend l'union de l'homme et de la femme indispensable pour le bien-être des deux et pour la survie de la société. Citons Lévi-Strauss (1956) : « Frappant est le véritable sentiment de répulsion que la plupart des sociétés éprouvent à l'égard du célibat. On peut généralement affirmer que parmi les tribus dites primitives, il n'y a pas de célibataires pour la simple raison qu'ils ne pourraient pas survivre. Nous nous souviendrons toujours avoir remarqué, chez les Bororo du Brésil central, un homme d'environ trente ans, sale, mal nourri, triste et solitaire. Nous voulûmes savoir s'il était gravement malade ; la réponse des indigènes nous stupéfia : qu'est-ce qui n'allait pas ? Mais rien, c'était seulement un célibataire... Et, à vrai dire, dans une société où règne la division du travail entre les sexes, et où seul l'état de mariage permet à l'homme de jouir des fruits du travail de la femme, y compris l'épouillage, la peinture du corps, la coiffure, aussi bien que le jardinage et la cuisine [...], un célibataire n'est réellement que la moitié d'un être humain [12] » (p. 105-106).

### Le libre choix est une invention récente

La majeure partie des sociétés humaines se sont protégées du célibat primaire, acte antisocial par excellence, mais qui est simultanément la négation même de l'individu, puisque celui-ci n'est censé se réaliser pleinement que dans et par le mariage.

Les sociétés dites primitives ne le tolèrent pas, pour les deux sexes, sous sa forme occidentale d'acte de libre choix individuel qui engage la vie. Les sociétés traditionnelles se comportent cependant différemment à l'égard du célibat secondaire, surtout s'il est féminin (veuves, divorcées).

Ou bien il est totalement interdit à des femmes de se remarier, car elles sont la propriété de la famille de leur mari : c'était le cas en Chine ; dans l'exemple extrême de l'Inde, la veuve, dans certaines castes, devait suivre son mari dans la mort et se jetait elle-même dans le bûcher de crémation du corps.

---

12. C. Lévi-Strauss, « The family », *in* Shapiro éd., *Man, Culture and Society*, New York, Oxford University Press, 1956. Traduction française en 1971 dans les *Annales de l'université d'Abidjan*, série F, tome 3, rééditée *in Claude Lévi-Strauss*, textes de et sur Claude Lévi-Strauss, réunis par Raymond Bellour et Catherine Clément, Paris, Gallimard, 1979, coll. « Idées ».

Ou bien des choix leur sont offerts, différents selon les sociétés : remariage avec un frère du défunt (lévirat), mariage extérieur, retour dans la dépendance des parents, des frères ou des fils, ou même autonomie qu'il convient alors d'assumer pleinement.

Si des sociétés admettent ou recommandent le célibat primaire, c'est généralement pour des raisons plus économiques qu'éthiques : un patrimoine est à transmettre, si possible intact. C'est ainsi que s'explique la polyandrie tibétaine ou celle des Toda (qui s'accompagnait d'infanticide des filles). Épouse d'un groupe de frères, une femme met au monde des enfants qui possèdent collectivement les mêmes biens et dont la série des fils sera à son tour l'époux collectif d'une même épouse.

Il n'est pas exclu que, dans notre société, les raisons éthiques du célibat aient masqué considérablement des considérations d'ordre économique de même nature. Même dans ce cas, le célibat comme manifestation parfaite du libre choix individuel est une invention récente.

Il apparaît, dans tous les cas de figure, que l'idée de célibat n'est pas dissociable de celle de l'après-vie. Un grand nombre de positions sont possibles et peuvent être tenues et actualisées par des sociétés particulières, qui vont du choix de vie, mystique et absolu, de la chasteté dans le célibat comme étant la seule forme possible de construction de l'individu, ici-bas et au-delà (hérésie cathare), à l'impossibilité tout aussi absolue d'imaginer que des représentants de l'un et l'autre sexe soient confinés dans leurs particularités opposées, sans échanges pour se construire une descendance, qui seule leur permet d'exister encore après la mort. Dans tous les cas, le devoir est social. Et un corps de règles acquises précise les tâches qu'ont les conjoints dans le mariage, ou les « frères » et « sœurs » des communautés monastiques (la répartition des tâches étant dans ce cas fondée sur d'autres critères que le genre).

Le choix individuel du célibat comme mode de vie n'intervient que dans les sociétés modernes. Il faut pour cela l'apparition de la notion d'individu ; l'idée que les intérêts de l'individu priment sur ceux de la collectivité ; la certitude que l'achèvement de la personne ne passe pas nécessairement par la fabrication d'une descendance ; la possibilité pour les deux sexes d'assumer les mêmes tâches, au moins dans la sphère privée, sinon dans la sphère publique.

Il apparaît, à travers les exemples cités, qu'une différence existe entre la perception du célibat pratiqué par les hommes et par les femmes. Les hommes se nuisent à eux-mêmes, ce faisant ; les femmes sont en outre dangereuses pour la collectivité.

C'est vrai, qu'il s'agisse des *monstres froids* que sont les vierges chinoises mortes sans avoir connu l'homme, ou, *a contrario*, les femmes âgées qui continuent à vivre après la mort de leur mari. Si elles continuent d'avoir une vie sexuelle non contrôlée, elles fournissent dans de nombreuses sociétés le contingent de celles qui, accumulant de la chaleur après la ménopause, sont aisément accusées de sorcellerie. Ménopausées mais richement mariées, nous avons vu au contraire qu'elles peuvent devenir, chez les Piegan, « femmes à cœur d'homme », car leur puissance accrue par le coït est sous contrôle masculin. Ménopausées ou stériles, mais sans être en puissance de mari, elles peuvent avoir accès aussi, en de multiples lieux, à un statut de quasi-homme. Mais la continence est alors le plus souvent leur lot, pour des raisons non morales : elles accumuleraient une chaleur torride et dangereuse pour les autres si elles continuaient à pratiquer des relations sexuelles qui seraient, elles, incontrôlées.

Dans ces différences de croyances et de comportements se retrouve en jeu le corps complet des représentations autour de la différence des sexes. Et l'ensemble du panorama que l'on peut dresser se comprend au moyen des mêmes grilles de lecture.

**CHAPITRE XI**

## LA CUISSE DE JUPITER
### Réflexions sur les nouveaux modes de procréation

Toutes les sociétés humaines reposent sur une commune exigence : celle de leur reproduction, qui passe par celle de leurs membres.

Autant dire que toutes sont confrontées aux problèmes qui, de tout temps, ont fait l'objet de la réflexion des hommes : définir, au moyen de règles particulières de filiation, ce qui garantit la légitimité de l'appartenance au groupe, statuer sur ce qui fonde l'identité de la personne humaine en tant qu'elle est enserrée dans un continuum biologique et social, réglementer les droits et les devoirs de l'individu, et même apporter une solution à leur mesure au problème de la stérilité.

En ces domaines, chaque société suit un usage cohérent qui lui est propre et qui est la loi du groupe.

C'est à ce titre que l'anthropologie peut éclairer la question de l'insertion dans la pratique sociale des nouveaux modes de procréation, qui sont apparemment liés, dans l'esprit du public, au développement des connaissances scientifiques et des techniques.

L'analyse anthropologique permet en effet de comparer entre elles les différentes formules qui, à un moment ou à un autre, ici ou là, ont été actualisées, et peut-être de dégager de cette comparaison un certain nombre de constantes ou tout au moins de tendances fortement marquées.

On ne trouvera donc dans ce qui suit aucune considération de type moral sur la difficile partition des faits entre le licite et l'illicite, le normal et l'anormal, le naturel et l'artificiel, laquelle est toujours et partout affaire de convention sociale.

On ne suggérera pas non plus que nous pourrions chercher ailleurs des modèles directement reproductibles ou adaptables à notre société, l'idée d'une greffe étant absurde dans la mesure où ce qui est en jeu n'est pas seulement le fait juridique, mais l'ensemble des comportements et des représentations qui lui sont associés.

La seule leçon à en tirer, s'il en est une, est une leçon d'humilité. La question des palliatifs de la stérilité, qui intéresse le monde contemporain, s'est toujours posée dans toutes les sociétés.

Certes, il s'est produit ces dernières années un développement considérable des connaissances scientifiques en matière de reproduction et de génétique humaine, et nous devons tenir compte de cet acquis ; mais il faut savoir qu'il n'existe pas de système de pensée, si naïf qu'il nous paraisse, ni de système social, si fruste soit-il, qui n'aient été fondés eux aussi sur une analyse critique de ce que la nature offrait aux regards, donc du donné biologique tel qu'il pouvait être observé et interprété avec leurs propres moyens d'intelligibilité par ceux qui mettaient en pratique ces systèmes.

Par ailleurs, les règles qui commandent la filiation, ce lieu nécessaire et de droit dont dépend la reconnaissance de la place de l'enfant dans la famille et dans la société, sont toutes ancrées dans ce que le corps humain, donc la nature humaine, a de plus irréductible : la différence des sexes.

La filiation passe par une ligne d'hommes, ou de femmes, ou par les deux à la fois, selon différentes formules. C'est vrai pour toutes les sociétés, car elles ne connaissent que le rapprochement sexuel comme mode de reproduction. Ce sera vrai aussi des nouveaux modes de procréation qui, s'ils peuvent exclure le rapprochement physique, ne sont pas coupés cependant de la reproduction sexuée.

De ce point de vue, l'idée que le social serait du côté de l'artifice alors que le biologique (ou le génétique) serait du côté de la nature, n'a en toute rigueur aucun sens. C'est là la première constante que nous sommes à même d'observer dans les faits.

Cependant, les systèmes de filiation – qui consacrent l'appartenance à un groupe socialement défini –, les systèmes de parenté – qui déterminent la façon dont nous classons et dénommons nos parents consanguins et alliés –, les modalités d'alliance matrimoniale et les modèles de la famille sont des données éminemment sociales.

Qu'entendre par là ? Si l'une quelconque de ces institutions était biologiquement fondée, donc naturelle et nécessaire, elle se présenterait universellement sous la même forme.

Or ce n'est le cas pour aucune d'entre elles. Le fondement des diverses formules que l'on rencontre est certes toujours l'observation et le traitement d'invariants biologiques, mais ceux-ci sont d'une très grande généralité, ainsi que nous l'avons vu au chapitre II.

*Des innovations qui n'en sont pas vraiment...*

Ainsi le champ des possibles n'est-il pas infini. On a fait beaucoup allusion ces dernières années à la nécessité de changements fondamentaux dans le domaine de la filiation, à la nécessaire invention de nouveaux modes de filiation qui intégreraient les différents types de procréation médicalement assistée, lorsqu'ils font appel à une tierce personne située au-dehors du couple demandeur.

Mais voudrait-on innover qu'on ne le pourrait. On retombe inévitablement sur l'une ou l'autre des seules formules possibles à partir du donné biologique incontournable qu'est la reproduction bisexuée. Et il n'est même pas si simple de passer de l'une à l'autre.

En favorisant par la loi l'existence de familles matri-centrées, par exemple, on ne crée pas pour autant un système de filiation matrilinéaire, à moins d'interdire toute filiation par le père ; dans une famille sans père connu ou reconnu comme tel, un enfant sera peut-être affilié au seul groupe parental de sa mère, mais il aura les mêmes droits par rapport à ses deux grands-parents maternels, s'ils existent.

On peut imaginer toutes sortes de variantes possibles au sein de la formule cognatique qui est la nôtre.

On peut à la rigueur imaginer qu'une société tout entière passe à une formule de filiation différente de la sienne, encore que cela implique corrélativement bien d'autres changements, jusque dans ce qu'elle a de plus profond – ses représentations collectives.

En revanche, on ne peut concevoir une formule radicalement différente des formules de filiation que nous avons répertoriées (*cf.* chapitre II), à moins de tomber dans les utopies du clonage où disparaît le caractère bisexué nécessaire de la reproduction, ou de systèmes qui attribueraient collectivement à la puissance publique les enfants, retirés à leurs géniteurs, qui seraient élevés dans des institutions *ad hoc* où les mots mêmes de père et mère, les attachements, les transmissions de toutes sortes seraient absolument interdits.

La filiation est donc sociale, en ce sens qu'il s'agit toujours de l'appropriation par un groupe d'une seule des formules possibles à partir de la reproduction bisexuée ; et la marge de liberté est réduite. C'est une deuxième constante.

*Le lien social prime sur le lien biologique*

Si l'on considère l'union procréative, on trouve dans toutes les sociétés humaines sans exception, y compris dans celles où n'existe pas de lien conjugal stable et permanent, une forme légitime que par convention nous appelons « mariage ». Cette forme légitime correspond à des critères extrêmement variables : il peut s'agir exclusivement d'accords réguliers conclus entre maisons, familles, lignages, clans et qui ont lieu parfois même avant la naissance des futurs conjoints. Il peut s'agir d'une consécration officielle religieuse ou civile, ou de la reconnaissance publique d'un état de fait. Il peut s'agir très fréquemment du paiement par l'époux et sa famille au groupe qui lui cède une épouse, donc une descendance, d'une prestation compensatoire en travail, en bétail, en argent, en biens de tous ordres.

Mais quels que soient les cas, c'est l'union légitime qui fait la légitimité première des enfants et crée *ipso facto* leur affiliation à un groupe. À côté de l'union légitime peuvent être reconnus plusieurs types d'union matrimoniale de statut différent, dont le concubinage. Il existe donc différents modes de légitimité et d'inscription sociale des enfants.

Le statut des enfants naturels est toujours prévu, plus ou moins heureux.

Ainsi, dans le cas de figure particulièrement cohérent des Samo [1], chez qui la filiation est patrilinéaire, il est inconcevable qu'un enfant n'ait pas de père et soit rattaché par voie de filiation au lignage de son grand-père maternel. De la sorte, les enfants adultérins appartiennent au mari légitime *de jure (Pater is est quem nuptiae demonstrant)*. Les enfants naturels, dans le cas rare où la jeune fille n'aurait pas de mari légitime assigné dès son enfance, appartiennent au groupe d'un homme qu'elle doit désigner comme père.

L'enfant est une richesse pour le groupe et il n'y a pas de cas où cette désignation soit récusée : il est présenté aux ancêtres, inscrit dans la mémoire du groupe à son ordre de naissance ; et à l'âge requis, il est remis à

---

1. F. Héritier, « L'identité samo », *in L'Identité. Séminaire interdisciplinaire dirigé par Claude Lévi-Strauss, professeur au Collège de France, 1974-1975*, Paris, Grasset, coll. « Figures », 1977.

son père si sa mère n'a pas épousé celui-ci. Cette inscription, cette affiliation, lui confère le droit d'accéder aux différents statuts lorsque son tour d'âge sera venu : s'il s'agit d'un homme, il pourra être doyen de lignage.

Au total, il n'existe pas jusqu'à nos jours de sociétés humaines qui soient fondées sur la seule prise en considération de l'engendrement biologique, ou qui lui auraient reconnu la même portée que celle de la filiation socialement définie.

Toutes consacrent la primauté du social – de la convention juridique qui fonde le social – sur le biologique pur. La filiation n'est donc jamais un simple dérivé de l'engendrement. C'est une troisième constante.

*L'enfant et la personne*

Cela ne signifie pas pour autant que la séparation entre engendrement biologique et filiation sociale porte la marque de l'ignorance du rôle de l'acte sexuel dans la procréation.

Elle rend compte plutôt d'une certaine idée du rôle et du statut de l'enfant d'une part, des droits et des devoirs de l'individu dans la société d'autre part, et plus généralement de systèmes de représentations, que l'on pourrait dire d'ordre génétique, où l'on peut déceler un certain nombre d'attitudes fondamentales qui ne sont évidemment pas exclusives d'une très remarquable diversité de leurs manifestations culturellement marquées. Mais comme il n'est pas possible de généraliser à ce propos, on parlera plutôt de tendances que de constantes.

À sa naissance, un enfant n'existe pas, dans la plupart des sociétés du monde qui existent ou qui ont existé, en tant qu'être humain unique et à part entière.

Il est censé résulter, par exemple, de la juxtaposition d'un certain nombre de composantes dont certaines lui appartiennent en propre, d'autres lui venant de l'un ou l'autre de ses géniteurs qui les tenaient eux-mêmes de leurs parents, certaines encore étant l'empreinte d'un élément supranaturel tutélaire du groupe familial, d'autres enfin marquant la reviviscence d'une composante d'un ancêtre particulier qui choisit de revenir dans cet enfant-là, ancêtre situé dans une ligne de filiation d'autant plus nettement définie qu'on se trouve dans un système unilinéaire. Ainsi l'enfant est-il enserré dans une série de déterminismes et inscrit dans une ligne de descendance qui signale un continuum.

Ce qui assure ensuite son existence à part entière est l'attribution d'une identité sociale reconnue par tous, identité marquée par le nom qu'on lui donne. Il ne devient une personne que s'il porte ce nom chargé de sens et, dans bien des cas, seulement s'il franchit sans encombre un certain nombre de caps difficiles, tels le sevrage et la puberté, passages qui témoignent qu'il a choisi d'être au monde.

Ainsi l'enfant qui naît après un ou plusieurs frères ou sœurs morts à la naissance ou dans les mois difficiles de la petite enfance n'est-il souvent pas considéré comme un être nouveau, mais est censé être le même enfant qui revient et s'essaie à trouver la vie à son goût sans y parvenir, pour des raisons que l'on s'efforce de déchiffrer.

La mort selon ces conceptions n'est donc pas définitive ; elle n'est pas la disparition d'un être irremplaçable, puisque par l'imposition de certains caractères et leur transitivité, l'individu n'est lui-même que s'il est aussi quelqu'un d'autre qui l'a précédé et s'il choisit d'assumer un destin (dans le monde occidental, c'est de façon récente que, selon la formule consacrée, le bébé est considéré comme une personne).

*Désir, mais surtout devoir de descendance*

Cet enfant qui n'existe comme personne que s'il veut bien vivre et atteindre l'âge adulte, qui porte un nom l'inscrivant dans un groupe où l'identité sociale qui est la sienne est essentielle et renvoie à une lignée d'ancêtres, qui n'est jamais totalement unique et irremplaçable, il est certainement voulu et il sera aimé.

Mais il n'est pas voulu comme objet de pur désir et d'appropriation, comme bien de consommation et d'investissement affectif du couple ou de l'individu, même s'il constitue un capital économique et, comme on a pu l'écrire, une assurance vie.

Il semble qu'il s'agisse davantage d'un désir de descendance et d'un désir d'accomplissement plutôt que d'un désir d'enfant, et de la nécessité d'accomplir un devoir envers soi-même et la collectivité plutôt que de la revendication d'un droit à posséder.

Désir et devoir de descendance. Ne pas transmettre la vie, c'est rompre une chaîne dont nul n'est l'aboutissement ultime, et c'est par ailleurs s'interdire l'accès au statut d'ancêtre. Mariage et procréation sont des devoirs à l'égard de ceux qui nous ont précédés dans l'existence. Mais l'absence de procréation est aussi un crime contre soi-même, ici-bas comme dans l'au-delà. « Le vieux garçon et la vieille fille sont socialement perdus », écrivait Hsu (1948) pour la Chine (*cf.* chapitre X), et ils le sont également dans le monde des morts, car « une juste place dans le monde spirituel procède automatiquement de la place appropriée occupée ici-bas [2] ».

Le désir et le devoir de descendance sont aussi désir et devoir d'accomplissement.

Dans bien des sociétés, une femme n'est considérée être une femme et désignée par le terme correspondant qu'après avoir procréé. Sinon, même mariée, elle est toujours considérée et traitée comme une fille qui n'est jamais sortie de l'enfance et, après sa mort, elle sera enterrée sans honneurs dans le cimetière des enfants ; il en est ainsi chez les Samo, pour ne pas parler des formes

---

2. F. L. K. Hsu, *Under the Ancestor's Shadow*, *op. cit.*

d'opprobre qui s'exercent à son encontre de son vivant dans d'autres sociétés.

Les mortes sans enfants, dont le destin ne s'est pas réalisé, deviennent ces esprits jaloux qui agressent ensuite les vivants, et particulièrement les femmes enceintes de leur parenté ou de leur voisinage, en leur apportant le malheur.

C'est aussi par le mariage et la paternité – par là il faut entendre particulièrement le nombre de ses enfants, mâles de préférence – que se bâtit essentiellement, dans de très nombreuses sociétés (et pas seulement africaines et animistes ou musulmanes) le prestige de l'homme durant sa vie, puis comme ancêtre honoré.

Être honoré de son vivant, être honoré après sa mort, suppose d'avoir accompli son devoir de procréation et d'avoir eu une descendance viable qui, transmettant la vie reçue, permet aux ancêtres de continuer d'exister.

Avoir eu beaucoup d'enfants dont aucun n'a vécu assez pour procréer ne confère nul prestige ni aucun statut *post mortem*.

Ainsi le désir d'enfant, selon ce type de conception extrêmement répandu, est-il surtout un désir éminemment social d'accomplissement projeté au travers d'une descendance qui conservera la mémoire des morts et leur rendra le culte nécessaire. Devoir envers ceux qui ont précédé, c'est donc aussi un devoir envers soi-même, ancêtre à venir.

## *Le malheur qu'est la non-fertilité*

La stérilité, comme la mort des enfants, est dans cette optique conçue comme le malheur biologique suprême.

Mais dans presque toutes les sociétés humaines, la stérilité est avant tout l'affaire des femmes. Qu'il en aille ainsi n'est pas étonnant, la gestation n'étant évidente que dans une période marquée concrètement par l'apparition et la disparition des règles, et parce que le processus biochimique de la fécondation est inconnu.

Si l'impuissance mécanique est identifiable, il n'en est pas de même de la stérilité proprement masculine. Dans la société occidentale aussi, la stérilité masculine n'a été reconnue que depuis peu ; le sperme était, par définition, toujours fertile.

Aussi n'est-il pas paradoxal de voir bien souvent attribuer à la femme à la fois la responsabilité de la stérilité et, dans la procréation, un simple rôle de gestatrice, selon des métaphores plus ou moins gracieuses : sac, besace, pirogue pour passer d'une rive à l'autre, pot ou marmite où s'opère une cuisson.

C'est le sperme de l'homme qui convoie la vie en convoyant le sang. Pensions-nous d'ailleurs très différemment tant que nous ignorions ce qui se passe dans l'union de deux gamètes ? Ce que les hommes revendiquaient dans la paternité, c'était, grâce au sperme, des enfants « de leur sang ».

Il faut donc expliquer pourquoi des femmes sont stériles.

Si une femme est stérile, c'est, pense-t-on, qu'elle ne peut faire en sorte que le sperme de l'homme « prenne » avec sa propre substance, que les caillots formés « tournent » pour diverses raisons : vindicte de ces collatéraux morts sans descendance et jaloux des vivants qui réussissent là où ils ont échoué ; rancune d'ascendants directs qui estiment ne pas recevoir les hommages qui leur sont dus ou rendus agressifs par la transgression de normes lignagères ; fureur d'êtres surnaturels que les hommes auraient lésés sans le vouloir.

Parfois aussi, réticence féminine à transmettre la vie par une sorte d'hostilité au monde des hommes (comme chez les Navaho où toute conception marque, dans le rapport de forces entre homme et femme, la victoire de l'élément masculin sur l'élément féminin).

Il peut s'agir aussi de malheurs identifiés comme proprement physiologiques : absence de règles, absence imaginaire ou mauvaise position de l'utérus, incompatibilité présumée des sangs en présence, due peut-être au refus d'un ancêtre, dont une part est présente dans l'un des deux conjoints, de coopérer avec la part d'un ancêtre donné présente dans l'autre.

Dans presque tous les cas, on espère, par des sacrifices appropriés, rendre propices les forces malveillantes, ou bien l'on va ailleurs à la recherche de la compatibilité indispensable. Espoirs souvent déçus.

*« C'est la parole qui fait la filiation,
c'est la parole qui la retire »*

Sans doute célibat et ascétisme sont-ils valorisés dans les sociétés où prévaut la croyance que dans l'au-delà sexualité et affectivité sont absentes et que la chasteté par le célibat permet ici-bas d'atteindre une forme de perfection.

L'individu cherche avant tout à faire son salut, encore que ne soit pas toujours absent le souci de la continuité de la lignée, assumée alors par certains seulement des membres du groupe familial.

Enfin, l'idée assez généralement répandue de la transmission d'un même sang – surtout masculin – n'est pas contradictoire avec celle que l'appartenance au groupe et l'insertion dans la lignée passent également par la volonté, la reconnaissance publique, l'attribution du nom, donc par une parole, pour ainsi dire séminale, qui assure l'incorporation sociale de l'enfant vis-à-vis tant des morts que des vivants.

« C'est la parole qui fait la filiation, c'est la parole qui la retire », comme disent expressément les Samo.

Il est important d'avoir des enfants déclarés comme siens par la filiation, qui assurent l'honneur et la prospérité des individus, le renom des lignes de descendance et la survie des ancêtres.

Cependant le malheur biologique existe : mort des enfants, stérilité des femmes, parfois impuissance des hommes, mort prématurée des adultes.

On ne s'étonnera donc pas de trouver dans nombre de sociétés des institutions qui tentent d'y remédier, soit directement, soit que répondant à d'autres nécessités elles concourent aussi à cet effet.

*Des solutions sociales
au problème biologique de la stérilité*

D'une certaine manière et sans trop jouer sur l'analogie, l'ensemble des questions – qui ne sont pas nouvelles – auxquelles nous sommes confrontés aujourd'hui, et dont nous imaginons que des solutions sont rendues possibles de façon radicalement nouvelle par les spectaculaires progrès de la connaissance scientifique et de la technique, ont trouvé ailleurs des solutions non techniciennes, ancrées dans la structure sociale et dans l'imaginaire collectif des groupes qui les ont adoptées.

Il ne peut y avoir, bien sûr, d'équivalents directs des techniques elles-mêmes en ce qu'elles ont de plus novateur (fécondation *in vitro*, prélèvement d'ovocytes ou d'embryons, transferts et implantations, congélation), mais les effets recherchés procèdent de la même nécessité – pallier le malheur de l'absence de descendance –, même si les motivations sont moins de satisfaire une demande individuelle que de répondre à l'intérêt bien compris de la collectivité des vivants et des morts.

Donnons quelques exemples, en précisant que le présent ethnographique concerne des situations devenues obsolètes ou peu communes.

Dans des sociétés où la stérilité proprement masculine n'est pas reconnue, elle est d'autant mieux masquée que, par le biais d'institutions particulières, il est rare qu'un homme, même impuissant, se trouve absolument dépourvu de progéniture.

Ces institutions fonctionnent en quelque sorte comme des équivalents de l'insémination – ici naturelle – avec donneur. Nous avons vu que chez les Samo un homme impuissant ou stérile se trouve avoir autant d'enfants que ses épouses légitimes en ont mis au monde de son vivant, sauf renonciation expresse de sa part à exercer son droit (*cf.* chapitres II et IV).

Il arrive même qu'en cas d'absence de progéniture, si l'épouse tient à son mari et que les procédures divinatoires ont mis en évidence comme cause première de la stérilité une incompatibilité des sangs, elle feigne avec son accord de le quitter, prenne un mari secondaire et revienne à son époux enceinte ou mère d'un ou plusieurs enfants qui seront ceux de ce dernier.

L'institution masque donc totalement le fait de la stérilité masculine et autorise le rapprochement avec ce que nous appelons l'insémination par donneur.

Les enfants nés d'un autre géniteur que le père social *(Pater)*, et particulièrement ceux issus des œuvres de l'amant prénuptial, ne connaissent d'autre père que le mari de leur mère. Mais la collectivité n'ignore ni leur statut ni l'identité de leur géniteur.

Les premiers-nés des femmes savent aussi qu'ils sont nés, selon la métaphore usuelle, « dans la maison de leur grand-père ». Mais, conformément à l'idée-force que la parole crée la filiation au même titre que le sang, ces différents savoirs n'ont pas d'effets visibles sur leur insertion dans le lignage.

En revanche, la parole furieuse d'un tiers prononçant publiquement et clairement le nom du géniteur suffit pour provoquer la rupture. *Nolens volens*, l'enfant ainsi lésé dans son identité sociale doit s'affilier volontairement, par un rituel spécial, au lignage de cet homme, y être introduit selon l'ordre des naissances et présenté aux ancêtres dans la maison des morts.

Chez les Haya, population bantoue des royaumes interlacustres (Afrique de l'Est), Audrey Richards [3] (1954) décrit une situation qui produit les mêmes effets.

---

3. A. I. Richards et P. Reining, « Report on fertility surveys in Buganda and Buhaya, 1952 », *in* F. Lorimer éd., *Culture and Human Fertility*, Paris, Unesco, 1954.

L'acquittement de la compensation matrimoniale et la consommation du mariage ouvrent au mari légitime un droit sur les enfants à venir, à condition que ce droit soit réinstauré, après chaque naissance, par le premier rapport sexuel *post-partum*. Ce premier rapport désigne l'homme qui sera le père de l'enfant suivant. Ainsi, si une femme quitte son mari alors qu'elle lui a accordé le premier rapport après ses relevailles précédentes, le premier enfant qu'elle aura de son nouvel époux sera l'enfant *de jure* du précédent.

Mais c'est exclusivement à l'épouse de désigner publiquement – elle peut mentir – celui à qui elle a accordé ce premier rapport. A. Richards précise que cette déclaration fait parfois l'objet de transactions et que des hommes mariés, mais sans progéniture, s'entendent avec des femmes fécondes pour que ce privilège leur soit reconnu moyennant des contreparties de type économique, et se constituent ainsi une descendance.

On peut voir dans cette institution aussi bien l'équivalent d'une insémination avec donneur (qui serait le mari légitime) que l'utilisation monnayée d'un ventre au profit d'un homme ou d'un couple.

Dans les unions de type polyandrique en usage au Tibet, entre autres cas, une femme mariée à un aîné épouse successivement chacun des frères de son mari à intervalles réguliers d'une année. Il n'y a jamais plus d'un mari au foyer, les autres s'absentent et pratiquent le commerce au long cours. Tous les enfants sont attribués à l'aîné qu'ils appellent « père » tandis qu'ils appellent « oncle » les autres maris de leur mère.

Les frères sont censés constituer une seule et même chair et ne se soucient pas de la paternité individuelle de chacun d'eux ; seule compte leur paternité collective, même si la cohabitation alternée désigne à nos yeux, sans ambiguïté possible, le véritable géniteur de chaque enfant. Il ne peut donc y avoir ici de stérilité masculine individuelle.

*La femme que l'on appelle « père »*

Dans un cas particulièrement intéressant rencontré chez les Nuer, c'est une femme stérile, considérée comme un homme, qui, en tant que père, se voit attribuer une descendance.

Dans cette société en effet, les femmes qui ont fait la preuve, après avoir été mariées suffisamment longtemps, de leur stérilité définitive, retournent dans leur lignage d'origine où elles sont considérées comme des hommes à part entière. Ce n'est qu'un des exemples où la femme stérile, loin d'être discréditée pour n'avoir pu accomplir son destin féminin, est créditée de l'essence masculine.

La bréhaigne, si l'on en croit l'étymologie avancée par Littré, est bien une femme-homme (de *barus = vir*, en bas-latin), mais on peut, selon les cultures, tirer de cette assimilation des conclusions radicalement différentes. Ainsi, pour les Nuer, la femme bréhaigne accède au statut masculin.

Tout mariage légitime étant sanctionné par des transferts importants de bétail, de la famille du mari à celle de l'épouse, ce bétail est réparti entre le père et les oncles paternels de celle-ci.

Revenue chez ses frères, la femme stérile bénéficie donc, en tant qu'oncle paternel, de parts du bétail de la compensation versée pour ses nièces. Quand elle s'est ainsi constituée un capital, elle peut verser à son tour une compensation matrimoniale et obtenir une épouse dont elle devient le mari.

Cette relation conjugale n'entraîne pas de rapports homosexuels ; l'épouse sert son « mari » et travaille à son profit. La reproduction est assurée grâce à un serviteur, le plus souvent d'une ethnie étrangère, qui s'acquitte de tâches pastorales mais assure aussi le service du lit auprès de l'épouse.

Tous les enfants ainsi mis au monde sont ceux du « mari » qu'a désigné expressément le transfert de bétail, donc la loi sociale qui fait la filiation. Ils portent son nom, l'appellent « père », l'honorent, et ne se reconnaissent aucun lien particulier avec leur géniteur.

Statuts et rôles masculin et féminin sont donc ici indépendants du sexe : c'est la fécondité féminine, ou son absence, qui crée la ligne de partage.

Poussée à l'extrême, cette représentation qui fait de la femme stérile un homme l'autorise à jouer le rôle d'homme dans toute son extension sociale. Mais l'impuissance particulière qui la caractérise l'amène à recourir à ce qui est une *insémination naturelle, avec un donneur* reconnu comme tel, payé symboliquement et dépourvu de droits sur les enfants qui ont grandi sous ses yeux.

*Des enfants qui ont plusieurs « mères »*

On ne peut évidemment trouver d'institutions sociales qui équivaudraient littéralement au don d'ovocytes ou d'embryons, sauf si l'on entend ainsi la pratique haya ou le système de location de ventre *(ventrem locare)*, affaire entre hommes, pratiqué dans la Rome antique : un homme dont la femme était féconde pouvait la céder provisoirement à un autre dont l'épouse était stérile ou mettait au monde des enfants qui ne vivaient pas.

Ce que l'on trouve, ce sont des dons d'enfants, mais dans ce domaine également les usages sociaux sont divers.

On connaît l'adoption pleine et entière, créant un lien de filiation qui prend la place du précédent, comme dans la société romaine ou dans la nôtre depuis Napoléon.

Dans les sociétés océaniennes, il est d'usage de confier des enfants, parfois retenus dès avant leur naissance, à des tiers qui les élèvent comme leurs. On a pu montrer à Tonga, par exemple, que quatre-vingt-trois pour cent des maisonnées comportaient au moins un individu donné ou adopté (Silk[4], 1980) et que ceux qui adoptent ont souvent eux-mêmes donné des enfants. C'est dire que la fonction éducative et l'attachement affectif ne sont pas nécessairement associés à la fonction reproductive.

Mais on trouve également normal, dans des sociétés africaines notamment (les Gonja, les Kotokoli, les Samo et bien d'autres), entre consanguins, alliés, amis ou voisins, d'échanger des enfants, d'en faire l'offrande à un parent estimé, d'en remettre à ceux qui en sont dépourvus, ou de confier une fillette à une femme qui n'aurait que des fils et, inversement, un garçon à un homme qui n'aurait que des filles.

Les placements ne sont pas nécessairement des adoptions modifiant la filiation précédemment établie par la naissance, mais ils affectent ce que nous appelons la possession d'état, en créant de nouveaux rapports affectifs et d'entretien des enfants (Lallemand[5], 1980).

Chez les Tupi-Kawahib du Brésil, on constate une sorte d'indifférenciation dans l'élevage des enfants entre les épouses d'un même homme, lesquelles peuvent être des parentes consanguines : des sœurs, ou même une mère et sa fille née d'un précédent mariage. « Les enfants sont élevés ensemble par les femmes, qui ne semblent pas se soucier beaucoup de savoir si l'enfant dont elles s'occupent est le leur ou non » (Lévi-Strauss[6], 1956).

La consanguinité des co-épouses favorise ici l'indifférenciation des enfants dans une sorte de maternité collective. Mais on rencontre aussi le don d'enfants entre épouses non consanguines d'un même homme.

Dans les grandes familles polygames mossi du Yatenga, on procède à une répartition des enfants entre les femmes, de sorte que la génitrice est rarement la *maroka*, la

---

4. J. B. Silk, « Adoption and kinship in Oceania », *American Anthropologist* 82, 1980.
5. S. Lallemand, « L'adoption des enfants chez les Kotokoli du Togo », *Anthropologie et Sociétés* (2), 1980.
6. C. Lévi-Strauss, « The Family », art. cité.

« mère » sociale, qui prend soin de l'enfant, le porte, l'aime et l'éduque. Les enfants n'apprennent souvent qu'à l'âge adulte l'identité de celle parmi les épouses du père (qu'ils appellent toutes « mères ») qui les a mis au monde.

Les femmes véritablement stériles et celles dont les enfants ne survivent pas ont donc toujours leur part de maternité aimante et responsable, et bénéficient en retour de l'amour des enfants dont elles ont eu individuellement la charge.

On peut même citer dans la littérature ethnographique un exemple de « mère porteuse » avec rétribution, mais selon un mode original, puisque l'enfant est conçu au bénéfice d'un homme, que le paiement va au mari de la mère porteuse et qu'il y a à la base de la transaction une tromperie manifeste.

Il s'agit, là encore, d'un mariage entre femmes, mariage légal consacré par le versement d'une compensation matrimoniale.

De riches commerçantes ekiti, sous-groupe yoruba (Nigeria), qui ne sont pas stériles et tiennent leur richesse de leurs activités, acquittent les compensations matrimoniales pour se procurer des épouses qu'elles envoient commercer pour leur compte et dont elles tirent un profit capitaliste, comme d'un placement.

Ces épouses sont conviées à se mettre en ménage comme si elles disposaient d'elles-mêmes – donc sans versement de compensation matrimoniale –, avec un homme rencontré au cours de leurs voyages et qui est heureux de l'aubaine. Mais elles doivent prévenir leur femme-époux lorsque la chose est faite.

Si des enfants naissent et atteignent l'âge de cinq ou six ans, la femme-époux se présente, excipe des droits qu'elle tient du versement de la compensation et exige le retour de son épouse ainsi, accessoirement, que des enfants qui lui reviennent de droit. Pour garder ces derniers, l'homme dupé doit payer une somme importante qui vient grossir la fortune de la femme-époux. Des hommes, riches commerçants, utilisent parfois certaines de leurs jeunes femmes de la même manière et aux mêmes fins.

On voit tout à la fois en quoi cette institution ressemble à l'utilisation des mères porteuses et en quoi elle en diffère. Il s'agit là de l'exploitation concertée des capacités reproductives de leurs épouses par des maris (hommes ou femmes) qui font ainsi fructifier un capital, par tromperie consciemment organisée.

Celui qui donne la semence est bien aussi celui qui paie, et il est également le bénéficiaire de l'enfant ; mais c'est un partenaire aveugle dans une opération qui lui est imposée et qui détruit le couple qu'il croyait avoir formé.

Enfin, la mère porteuse n'agit pas non plus de son plein gré. Elle est contrainte par la situation matrimoniale de dépendance qui est la sienne ; ses enfants lui sont retirés ; lésée dans ses droits et dans ses attachements, elle est la grande perdante de l'opération.

*Les enfants nés d'un père défunt*

Si nous considérons maintenant l'insémination *post mortem*, nous trouvons des institutions qui ont le même effet. Une forme de lévirat, notamment, où le frère cadet du défunt qui a épousé la veuve procrée au nom de son frère mort et non au sien. C'est là une institution trop répandue et trop largement connue pour s'y arrêter longuement.

Plus curieuse est l'institution du mariage-fantôme chez les Nuer, dont nous avons vu une préfiguration dans l'exemple chagga cité plus haut.

Lorsqu'un homme meurt sans être marié, ou sans descendance, un parent proche – un frère, un cousin parallèle patrilatéral, un neveu (fils d'un frère) – peut prélever sur le bétail du défunt la quantité nécessaire au paiement de la compensation matrimoniale pour obtenir une épouse et il procrée alors au nom du défunt, car c'est ce dernier qui a fourni la compensation dont le versement crée la filiation.

Les enfants savent dissocier les deux rôles de géniteur et de *Pater* : leur père social est le défunt, et ils apprennent à se situer dans la généalogie familiale par rapport à lui ; quant à leur géniteur, qu'ils aiment comme un père, ils le désignent du terme de parenté qui correspond au rapport qui les unit dans cette généalogie.

Il peut même arriver, rapporte Evans-Pritchard [7] (1951), qu'un homme ayant œuvré pour un frère défunt meure sans avoir eu le temps de procréer pour son propre compte. Son neveu, c'est-à-dire le fils qu'il a engendré pour le compte de son frère, lui rend à son tour le même service de procréer en son nom ; comme ce géniteur était le frère de son *Pater*, les enfants mis au monde par ce moyen ne seront, dans le langage de la parenté et dans celui de la généalogie familiale, que ses cousins.

Cette situation, comparable à celle de l'insémination *post mortem*, en inverse cependant les termes : dans le cas nuer, le géniteur ne peut jamais être le *Pater*, lequel est toujours mort ; dans l'autre, le géniteur, qui est mort, ne peut être enregistré comme *Pater*, puisque la naissance intervient hors des délais légaux.

Comme on peut s'en convaincre à la lecture de ce qui précède, toutes les formules que nous pensons neuves sont possibles socialement et ont été expérimentées dans des sociétés particulières.

Mais pour qu'elles fonctionnent comme des institutions, il faut qu'elles soient soutenues sans ambiguïté par la loi du groupe, inscrites fermement dans la structure sociale, et qu'elles correspondent à l'imaginaire collectif, c'est-à-dire aux représentations de la personne et de l'identité.

La loi du groupe doit désigner clairement les éléments qui fondent la filiation, le droit à succéder et à

---

7. E. Evans-Pritchard, *Kinship and Marriage among the Nuer*, Oxford, Clarendon Press, 1951.

hériter. Dans les situations patrilinéaires les plus extrêmes que nous avons décrites, il n'y a de doute pour aucun des acteurs sociaux sur l'identité du *Pater*, celui par qui passe la filiation. Les rôles peuvent être éclatés, l'investissement affectif, la possession d'état être coupés de la filiation, celle-ci existe, est une, et il ne peut y être attenté par simple décision individuelle, sauf dans le cas grave de l'exclusion par malédiction.

En quelque sorte, le droit collectif qui fonde le social passe avant les revendications individuelles. Ces sociétés n'ont pas deux codes à effets contradictoires.

*Droit collectif
et revendications individuelles*

Or, s'il est permis de faire une lecture anthropologique de la loi française telle qu'elle a été modifiée en 1972, ce qui frappe est la possibilité offerte, dans des limites temporelles variables, aux différents individus impliqués dans un rapport conjugal au sens large ou parental, d'utiliser le texte de la loi en se référant, selon la convenance et les désirs du moment, tantôt à la filiation sociale légitime telle qu'elle est juridiquement définie, tantôt à la volonté, tantôt à la vérité biologique pour revendiquer ou récuser un enfant.

Qu'en serait-il si la loi devait prendre aussi en compte la vérité purement génétique et, pour dire le droit, se fonder sur l'origine des gamètes ?

Nous nous contenterons d'énoncer ici quelques idées simples.

Il semble, devant les situations de procréation médicalement assistée, qu'il ne soit pas utile ni nécessaire de légiférer, dans le domaine de la filiation, pour des cas dont on peut légitimement penser qu'ils ne seront jamais la norme, et d'aboutir à ce que le droit précède l'usage.

En revanche, il est effectivement souhaitable de fixer des limites aux possibilités de désaveu, soit des droits de l'enfant, soit des droits du conjoint, si ce désaveu se fonde sur la prise en considération de critères de nature génétique.

L'homme qui a accepté l'insémination artificielle avec donneur, la femme qui a accepté le don d'ovocyte ou d'embryon, par un accord librement consenti entre les deux parties, ne devraient ni être spoliés ultérieurement de leurs droits, ni être en mesure de spolier ceux de leur conjoint et de l'enfant.

S'agissant du secret et de l'anonymat des donneurs, l'examen de ce qui a cours dans d'autres sociétés montre qu'il est tout à fait possible, lorsque le consensus social est établi et que la filiation est définie par la loi, de vivre en bonne harmonie avec soi-même et avec les autres en dissociant parfaitement les fonctions de géniteur et de *Pater*, de génitrice et de *Mater*, tout au moins dans les situations où l'enfant n'est pas privé de l'amour et du soutien qu'il est en droit d'attendre de ses parents nourriciers et où est reconnu comme légitime son désir de savoir.

Dans le cas particulier de l'insémination avec donneur ou du don d'ovocytes, on trouve souvent posée la question de savoir s'il est pertinent ou nécessaire de chercher un donneur étranger à la famille. C'est là la règle des CECOS, alors que les couples stériles se présentent souvent avec un donneur, frère ou cousin de l'homme, sœur de la femme le plus souvent, selon les cas. Dans le choix des CECOS, outre la volonté d'anonymat et le secret, vient en prime le souci d'éviter des conflits au sein de la famille autour d'un enfant qui serait ainsi conçu. Ce souci de venir avec un substitut choisi dans la famille la plus proche relève en fait de l'inceste du deuxième type. Dans la ligne directe de filiation, il ne serait pas possible, selon la loi, qu'une mère et sa fille partagent le même mari ; dans la collatéralité, ce n'est pas possible non plus pour deux sœurs, de leur vivant, et dans le cours d'unions stables, pour la sœur stérile ou pour les deux. Symétriquement, la chose n'est pas possible non plus pour deux frères, dont l'un ou les deux seraient engagés dans une union stable. On ne voit alors pas pourquoi il serait possible de faire se rencontrer, au moyen d'une manipulation extérieure au couple, des substances (sous forme de fluides ou de cellules) qui n'auraient pas dû se rencontrer selon la loi civile. La technicité de l'opération ne vaut pas exception à la règle, dans la mesure où celle-ci correspond à des idées et à des représentations communément partagées.

Nous voyons, c'est un fait, dans des sociétés différentes des consanguins procréer pour leurs proches parents, mais après la mort de ceux-ci néanmoins, ce qui fait toute la différence, puisqu'il n'y a plus de rencontre simultanée. Cependant, il n'est pas inutile de s'interroger, à la lumière des données anthropologiques, sur le sens d'un certain désir incestueux que les choses se passent, en quelque sorte, en famille. Il s'agit moins, me semble-t-il, d'un désir qui relèverait du souci d'avoir le même patrimoine génétique que le donneur que d'un désir archaïque de rester dans la continuation de la lignée.

Le social n'est jamais réductible au biologique ni, *a fortiori*, au génétique. Il n'est pas non plus définissable comme un simple agrégat de droits individuels. On se trouve dans nos civilisations dans une zone frontière où, en raison du primat nouveau de la notion d'individu, chacun entend faire appel à son gré, en fonction de ses intérêts, tantôt au biologique, tantôt au social. Mais si ces deux ordres de réalité ne sauraient s'ignorer, celui-ci ne peut découler de celui-là.

CHAPITRE XII

L'INDIVIDU, LE BIOLOGIQUE ET LE SOCIAL
La question de la reproduction
et du droit à l'enfant

En 1985, le garde des Sceaux, Robert Badinter, a publié dans *Le Débat*[1], un texte intitulé « Les droits de l'homme face aux progrès de la médecine, de la biologie et de la biochimie ». Ce texte fut soumis pour commentaire à plusieurs personnes dont moi-même. Il aborde successivement la procréation médicalement assistée et la médecine prédictive. Mes commentaires ne portent que sur la première partie.

Robert Badinter pose en pétition de principe que « la volonté individuelle et la science médicale suffisent aujourd'hui pour que la vie soit donnée », ce qui entraîne que « au-delà des règles juridiques, c'est notre conception multiséculaire de la filiation qui est radicalement transformée » [...] « Le savoir scientifique fournit des règles de savoir-faire ; il ne livre pas de règles de jugement sur lui-même et son emploi. » Il revient donc au monde civil de faire des choix en fonction de certaines « références ». Ces références, ou ce système de représentations institué si l'on préfère, ce seront « les principes de notre civilisation européenne fondée sur les droits de l'homme », qui expriment une conception particulière de la liberté et de la protection de l'homme.

---

1. *Le Débat*, n° 36, sept. 1985, p. 4-14.

Dans le cadre de la procréation médicalement assistée, Robert Badinter se pose plusieurs questions. Convient-il tout d'abord de limiter le recours à cette technique à des couples stériles, ou peut-il être étendu à « tout être humain [...] libre de son corps et de ses choix ». Dans ce cas, on élargit notablement les possibilités pour les femmes d'enfanter seules, sans avoir besoin des hommes. Il situe là, dans la crainte « du masculin déclinant », bien des résistances à ces techniques, qui se cacheraient derrière le thème de la « défense de l'intérêt de l'enfant ». Mais, ajoute-t-il, « il y a [...] quelques paradoxes à invoquer l'intérêt de l'enfant pour lui interdire de naître », définissant par là en quelque sorte, en plus du droit de toute personne à la vie, qui le défend contre les agressions d'autrui, deux choses nouvelles : « un pouvoir reconnu à chaque personne » de donner la vie comme elle l'entend, mais aussi un droit potentiel à vivre, à exister, d'enfants qui ne sont pas encore conçus.

Dans tous les cas, Robert Badinter ne voit pas non plus la nécessité de légiférer, à partir du moment où l'on poserait effectivement en principe que « si tout adulte doit demeurer libre de disposer de son corps, nul ne doit tirer avantage ou profit, sous quelque forme que ce soit, de la disposition du corps d'autrui ».

Je m'en tiendrai, sur le sujet de la procréation artificielle, à l'analyse de quelques-uns des thèmes qu'il a traités en utilisant le point de vue de l'anthropologie sociale : filiation et engendrement, volonté et individu, Droits de l'homme et principe de non-contradiction.

## Filiation et engendrement

Par l'usage de la procréation coupée de la sexualité, notre « conception multiséculaire de la filiation » serait « radicalement transformée ». Vacillerait l'ordre juridique traditionnel puisque l'enfant n'est plus obligatoirement conçu, ou porté, dans le ventre de la mère et que les parents peuvent être plus de deux. Il y a là une ambiguïté majeure : celle *qui assimile engendrement et filiation.*

Passons sur le fait que les progrès techniques dans les sciences médicales et biologiques entraîneraient une « situation entièrement nouvelle dans l'histoire de l'humanité ». Tous les ersatz de la procréation naturelle que nous découvrons aujourd'hui ont – ou ont eu – peu ou prou des répondants institutionnels dans diverses sociétés historiques ou actuelles (*cf.* chapitre XI). J'entends par là que sans le recours à des artifices techniques qu'il était impossible de mettre en œuvre (prélèvement, congélation, manipulation hors du corps), le simple jeu de règles sociales et de représentations particulières de la personne a concouru ici ou là à l'invention de situations originales qui pallient de fait la stérilité individuelle si elles n'ont pas cet objectif pour but : en effet, l'insémination par donneur, le don d'enfants, le déni de l'importance de la paternité ou de la maternité physiologiques, la descendance (sinon l'engendrement) *post-mortem* se pratiquent dans des sociétés considérées comme primitives. L'enfant n'y est pas toujours obligatoirement conçu dans le ventre de la « mère » et les parents peuvent être plus de deux. Récusons donc l'entière nouveauté dans l'histoire de l'humanité.

Encore faut-il s'entendre sur la définition des mots : père, mère, parents. Il n'y a pas, je pense, de sociétés qui ne fassent la différence entre les rôles sociaux, établissant la filiation notamment de Pater et de Mater, et les fonctions physiologiques de genitor/genitrix, c'est-à-dire entre filiation et engendrement.

De la même manière, notre ordre juridique traditionnel n'a jamais été fondé, me semble-t-il, sur le binôme mère-enfant, ou sur le trinôme père-mère-enfant, où père et mère seraient entendus au sens de géniteurs.

La règle qui fait du mari de la mère le père des enfants nés ou conçus dans le mariage consacre déjà la reconnaissance de la différence entre Pater et genitor, entre filiation et engendrement, comme du reste l'adoption pour les deux parents. Volonté et possession d'état sont d'ailleurs des critères qui, dans le droit français actuel, ont même valeur pour fonder en droit la filiation que l'engendrement qui fait la filiation naturelle légitime.

*Le lien social – la filiation
prime sur le lien du sang – l'engendrement*

La filiation est par nature un lien social, dont la société prend acte pour marquer l'inscription de l'enfant dans une ou plusieurs lignées, dans un ou plusieurs groupes (*cf.* chapitre II).

Qu'il y ait désormais des familles monoparentales ne change pas fondamentalement la conception de la filiation comme inscription sociale dans une ligne, non plus que les modifications qui interviendraient dans la nature même de l'engendrement, lesquelles impliquent seulement de déterminer exactement l'identité de ceux, géniteurs ou non, qui sont les supports dans chaque cas de la filiation de l'enfant.

On voit mal, d'ailleurs, à moins de passer par le clonage ou par la République platonicienne, quels changements radicaux pourraient être mis en œuvre : car si la filiation est coupée, ou en tout cas ne découle pas nécessairement de l'engendrement, elle est néanmoins substantiellement reliée à l'idée de la reproduction bisexuée, c'est-à-dire qu'elle réfère nécessairement, à travers les genres masculin et féminin à des statuts paternel *et* maternel, paternel *ou* maternel comme supports d'affiliation au groupe. L'idée de la chose prime sur sa réalité.

Il s'agit donc moins de modifier notre conception de la filiation que d'accepter le fait, pourtant anciennement inscrit dans notre droit, que filiation et engendrement ne sont pas deux concepts inextricablement liés l'un à l'autre.

Nous l'avons vu, la volonté exprimée et la possession d'état, c'est-à-dire l'usage attesté par l'entourage social, suffisent déjà à créer la filiation. Il convient d'admettre que la vérité biologique, et *a fortiori* la vérité génétique, ne sont pas, n'ont jamais été, ne peuvent pas être les seuls critères ou même les critères dominants pour fonder la filiation. C'est là un trait universel : *le social n'est pas réductible au biologique.* Il y a certes, parfois, des conflits à régler (par exemple, l'impossibilité pour un homme, due à la distance spatiale séparant les conjoints à l'époque où a eu lieu la conception, de se reconnaître comme le père de l'enfant) ; mais cela ne modifie pas pour autant en ses racines la conception, la philosophie, de la filiation.

*Volonté et individu*

Le paradoxe des méthodes nouvelles de procréation est qu'elles permettent de revendiquer simultanément, dans certains cas, la prééminence du génétique, et dans d'autres, celle du lien social et de la volonté.

Prééminence du génétique : ainsi, une femme qui ne peut porter d'enfant par défaut d'utérus, et qui ferait porter par une autre l'embryon issu de la fusion *in vitro* d'un sien ovocyte et des spermatozoïdes de son mari, est spontanément reconnue par le public comme étant la vraie mère de cet enfant.

Prééminence du lien social et de la volonté sur le génétique et le physiologique : c'est le cas pour l'insémination artificielle avec donneur, le don d'ovule, le don d'embryon.

Dans cette dernière possibilité, on voit qu'elle est rigoureusement le pendant de celle que nous venons d'évoquer : une femme porte un embryon dont ni elle ni son mari ne sont les auteurs au sens génétique. Pourtant, on s'accorde à penser que dans le premier cas la femme qui porte et accouche n'est pas la mère, alors qu'elle l'est dans le second.

Il est évident à mes yeux que l'élément fondamental qui sert de pierre de touche pour opérer ce partage est la volonté préalablement exprimée par les partenaires, inscrits dans un statut de couple et soucieux que la reproduction soit à leur profit, justifiant ainsi l'arbitraire ou l'artifice du social.

La juriste Michelle Gobert a parfaitement raison lorsqu'elle écrit : « On se croit sous le règne de la biologie, parce que celle-ci a réussi à percer les mystères de la nature, alors que l'on est sous celui, le plus absolu, de la volonté [2]. »

Cela dit, nous rencontrons un autre paradoxe.

Peut-on penser simultanément l'idée du plein exercice de la volonté et celle des Droits de l'homme, comme on le fait spontanément et comme le texte de Robert Badinter nous y invite ?

Aucune distinction fondamentale n'est faite *a priori* qui serait liée à la différence des sexes ou à celle des générations : vieillards, enfants, hommes et femmes ne peuvent de ce point de vue être distingués par un statut particulier. L'individu qui bénéficie des Droits de l'homme est un être anonyme, abstrait, asexué, intemporel : il est un pur porteur de droits, tout seul.

Or, dans l'acte d'engendrer, il faut bien admettre que l'individu abstrait est à la fois partie prenante et partie prise : celui qui procrée et celui qui est procréé. Par cette simple constatation, nous voici renvoyés à une philosophie fondamentale : *il est impossible de penser la pure individualité, ni intellectuellement ni socialement.*

L'individu ne peut être pensé que dans la relation à l'Autre, aux autres. La pensée de l'individu achoppe donc sur la relation, laquelle implique immédiatement l'essence même du social. Cela, les systèmes de pensée africains l'avaient parfaitement compris.

*Droits des individus et relation à autrui*

On peut alors se poser légitimement deux questions.
Tout d'abord celle de l'intérêt de l'enfant, entendu

---

2. M. Gobert, « Les incidences juridiques des progrès des sciences biologique et médicale sur le droit des personnes », *in Génétique, procréation et droit,* Paris, Actes Sud, 1985, p. 191.

comme le plein exercice de ses droits fondamentaux en tant qu'individu, en tant qu'homme. Le droit à la vie n'est pas tout.

Peut-être a-t-il le droit d'avoir deux parents et pas seulement deux géniteurs. La loi française lui reconnaît implicitement ce droit qui permet à l'enfant dépourvu de l'un de ses parents (ou des deux) de faire les recherches en paternité/maternité qui lui conféreront sa pleine identité.

La revendication d'engendrer seul, grâce à l'assistance de la technique et au concours de donneurs anonymes, qui correspond certes à un très vieux fantasme, paraît alors difficilement recevable. En reconnaissant ce droit à l'individu, on nie par là même un droit fondamental de celui qu'on va appeler à l'existence.

La deuxième question correspond également à un conflit potentiel des droits de l'individu : c'est celle du désaveu. Comme on le sait, le droit français reconnaît quatre modes d'accès à la filiation : la « filiation » naturelle, la volonté exprimée, la vérité biologique et la possession d'état.

Or, de par l'exercice alterné de ces critères, et dans des limites temporelles précises qui ont été placées par le législateur, il est possible à un individu, en fonction de ses désirs et de sa convenance du moment, de reconnaître puis de récuser un rapport de filiation.

Un enfant reconnu par acte de volonté peut être ensuite récusé en usant du critère de vérité biologique. Un jugement jurisprudentiel, rendu à Nice en 1985, a pris acte de la stérilité d'un homme, d'autant plus manifeste qu'il y avait eu, sur constat médical de stérilité, recours du couple à l'insémination artificielle avec donneur, et a permis de ce fait à cet homme de récuser la filiation de l'enfant.

Qui estimera jamais le tort, le dommage fait à des enfants, donc à des individus au sens plein du terme, porteurs de la totalité de leurs droits, par une récusation de filiation qui, les privant de leur identité, les prive d'une part essentielle de ce qui fait la personne ? Les travaux anthropologiques menés à ce jour ont montré que le nom, l'identité qui marque la filiation et l'intégration dans le groupe, est l'élément fondamental qui constitue la personne en tant qu'être social.

Il est vrai, d'autres l'ont dit, qu'il serait absurde et dommageable pour les deux partenaires de la relation d'enfermer un être dans une relation de filiation qu'il repousse (« remède psychologiquement trop mauvais pour être juridiquement souhaitable ») [3], mais la solution pourrait être de remplacer la notion de filiation directe par celle, psychologiquement plus acceptable, de filiation adoptive.

Mais, quelles que soient les solutions particulières apportées à des problèmes précis, il reste que, en se fondant sur les droits de l'individu, il n'est pas admissible que ce soit en privilégiant l'un des termes tout en faisant dommage au deuxième terme de la relation.

Si l'on tient l'enfant à naître pour un individu dont les droits sont à défendre, ce qui légitime, selon Robert Badinter, l'usage de tous les moyens pour le faire naître, encore faut-il lui accorder à lui aussi l'exercice entier de ses droits : celui d'avoir de préférence deux parents socialement reconnus comme tels, mais surtout celui d'avoir une filiation et une identité constantes.

*Aucune institution n'est fondée en nature*

Si je ne craignais d'aller trop contre le courant actuel, qui n'est pas, loin de là, propre à la France, je dirais que l'essentiel des problèmes que nous nous posons vient de l'introduction du critère de vérité biologique, et, plus profondément encore, du critère de vérité génétique dans l'établissement de la filiation.

Il me semble en quelque sorte que, ce faisant, on a

---

3. M. Gobert, *op. cit.*, p. 194.

perdu de vue une règle essentielle du fonctionnement des sociétés, des plus « primitives » aux plus « civilisées » : *c'est qu'il n'existe pas d'institution sociale qui soit fondée exclusivement en nature.*

Toutes sont, si je puis dire, un effet de l'art, de l'invention des groupes, dans les limites certes du donné biologique et naturel. Comme on l'a dit plus haut, on ne peut faire qu'il n'y ait que deux sexes qui doivent s'apparier d'une manière ou d'une autre pour se reproduire, ce qui définit le modèle à quatre principales variantes circonscrivant étroitement les systèmes juridiques possibles de filiation tels qu'ils ont été actualisés dans les diverses sociétés humaines.

Les règles de filiation, les systèmes de parenté, les modes de famille sont autant de créations artificielles en ce sens que leur organisation n'est jamais naturellement fondée, car, si elle l'était, il ne pourrait y avoir de variantes possibles selon les sociétés. Le régime serait uniforme.

À partir de ce constat, je dirai que le recours à la « vérité » génétique et biologique correspond à une illusion, à un fantasme du naturel qui est en contradiction totale avec la définition du fait social, lequel n'est jamais que le résultat de règles arbitraires que les hommes se donnent.

De ce point de vue, c'est une sorte de non-sens que de vouloir l'introduire dans le droit législatif, cette quintessence de l'« arbitraire » du social, au sens où il s'agit de la construction volontaire d'un corps de règles le plus cohérent possible.

*Épanouissement individuel et loi du groupe*

Robert Badinter se fonde sur une interprétation particulière des Droits de l'homme tels qu'ils figurent dans la Convention européenne, nommément le droit à la vie et le droit à l'intimité, pour permettre à chacun d'accéder aux « voies de l'épanouissement » par les moyens qui lui conviennent. Interdire cet accès serait priver injustement certains, « sans qu'on perçoive l'avantage qu'en tireraient les autres êtres humains ».

On peut approuver une idée aussi généreuse sans pour autant souscrire à l'argumentation juridique proposée, ni à la philosophie sociale sous-jacente où chacun fait son salut à sa manière.

Je vois en effet dans cette argumentation une série de paradoxes.

Robert Badinter parle, lui aussi, du paradoxe qu'il y aurait à invoquer l'intérêt de l'enfant pour lui interdire de naître. Certes. Mais qu'est un enfant qui n'est pas encore conçu ? S'il n'est pas, et n'a donc pas d'« intérêt » qui doive être défendu, ce n'est pas lui nuire que de faire en sorte qu'il continue de n'être pas.

Si, ce disant, on postule que la non-existence vaut existence, alors le pas n'est pas grand à franchir qui rend criminelle l'attitude de celui qui se refuse à la procréation, comme c'était le cas encore en Roumanie, il y a peu. C'est d'ailleurs un peu vrai des sociétés où célibat et stérilité sont infamants. Mais ils le sont dans ces sociétés, en raison d'une idée de la personne et de l'individu qui est radicalement opposée à celle qui s'exprime dans nos Droits de l'homme : l'individu n'y est rien et la lignée est tout. C'est parce qu'il est au service de la lignée que l'individu doit procréer.

Ainsi donc, comble du paradoxe, quand Robert Badinter s'appuie sur l'intérêt de l'enfant pour justifier, au nom des Droits de l'homme, qu'on le fasse naître par tous les moyens appropriés, il s'inscrit en fait dans une logique de la filiation et de la lignée qui est à l'opposé de la logique de l'individu. Ici, l'individu passe avant la loi du groupe ; là, il s'efface derrière l'intérêt bien compris de la lignée.

Le glissement subtil de la pensée qui fait passer du droit *à* la vie au droit *de* donner la vie, puis à celui de choisir librement les moyens pour ce faire, me paraît difficilement légitimable, tant du point de vue du droit que de celui de la philosophie sociale.

Si j'ai le droit de vivre, puisque aussi bien je suis déjà au monde, ce droit implique-t-il, au-delà de la sorte d'obligation qui pousse l'espèce à se perpétuer (laquelle obligation peut être transcrite, nous venons de le voir, en termes de devoir par rapport au groupe social), un droit juridique de le faire, qui donnerait de surcroît accès à tous les moyens ?

Je n'ai pas de réponse de type ontologique à cette question, mais il est possible de comparer ce droit à d'autres. On verra par là que la règle sociale implicite établit un fort barrage entre le droit *à* et le droit *de*.

Avoir droit à choisir pour soi une mort harmonieuse ne donne pas (pas encore ?) le droit de la donner à autrui. Avoir droit aux soins médicaux ne donne pas celui de soigner médicalement, avoir droit à l'instruction ne confère pas à l'ignorant celui d'instruire.

*La radicalisation de l'individu*

Au-delà de ces parallèles qui impliquent des limites d'ordre éthique et social, ou d'ordre de la compétence, je vois dans un pareil discours une radicalisation de la notion d'individu, encore plus manifeste d'ailleurs dans l'usage qui est fait du droit à l'intimité, entendu non plus comme la protection par l'individu de sa part secrète contre l'agression d'autrui, mais comme la liberté de prendre envers et contre tous les décisions qui lui paraissent essentielles pour lui-même, le désir de procréation faisant partie de ce domaine primordial.

Mais il est difficile de définir *a priori* ce qui est essentiel pour tout un chacun, et ce serait peut-être pour certains protéger leur intimité qu'éliminer physiquement celui qui la gêne.

Certes, il s'agit chez Robert Badinter d'une interprétation des Droits de l'homme porteuse de liberté, et profondément généreuse, mais elle fait de l'individu, monade étroitement fermée sur elle-même, l'unique référent de l'être au monde. Ce faisant, elle est contraire au but poursuivi, fait d'altruisme et de solidarité.

C'est un point de vue sans doute utopique, dans la mesure où il méconnaît ou utilise mal la notion même de social. Or, *l'individu ne peut être pensé seul : il n'existe qu'en relation.* Il suffit qu'il y ait relation entre deux individus pour que déjà le social existe, qui n'est jamais le simple agrégat des droits de chacun de ses membres, mais un arbitraire constitué de règles, où la filiation (sociale) n'est jamais réductible au biologique pur.

CONCLUSION

DU POUVOIR IMPROBABLE DES FEMMES

Le problème est celui du *pouvoir*. On peut se demander en effet si les femmes ont jamais, en quelque lieu que ce soit, exercé un pouvoir véritable dans différentes sphères, notamment celle du politique.

Si pouvoir elles ont, ou ont eu, de quelle nature est-il ? Simple « influence » sur l'homme ou capacité de décider au même titre que lui ? Une réponse à la première question est déjà partiellement apportée par la troisième : leur « quasi-absence » du pouvoir politique signifie-t-elle indifférence de leur part ou exclusion ? Peut-on parler de changements dans ce domaine, de l'aube des temps à nos jours ?

*« Cinq électeurs, deux femmes et un chien »*

Commençons par deux anecdotes, qui me paraissent tout à fait porteuses de sens dans ce domaine, et qui concernent la nature du pouvoir féminin, et la place des femmes en politique, telles que se les représente avec une certaine intelligence de la situation, ou naïveté « naturelle », le sens commun. Et de toute façon, toujours par prétérition. C'est au lecteur de comprendre intuitivement et culturellement, ajouterai-je, la leçon.

Première anecdote : pendant longtemps, au Laboratoire d'anthropologie sociale, nous eûmes, épinglé au mur d'un local qui servait de cuisine, un dessin humoristique d'un auteur anglais.

On y voyait, sous les grands arbres de la forêt équatoriale, dans une clairière, mi-allongée sur un tas de moelleuses fourrures, éventée par une dizaine de Pygmées attentifs, en équilibre précaire autour et au-dessus d'elle, servie par des troupes d'hommes de petite taille apportant des viandes, des poissons, des fruits, on voyait donc une voluptueuse créature blanche et blonde, très dénudée, avec de longs cheveux bouclés jusqu'à la taille, un grand, large et ravageur sourire, des cils immenses et les bras relevés au-dessus de la tête, répondre aux questions d'un ethnologue de type anglais, voûté, poitrine creuse, chaussettes montantes et short long, brodequins, bardé d'appareils de tous ordres et de grosses lunettes de myope sous un casque colonial, qui finissait son interview, notée soigneusement sur un calepin, par la question suivante : « Mais enfin, si vous n'avez pas de pouvoir charismatique, pas de pouvoir économique, pas de pouvoir politique, pas de pouvoir médical, aucune capacité particulière pour la chasse, la divination, la cueillette, comment expliquez-vous l'influence que vous exercez sans contrainte sur ces gens-là ? »

Deuxième anecdote. Elle doit dater d'une quinzaine d'années et je ne me souviens plus de quel type d'élection il s'agissait. Mais je me souviens parfaitement d'un articulet du *Monde*, que j'ai soigneusement découpé puis perdu, qui racontait brièvement dans un encart les dernières minutes d'un bureau de vote du XIIIe arrondissement avant la fermeture. Et cela commençait à peu près ainsi : « Trois minutes avant la clôture, arrivent précipitamment, de retour sans doute de la campagne, cinq électeurs dont l'un était accompagné d'un chien, et deux femmes. » On ne pouvait pas dire plus clairement que les deux femmes, qui venaient pourtant exercer leur droit de vote et même en retard comme les hommes, exerçaient le même pouvoir politique, ce faisant, que les cinq électeurs avec le chien.

Qu'on me pardonne. Ce n'est pas que je veuille personnellement lier la question du pouvoir féminin, comme le dessin humoristique l'entendait, au simple pouvoir de la séduction et de la sexualité, mais les deux anecdotes, en raccourci, disent la même chose, une chose qui est niée, occultée et qu'il faudrait pouvoir démonter point par point.

Comment, de la différence anatomique et physiologique objective, matérielle, irréfutable des sexes offerte à l'observation de tout temps, passe-t-on, dans l'histoire de l'*Homo sapiens*, à la hiérarchie, à la catégorisation en oppositions de type binaire, et à la valorisation ou à la dévalorisation de ces catégories selon qu'elles sont appliquées au masculin ou au féminin ?

Car le Pygmée qui s'empresse joue son rôle dominant d'homme séduit qui rivalise avec d'autres hommes séduits, il n'est pas esclave. Et dans la catégorie des électeurs, il y a des individus électeurs de droit naturel et qui bénéficient d'un substantif masculin, lequel ne pouvait, semble-t-il, être appliqué, de par une certaine apparente logique grammaticale, mais surtout une évidente logique symbolique des représentations, à la catégorie féminine. Lapsus, certes, mais révélateur.

Les hommes, dans l'opposition homme/femme du dessin humoristique, ne sont pas des esclaves ; les femmes, dans l'article, ne sont pas totalement des individus.

*Les femmes sont-elles des individus ?*

Je rejoins ainsi, à travers ces deux histoires, ce que disait Pierre Rosanvallon [1], dans sa très pertinente et

---

1. Pierre Rosanvallon, « L'histoire du vote des femmes. Réflexion sur la spécificité française », *in* Georges Duby et Michelle Perrot éd., *Femmes et Histoire*, Paris, Plon, 1993, p. 81-86.

subtile analyse de l'histoire du suffrage des femmes en France, si retardé (1944) par rapport au même droit accordé à tous les hommes, alors que des pays moins démocratiques, et – j'apprécie l'expression – « à la sensibilité féministe improbable » avaient accordé ce droit aux femmes beaucoup plus tôt : 1921 en Inde, 1934 en Turquie, par exemple.

Est-ce simplement une histoire de « préjugés provinciaux » ? Non, dit-il. Et pourtant, on est tenté de dire oui, si, au lieu de « préjugés », on parlait d'ensembles cohérents de représentations, de schèmes mentaux incorporés, qui comportent aussi ces conceptions de la démocratie et les fondements philosophiques et politiques du droit de suffrage dont il parle.

Car c'est pour la même raison, mais rigoureusement inversée dans le discours rationaliste, que les femmes sont ici écartées et là reconnues comme pouvant exercer le même droit que les hommes.

C'est en tant que femmes et non en tant qu'individus, en effet, que les femmes anglaises sont appelées aux urnes. C'est la différence, et non l'équivalence, qui fonde leur droit, très explicitement, dans les écrits des féministes anglo-saxonnes du début du siècle : « Si les hommes et les femmes se ressemblaient complètement, écrit Mrs. Fawcett, nous serions adéquatement représentées par les hommes ; mais comme nous sommes différentes, notre spécificité n'est pas représentée dans le système actuel. »

Il s'agit non seulement de la spécificité de la femme, mais de faire intervenir « la *dimension féminine et domestique des choses* dans les affaires publiques ». On parlerait plutôt maintenant de l'introduction de la sensibilité spécifique du regard féminin, sans parler de la capacité des femmes à gérer le concret dans le quotidien domestique, qui leur permettrait de mieux contrôler, dans les assemblées de tous types, les finances publiques et les problèmes relevant de leur « compétence » propre : les écoles, les crèches, les piscines, les transports d'enfants, la voirie, les carrefours dangereux et l'éclairage public, sans compter l'hygiène et la toxicomanie.

En France, c'est au contraire le principe de l'égalité politique entre individus qui empêche jusqu'en 1944 le suffrage féminin de s'exprimer, mais pour les mêmes raisons pour lesquelles il est autorisé en Angleterre. Le pouvoir leur est nié en tant qu'individu vrai, car elles sont femmes avant tout, c'est-à-dire marquées par « les déterminations de leur sexe ».

Ainsi donc, c'est bien du sexe qu'il s'agit. Le type « naturel » de l'individu est l'homme, chez qui le sexe, dont on ne parle pas comme soubassement de la théorie de l'individu, est valorisé, alors qu'en sens inverse, en France, les « préjugés, écrit-il, fonctionnent négativement ».

Dans mon langage, la valorisation implicite négative ou positive des catégories binaires qui accompagnent les deux catégories binaires principales identique/différent, masculin/féminin (haut/bas, supérieur/inférieur, dessus/dessous, droite/gauche, clair/obscur, dense/vide, lourd/léger, chaud/froid, etc.) fonctionne négativement pour le sexe féminin exclusivement.

Mais, dans tous les cas, on instaure les femmes en groupe social distinct, ce qui soit les empêche, soit les autorise à s'intégrer partiellement dans la sphère du politique, en commençant par le droit de vote.

Deux incises qui empiètent sur ce qui reste à venir. L'argument de Mrs. Fawcett était doublement faux : « Nous serions parfaitement représentées par les hommes si nous étions semblables à eux. » Il est faux logiquement et anthropologiquement dans l'expérience amère parfois des populations exotiques. S'il y avait parfaite similitude, il n'y aurait aucune raison logique à ce qu'une moitié sexuée représentât l'autre. Anthropologiquement, et plus généralement, on trouve des situations telles qu'il relève de l'impensable que les femmes puissent être consultées sur la place publique, puissent représenter leur lignage comme les hommes et décider comme eux ; elles ne sont « philosophiquement », dirai-je, pas considérées comme des individus.

## La capacité d'obstruction

Il existe cependant quelques situations où le groupe féminin en son entier est représenté par un homme et un seul. Ainsi du grand conseil des tribus iroquoises, où chaque tribu envoyait ses délégations masculines, et où un homme représentait les intérêts de toutes les femmes, ou tout au moins des grandes matrones, chefs de grandes maisons domestiques et unités de production. Il s'agissait le plus souvent de décider ou non de la guerre. Leur vote négatif n'avait que peu de prise, on s'en doute, sur la décision ultime, mais peut-être en avait-il sur la suite des événements.

Mais c'est là que nous retrouvons la question de la nature du pouvoir féminin : influence ou capacité de décision ? Ni l'un ni l'autre, mais une capacité *d'obstruction*. Il ne s'agit pas d'une grève du lit, comme chez Aristophane, où la sexualité est le plus grand ressort de l'influence féminine, mais d'une grève beaucoup plus importante : celle de la fourniture de l'intendance nécessaire en provisions de bouche, vêtements et autres appareils utiles à la poursuite d'une guerre de longue durée.

Ainsi, les femmes, exclusives productrices de certains biens, de par la logique locale de la répartition sexuelle des tâches, disposent-elles d'un droit de *veto* inexprimable, mais réel.

Non, les femmes matrones iroquoises ne sont pas des individus comme les hommes dans l'exercice du cœur du politique, mais en tant que groupe lié au domestique, spécifique par nature, elles disposent d'un pouvoir de *rétorsion* qui, d'une certaine manière, peut se définir comme une *contrainte* ou une *violence* à rebours.

Dans ce cas précis et exemplaire, Nietzsche aurait raison, qui voyait dans la coercition, la contrainte, la violence, les sanctions, le fondement de toute autorité, et de l'autorité de l'État et du Droit.

Il s'agit ici d'un cas rare, où il n'y a pas de violence ou de coercition au sens physique, où les femmes « consentent » (avec toutes les limitations possibles mises à ce terme, puisqu'il n'y a pas de consentement éclairé, mais une adaptation dans le moule offert) et participent pleinement du système de représentations qui les occulte, mais où leur *pouvoir de rétention/rétorsion* sur les biens qu'elles ont produits et qu'elles possèdent en propre peut interdire le fonctionnement de certaines institutions et la réalisation des grands projets guerriers masculins.

Comment qualifier ce type de pouvoir ? Est-ce celui des faibles, celui de l'obstruction, de la grève, activités que l'on peut aussi qualifier comme non pas négatives à proprement parler, mais marquées moins du sceau de la participation active que de celui d'une efficace abstention délibérée. Adaptation, donc, mais aussi jugement et abstention productrice d'effets inhibiteurs.

J'ai été très frappée, lors du référendum sur l'Europe en 1992, par un article du *Monde* du 25 septembre, intitulé : « Les femmes de moins de vingt-cinq ans ont voté majoritairement " non ". » Alors que les hommes de cette tranche d'âge auraient voté à cinquante-huit pour cent pour le oui, les jeunes femmes ne l'auraient fait qu'à quarante-trois pour cent. Motivations économiques, dit-on : elles sont plus frappées que les hommes par les tensions du marché de l'emploi, d'où leur peur.

Mais l'analyse socio-politique menée par Janine Mossuz-Lavau, et sur laquelle est fondé cet article, voit à cela une autre raison, plus politique. Elles se prononcent plus souvent que les hommes en faveur des idées de gauche. Elles ont soutenu par deux fois François Mitterrand. Et elles ont été « cohérentes avec leurs préoccupations de lutte contre l'injustice sociale. Pour elles, l'Europe est une Europe du grand capital qui sacrifie le social. Elles ont probablement voulu protester contre le système politique des nantis et de l'establishment ».

Explication cohérente et intéressante s'il en est, car on voit bien qu'on retrouve là l'idée d'une spécificité féminine des préoccupations, plus tournées vers les questions sociales et quotidiennes d'aujourd'hui que vers les grandes visées politiques de demain, spécificité qui ne peut s'exprimer que négativement, rejoignant le gros de forces négatives fondées sur d'autres ressorts.

*Spécificité féminine
ou domaine réservé masculin ?*

Mais qu'est-ce donc que cette fameuse spécificité féminine présente implicitement dans tous les systèmes de représentations ? Il est difficile de démonter d'un seul mouvement les mécanismes et les ressorts qui expliquent cette « universalité » ou quasi-universalité de la non-reconnaissance des femmes comme individus à part entière au même titre que les hommes. Je m'y suis cependant essayée dans les chapitres qui précèdent.

Ce qu'il importe de noter, c'est le côté implicite de la chose. Cela va tellement de soi, y compris dans l'intériorisation qu'en font hommes et femmes, qu'il n'est pas nécessaire de l'expliciter. Il suffit de poser cette inégalité en pétition de principe.

Un très bel exemple est celui du vote d'approbation par le synode anglican de l'ordination des femmes, et les réactions de l'Église catholique romaine qui ont suivi. Mgr Carey fait pencher la balance en faveur de l'ordination des femmes, selon *Le Monde* du 13 novembre 1992, en disant ceci : « Nous sommes en danger de ne plus être entendus si les femmes exercent leur autorité dans chaque domaine de la vie sociale à l'exclusion de la prêtrise. » Il s'agit de bien entendre ce qu'il dit. Ne plus être entendus implique le complément indirect : « par les femmes », et « l'exclusion de la prêtrise » implique l'abandon par les hommes d'un des derniers grands bastions des *domaines réservés du masculin*. En reste-t-il beaucoup d'autres ? C'est à voir, mais ce qui est à peu près certain, c'est qu'il s'en inventera d'autres dans ces petits glissements novateurs qu'offrent nos sociétés occidentales, moins voyants peut-être que ceux que nous connaissons encore, et qu'il appartiendra aux sociologues de débusquer.

Pour l'Église catholique romaine, l'argumentation est classique : bien sûr il y a égalité, mais Jésus-Christ a choisi de s'incarner sous forme masculine et non féminine. L'ordination réservée aux hommes perpétue ce choix.

Mais c'est, si je puis m'exprimer ainsi, un argument sans valeur. C'est ce que j'appelle le « coup des deux cravates ». Si, entre deux cravates qui sont offertes à un homme, il en prend une pour la porter de suite, cela n'implique pas qu'il n'aime pas l'autre, mais qu'il ne lui est pas permis, culturellement, d'en porter deux à la fois.

Devant deux formes possibles, Dieu n'a pas « choisi » la forme qu'il préférait, mais une cravate, si je puis dire, et qui ne pouvait être autre, compte tenu du moule offert par la société, qui privilégiait le masculin bien avant l'apparition des religions révélées. Car il eut été difficile au Fils de Dieu de naître hermaphrodite, comble de la confusion des genres et de la monstruosité, ce qui aurait, de plus, s'il avait fallu suivre son exemple, raréfié considérablement les possibilités de choix de ses prêtres par la suite.

Selon Rome, toujours dans cette page du *Monde*, sous la signature de Henri Tincq, l'égalité des droits dans l'Église n'implique pas forcément une identité des *fonctions*. Nous retrouvons là la spécificité féminine rabattue sur la fonction féminine : sphère domestique, sphère du social à la rigueur. Mais pour quelles raisons, fondées en nature, autres que la maternité ? Les hommes ne sont-ils pas aussi biologiquement et socialement des pères ?

Mgr Lustiger est sans doute celui qui, à sa manière, s'est le plus rapproché du non-dit : « Ce n'est pas la même chose, a-t-il déclaré, d'être père ou mère, mari ou femme, frère ou sœur. Il y a des fonctions différentes dans l'égalité des droits et des pouvoirs. Religieusement, l'identification sexuelle dans la tradition catholique a une portée spirituelle. »

Du point de vue anthropologique, le noyau dur de la parenté et de la valence différentielle des sexes, c'est effectivement la relation frère/sœur, en ce qu'elle n'est pas touchée, entre les deux partenaires, par les faits propres de la reproduction : sexualité, parturition qui connotent les deux autres relations. C'est celle-là donc qu'il faut penser. Nous nous y employons, nous, anthropologues. Mais du conglomérat que Mgr Lustiger établit entre ces trois types de position qui ne sont pas de même nature, il tire la notion de fonctions certes différentes, auxquelles la religion confère une portée spirituelle, ce qui est une autre manière de dire qu'elle consacre en fait l'inégalité des fonctions si elle admet en théorie l'identité des droits.

En résumé, tout cet implicite nous parle tout simplement de sexe, de morphologie, certes, mais aussi de physiologie. En religion, ceux qui se consacrent à Dieu doivent être chastes, abstinents, ne pas céder aux passions du corps, mais aux délices de l'esprit. Jésus-Christ est chair, mais il est surtout parole et Verbe, et la semence du Christ, c'est sa Parole et non son sperme.

Le fondement puissant du choix des hommes pour la prêtrise, dans la religion catholique, tient à ces prémisses : Jésus, sexué, n'a pas fait d'usage de sa sexualité masculine, n'a pas émis de semence et a transmué celle-ci en Verbe divin. Seul le mâle peut réussir cette transformation ; Aristote l'a dit et bien des populations fort éloignées de la Grèce ont le même modèle d'explication : chaleur plus grande du corps masculin, coction totale du sang qui aboutit à la fabrication de la semence comme *pneuma* et non matière. Le *pneuma* est aussi le Verbe.

Chasteté masculine et prédication vont de pair, puisque la femme n'a pas de semence fertilisante propre issue de son corps. Ce sont des représentations de ce type-là qui sont sous-jacentes et occultées dans nos civilisations, comme dans bien d'autres.

## *L'illusion relative de la notion de progrès*

Y a-t-il une évolution historique perceptible ? Je serais tentée de faire une réponse de Normand. Je dirais : oui et non.

Certes, les choses changent dans notre histoire (parfois violemment, plus fréquemment par de petits coups de pouce ignorés ou oubliés), depuis l'Antiquité judéo-chrétienne dont on nous dit que nous sommes issus. Janine Mossuz-Lavau insiste à juste titre sur le bastion majeur qui a été emporté, au moins dans les textes, sinon encore totalement dans les comportements, par la maîtrise de la reproduction [2].

Dans le domaine de la sexualité, les femmes ont acquis de nouveaux pouvoirs entre les années soixante et quatre-vingt : contraception, IVG, droit de disposer de son corps, viol considéré comme attentat à la personne, etc.

Il me semble significatif que ce soit dans ce domaine précis, le plus intime, qu'il y ait eu des bastions à emporter de haute lutte. De même que les arguments des adversaires de la libération contribuent à renforcer l'hypothèse que le noyau dur de la différence voulue comme naturelle, source de fonctions différentes et de valorisations différentes accordées aux fonctions et aux personnes qui les exercent, repose sur une vision, une représentation quasiment sacrée de la virilité. Je reprends cette phrase, citée par Janine Mossuz-Lavau, émanant d'un opposant à l'accès des femmes à la contraception en 1967 : « Les hommes perdront la fière conscience de leur virilité féconde. »

---

2. Janine Mossuz-Lavau, « Les femmes et la sexualité. Nouveaux droits, nouveaux pouvoirs », *in* Georges Duby et Michelle Perrot éd., *Femmes et Histoire*, Paris, Plon, 1993, p. 87-100.

Dans une phrase comme celle-là, tout doit être pris au pied de la lettre, tous les mots font sens et il n'y a pas matière à prendre les choses avec humour.

Certes, par optimisme non béat, je conviendrai aisément qu'il y a un progrès général qui est contenu pour moi dans l'idée de démocratie. Mais où est, dans les esprits et dans les systèmes de représentations, le « progrès » dans le cas des femmes systématiquement violées dans l'ex-Yougoslavie, par des hommes de l'autre bord, ethnique ou religieux ? Car il s'agit bien de la négation des femmes en tant qu'individus responsables, de leur incarcération dans la fonction de reproductrices, et surtout de l'idée que la semence masculine convoie avec elle, et avec elle seule, la marque ethnique et même la marque religieuse, qu'elle véhicule toute l'identité, en somme. Un homme, dans cette logique implacable, n'élève pas des enfants dans sa religion, il *fait* des enfants qui ont par essence sa religion.

L'inscription des femmes dans des cadres juridiques modernes n'implique pas nécessairement l'accomplissement de l'égalité dans l'exercice des droits juridiques, civils et politiques. Même si les femmes doivent se présenter physiquement pour voter, dans de nombreux pays que je ne désignerai pas, c'est le père, le mari, le frère ou le fils qui tend le bulletin qu'elles devront mettre dans l'urne.

Et que dire d'autres formes d'asservissement qui nient l'identité même des femmes dans leur personne physique : l'infanticide des filles premières-nées en Chine, la mort pseudo-accidentelle par le feu des jeunes épouses indiennes jugées insuffisamment dotées par leurs belles-familles...

On a publié ces dernières années une magnifique *Histoire des femmes en Occident*[3]. Si nous quittions ce domaine européen pour écrire une autre histoire des

---

3. *Histoire des femmes en Occident*, sous la direction de Georges Duby et de Michelle Perrot, Paris, Plon, 1982-1987, 5 volumes.

femmes, il n'est pas sûr que, sous les différences culturelles, nous ne retrouvions pas un même grand schéma conceptuel. Il est inscrit dans les faits et dans les représentations des faits, même lorsque les discours rapportés sont masculins, car il ne peut y avoir de faits sans représentations de ces faits, et donc il ne peut y avoir de représentations dénuées de tout fondement factuel.

Ainsi, le discours sur les représentations, et non sur des faits oubliés dans les narrations et/ou introuvables dans les archives, n'est-il pas nécessairement erroné, en ce qu'il n'aurait pas de rapport avec la réalité vraie. Et le travail féminin ou masculin qui consiste à essayer de le comprendre, d'en comprendre la permanence et les évolutions, est un travail difficile, car rien n'est plus malaisé que de dessiller les yeux. Il y faut du temps. Il en a fallu pour faire basculer de pures constructions politiques totalitaires fondées sur des abstractions.

Si ce modèle n'est pas enfin connu et compris par tous, ses mécanismes intimes démontés, je vois mal de quel ressort on pourra user pour modifier ce qui se passe dans le monde dans le rapport masculin/féminin, et comment, même si l'on parvient à modifier dans le monde occidental, par à-coups imperceptibles, ce rapport jusqu'à parvenir à une asymptotique identité, ce bénéfice pourrait être immédiatement étendu et partagé par toute l'humanité.

Des changements importants se produiront d'ailleurs dans l'autre sens, peut-être. J'ai fait allusion à tous les bastions des *domaines réservés masculins* qui sont progressivement tombés, même si c'est de façon symbolique au sens de l'insignifiant numérique. Il s'en reconstruit d'autres déjà. Il s'en reconstruira de nouveaux, sans doute, d'un type que nous ne pouvons encore soupçonner.

*Les âges de la femme et l'âge d'homme...*

Il me semble que bien des points devraient être pris en considération dans ce coup de projecteur porté sur la nature du pouvoir féminin, son évolution, ses changements. Il y a certes eu ces « victoires » par la réappropriation du corps. En sera-t-il toujours de même avec les progrès génétiques et des formes encore inexpérimentées mais plausibles de procréation (comme la gestation masculine) ?

Mais il faut aussi étudier, me semble-t-il, d'autres faits de nature moins explosive, moins voyante : ainsi l'allongement de la vie et la plus grande durée en moyenne de la vie féminine, au moins dans nos pays. Cinq générations peuvent coexister et non plus trois seulement, et l'augmentation du nombre des familles matricentrées peut faire que cette coexistence, pour des raisons diverses, soit purement féminine. Que pourra-t-on dire du pouvoir féminin si ce modèle tend à perdurer ou à se multiplier ?

Dans la théorie des échanges matrimoniaux, fondée sur l'examen de faits, de pratiques, et non simplement de représentations ou discours théoriques, ce sont des hommes qui échangent les femmes entre les familles, même si des stratégies féminines peuvent apparaître en sous-main ou se glisser dans les failles de chaque système. Quel type de pouvoir s'exerce alors et sur quel point assez essentiel pour avoir introduit dans l'espèce humaine la prohibition de l'inceste et/ou les lois exogamiques ? Il s'agit du contrôle de la reproduction biologique et sociale, bien sûr, et de la nécessaire vie en harmonie de groupes rivaux entre eux pour pouvoir survivre.

« Nos ennemis sont aussi nos alliés », disent bien des populations exotiques ; nos alliés par alliance de mariage s'entend. Car au-delà de l'obligation de s'allier à l'extérieur il n'y a rien d'autre, sauf l'expression, souvent matérialisée dans les mythes, du regret de l'impossible androgenèse, qui ne fut réalisée que par Zeus, sauf aussi la possibilité purement construite socialement d'être d'un autre sexe que le sien, du moins temporairement, comme chez les Inuit, où les noms personnels définissent l'identité sexuée, et où une part importante des enfants (trente pour cent peut-être) est élevée en travesti, portant les vêtements et accomplissant les tâches de l'autre sexe jusqu'à la puberté et au mariage, où tout rentre dans l'ordre et ce dans la douleur ; comme chez les Nuer, où les femmes stériles ou ménopausées deviennent des hommes, sont considérées comme tels, ont des épouses et des géniteurs appointés.

Pour moi, anthropologue, une de mes toutes premières interrogations dans l'exercice de ce métier-passion a porté sur l'absence d'étude systématique de l'âge d'homme et de la masculinité proprement dite, dans les travaux historiques, sociologiques, anthropologiques. Il va tellement de soi que c'est le référent ultime qu'il est inutile d'en parler.

On peut en parler dans les termes d'institutions sociales particulières qui définissent des seuils et des passages, comme les systèmes à classes d'âge. On parle de l'enfance, de l'adolescence, de la vieillesse, mais pas de l'âge d'homme, de la maturité active, de celui qui est censé, dans les systèmes susdits, exercer charges, responsabilités, pouvoir.

L'âge d'homme, c'est le trou noir et le référent ultime. Peut-être faudrait-il s'interroger sur ces étranges oblitérations, en ce que, à mon sens, c'est cette absence et ce silence mêmes qui légitiment tout ce qui est advenu à l'humanité.

# BIBLIOGRAPHIE

Adams, Alice, « Maternal bonds : recent literature on mothering », *Signs* 20 (2), hiver 95, p. 414-427.
Ahern, Emily, « The power and pollution of chinese women », *in* Margery Wolf and Roxane Witke éds, *Women in Chinese Society*, Stanford, Stanford UP, 1975, p. 193-214.
Amadiume, Ifi, *Male Daughters, Female Husbands. Gender and Sex in African Societies*, London, Zed Books Ltd, 1987.
Aristote, *De la génération des animaux*, Paris, Les Belles Lettres, 1961.
Ashley-Montague, M. F., « Adolescent sterility », *Quarterly Review of Biology*, XIV, 1939, p. 13-34, 192-219.
Ashley-Montague, M. F., *Coming into Being among the Australian Aborigines. A Study of the Procreative Beliefs of the Native Tribes of Australia*, London, Routledge and Kegan Paul, 2ᵉ éd., 1974 (1ʳᵉ éd., 1937).
Babadzan, Alain, « Une perspective pour deux passages. Notes sur la représentation traditionnelle de la naissance et de la mort en Polynésie », *L'Homme* 23 (3), juill.-sept. 1983.
Bachofen, J., *Das Mutterecht eine Untersuchung über die Gynaekodraie der alter Welt nach Ihrer Religiosen und Rechtlichen Natur*, Stuttgart, Krais & Hoffmann, 1861 ; traduction française, *Du règne de la mère au patriarcat*, pages choisies par Adrien Turel, Paris, Félix Alcan, 1938.
Badinter, Élisabeth, *L'un est l'autre. Des relations entre hommes et femmes*, Paris, Éditions Odile Jacob, 1986.
Badinter, Robert, « Les droits de l'homme face aux progrès de la médecine, de la biologie et de la biochimie », *Le Débat*, 36, sept. 1985.
Bailey, Flora L., *Some Sex Beliefs and Practices in a Navaho Community. With Comparative Material from other Navaho Areas*, Cambridge, Mass., Harvard University, Peabody Museum of American Archaeology and Ethnology Papers, vol. 40, 1950.

Ballonof, Paul, éd., *Genealogical Mathematics*, Paris, La Haye, Mouton, 1974.
Barquins, M., « Une histoire du ski des origines au milieu du XXᵉ siècle », *Revue du Palais de la Découverte*, vol. 20, n° 194, 1992, p. 14-27.
Barton, R. F., *Philippine Pagans*, Londres, G. Routledge, 1938.
Beffa, Marie-Lise, Hamayon, Roberte, éds, *Les Figures du corps*, Paris, Klincksieck, 1989.
Belmont, Nicole, « Corps populaire et corps savant dans l'œuvre de Laurent Joubert *Erreurs populaires au fait de la médecine et régime de santé* », 110ᵉ Congrès national des sociétés savantes, 1ᵉʳ-5 avril 1985, Paris, Éditions du Comité des travaux historiques et scientifiques, 1985.
Belmont, Nicole, « De Hestia à Peau d'Âne : le destin de Cendrillon », *Cahiers de littérature orale* 25, 1989, p. 11-31.
Belmont, Nicole, « Conte et enfance. À propos du conte " Ma mère m'a tué, mon père m'a mangé " (T 720) », *Le Temps de l'enfance, Cahiers de littérature orale* 33, INALCO, 1993, p. 75-98.
Bivar Segurado, J., « L'ordre cosmogonique et l'ordre social : grossesse et naissance chez les Cewa du Mozambique », *Civilisations* 36 (1-2), 1986, p. 237-250.
Bonnet, Doris, *Corps biologique, corps social. Procréation et maladies de l'enfant en pays mossi (Burkina-Faso)*, Paris, ORSTOM, 1988.
Bossu, Antonin, *Anthropologie ou étude des organes, fonctions, maladies de l'homme et de la femme, comprenant l'anatomie, la physiologie, l'hygiène, la pathologie et la thérapeutique*, Paris, Baillière, 1849 (troisième édition revue et augmentée).
Brown, Judith K., « A note on the division of labor by sex », *American Anthropologist* 72, 1970, p. 1073-1078.
Brown, Judith K., « Economic organization and the position of women among the Iroquois », *Ethnohistory* 17 (3-4), 1970, p. 151-167.
Brunel, J., « Jason monocrepis », *Revue archéologique* II, 1934.
Buchler, Ira R., Selby Henry H., *Kinship and Social Organization. An Introduction to Theory and Method*, New York, The Macmillan Company, 1968.
Burkhardt, V. R., *Chinese Creeds and Customs*, Hong Kong, The South China Morning Post Ltd, 1954.
Calame-Griaule, Geneviève, « Le rôle spirituel et social de la femme dans la société soudanaise traditionnelle », *Diogène* 37, 1962, p. 81-92.
Cassin, Elena, « Le droit et le tordu », *in Ancient Near Eastern Studies in Memory of J. J. Finckelstein*, Connecticut Academy of Arts and Sciences, 1977.
Cassin, Elena, « La mort ; valeur et représentation en Mésopotamie ancienne », *in* G. Gnoli et J.-P. Vernant éd., *La Mort, les morts dans les sociétés anciennes*, Paris, Cambridge, 1982.
Champault, Dominique, « Être femme au Yemen », *Objets et Mondes* 23 (1-2), 1985, p. 65-78.
Chapman, Anne, *Drama and Power in a Hunting Society. The Selk'nam*

*of Tierra del Fuego*, Cambridge, London, New York, Cambridge University Press, 1982.
Christensen, J. B., *Double Descent among the Fanti*, Ph. D. Northwestern University, 1952.
Courrège, Philippe, « Un modèle mathématique des structures élémentaires de parenté », *L'Homme* 5 (3-4), 1965, p. 248-290.
Danquah, J. B., *Gold Coast. Akan Laws and Customs and the Akim Abuaka Constitution*, Londres, G. Routledge, 1928.
Davis, Donna Lee, *Blood and Nerves. An Ethnographic Focus on Menopause*, St John's Newfoundland, Institute of Social and Economic Research, 1983.
Delaney, Carol, « The meaning of paternity and the virgin birth debate », *Man* 21 (3), sept. 1986, p. 495-513.
Deonna, W., « " Monokrépidès ", Celui qui n'a qu'une sandale », *Revue de l'histoire des religions*, n° 89, 1935, p. 50-72.
Deonna, W., « Le symbolisme de l'acrobatie antique », *Latomus. Revue d'études latines*, vol. IX, Bruxelles, 1953.
Deonna, W., « Un divertissement de table. " À cloche-pied " », *Latomus. Revue d'études latines*, vol. XL, 1959, p. 5-39.
Détienne, Marcel, « Potagerie de femme ou comment engendrer seule », *Culture, Quadrimestriale di Studi Storico-Culturali* 1, juillet 1977, p. 3-8.
Devereux, Georges, *Femme et Mythe*, Paris, Flammarion, 1982.
*Dictionnaire archéologique des techniques*, II, Paris, Éditions de l'Accueil, 1964. Article « Médecine ».
*Dictionnaire de l'ethnologie et de l'anthropologie*, Michel Izard et Pierre Bonte éds, Paris, PUF, 1991.
Dundas, Ch., *Kilimanjaro and its People*, London, H. F. & G. Witherby, 1924.
Dundes, Alan, *Interpreting Folklore*, Bloomington, Indiana University Press, 1980.
Dunning, R. W., *Social and Economic Change among the Northern Ojibwa*, Toronto, University of Toronto Press, 1959.
Dupuis, Annie, « Quelques représentations relatives à l'enfant, de la conception au sevrage, chez les Nzéli du Gabon », *Journal de la société des africanistes* 51 (1-2), 1981.
Durkheim, Émile, « Zur Urgeschichte der Ehe, Prof. J. Kohler », *Année sociologique* 1, 1898, p. 306-319 (Analyses III, La Famille).
Durkheim, Émile, *Les Formes élémentaires de la vie religieuse*, 6ᵉ éd., Paris, PUF, 1979.
Elam, Yitzchak, *The Social and Sexual Roles of Hima Women. A Study in Nomadic Cattle Breeders in Nyabushozi County, Ankole, Uganda*, Manchester, Manchester University Press, 1973.
Elwin, Verrier, *The Muria and their Ghotul*, Bombay, 1947. Trad. française, *Maisons des jeunes chez les Muria*, Paris, Gallimard, 1959.
Erchak, Gerald M., Rosenfeld, Richard, « Societal isolation, violent normes and gender relations : a reexamination and extension of Levinson's model of wife beating », *Cross-Cultural Research* 28 (2), mai 1994, p. 111-133.

Erlich, Michel, *La Femme blessée. Essai sur les mutilations sexuelles féminines*, Paris, L'Harmattan, 1986.
Evans-Pritchard, E. E., « Heredity and gestation, as the Azande see them », *Sociologus* VIII, 1932, p. 400-414.
Evans-Pritchard, E. E., *Kinship and Marriage among the Nuer*, Oxford, Clarendon Press, 1951.
Evans-Pritchard, E. E., *Essays in Social Anthropology*, London, Faber and Faber, 1962.
*La Femme et le Communisme. Anthologie des grands textes du marxisme*, précédée d'une présentation de Jeannette Vermeersch et d'une étude de Jean Fréville, Paris, Éditions sociales, 1950.
Firth, Raymond, *We, the Tikopia. A Sociological Study of Kinship in Primitive Polynesia*, Londres, George Allen and Unwin, 1936.
Fortes, Meyer, « Kinship and marriage among the Ashanti », *in* A. R. Radcliffe-Brown and D. Forde éd., *African Systems of Kinship and Marriage*, Oxford University Press, 1950.
Fortes, Meyer, « The first born », *Journal of Child Psychology and Psychiatrics* 15, 1974.
Galand-Pernet, F., « Genou et " force " en berbère », *in* D. Cohen éd., *Mélanges Marcel Cohen*, Paris, Mouton, 1970, p. 255-262.
Galinier, Jacques, « L'homme sans pied. Métaphore de la castration et imaginaire en Mésoamérique », *L'Homme* 24 (2), avril-juin 1984.
Gobert, Michelle, « Les incidences juridiques des progrès des sciences biologique et médicale sur le droit des personnes », *in Génétique, Procréation et Droit*, Paris, Actes Sud, 1985, p. 161-200.
Godelier, Maurice, « Le sexe comme fondement ultime de l'ordre social et cosmique chez les Baruya de Nouvelle-Guinée. Mythe et réalité », *in* Armando Verdiglione éd., *Sexualité et Pouvoir*, Paris, Payot, 1976.
Goodenough, Ward H., « Componential analysis », *Science* 156, 1967, p. 1203-1209.
Griaule, Marcel, *Dieu d'eau – Entreteins avec Ogotemmêli*, Paris, Les Éditions du Chêne, 1948.
Gutmann, B., *Das Recht der Dschagga*, Munchen, C. H. Beck, 1926.
Gusinde, M., *Die Feuerland-Indianer*, vol. II, *Die Yamana. Vom Leben und Lienken der Wassernomaden am Kap Hoorn*, Vienne, Anthropos, 1937.
Hallowell, A. I., *Culture and Experience*, Philadelphia, University of Pennsylvania Press, 1955.
Haour, France, Baulieu, Étienne, « Les différences physiologiques et pathologiques entre l'homme et la femme » *in* Évelyne Sullerot éd., *Le Fait féminin*, Paris, Fayard, 1978, p. 133-161.
Hatt, G., *Asiatic Influences in American Folklore*, Copenhague, E. Munksgaard, 1948.
Hays, Terence E., « Sacred flutes, fertility and growth in the Papua New Guinea Highlands », *Anthropos* 81, 1986, p. 435-454.
Herbert, Eugenia W., *Iron, Gender and Power. Rituals of Transformation in African Societies*, Bloomington and Indianapolis, Indiana University Press, 1993.

Herbert, J., *La Mythologie hindoue, son message*, Paris, Albin Michel, 1979.
Herdt, Gilbert H., « Semen depletion and the sense of maleness », *Ethnopsychiatrica* 3, Paris, 1981, p. 79-116.
Héritier, Françoise, « Univers féminin et destin individuel chez les Samo », *in Colloque international sur la notion de personne en Afrique noire*, Paris, CNRS, 1973, p. 243-254.
Héritier, Françoise, « La paix et la pluie. Rapports d'autorité et rapport au sacré chez les Samo », *L'Homme* 13 (3), 1973, p. 121-138.
Héritier, Françoise, « L'identité samo », *in L'Identité. Séminaire dirigé par Claude Lévi-Strauss, professeur au Collège de France, 1974-1975*, Paris, Grasset, coll. « Figures », 1977, p. 51-80.
Héritier, Françoise, « Fécondité et stérilité. La traduction de ces notions dans le champ idéologique au stade pré-scientifique », *in* Évelyne Sullerot éd., *Le Fait féminin*, Paris, Fayard, 1978, p. 388-396.
Héritier, Françoise, « Maschile / Femminile », *in Enciclopedia, VIII – Labirinto Memoria*, Turin, Einaudi, 1979.
Héritier, Françoise, « Symbolique de l'inceste et de sa prohibition », *in* Michel Izard et Pierre Smith éds, *La Fonction symbolique. Essais d'anthropologie*, Paris, Gallimard, 1979, p. 209-243.
Héritier, Françoise, *L'Exercice de la parenté*, Paris, Le Seuil-Gallimard, 1981.
Héritier, Françoise, « Le charivari, la mort et la pluie », *in* J.-C. Schmidt éd., *Le Charivari*, Paris, Mouton, 1981, p. 353-360.
Héritier, Françoise, « La génétique sauvage », *Le Genre humain* 3-4, 1982, p. 127-136.
Héritier, Françoise, « Stérilité, aridité, sécheresse. Quelques invariants de la pensée symbolique », *in* Marc Augé et Claudine Herzlich éds, *Le Sens du mal*, Paris, Éditions des Archives contemporaines, 1984, p. 123-154.
Héritier, Françoise, « Le sang du guerrier et le sang des femmes. Notes anthropologiques sur le rapport des sexes », *Les Cahiers du GRIF* 29, *L'Africaine, sexes et signes*, Paris, Éditions Tierce, hiver 1984-1985, p. 7-21.
Héritier-Augé, Françoise, « La cuisse de Jupiter. Réflexions sur les nouveaux modes de procréation », *L'Homme* 94, avril-juin 1985, p. 5-22.
Héritier-Augé, Françoise, « Sur l'inceste, entretien », *Cahiers du LASA* 3, 1985, p. 27-61.
Héritier-Augé, Françoise, « L'individu, le biologique et le social », *Le Débat* 36, 1985, p. 27-32.
Héritier-Augé, Françoise, « Le sperme et le sang. De quelques théories anciennes sur leur genèse et leurs rapports », *Nouvelle Revue de Psychanalyse* 32, *L'Humeur et son changement*, Paris, Gallimard, automne 1985, p. 111-122.
Héritier-Augé, Françoise, « La mauvaise odeur l'a saisi », *Le Genre humain*, printemps-été 1987, p. 7-17.
Héritier-Augé, Françoise, « Les logiques du social : systématiques de parenté et représentations symboliques », *in Sens et place des*

*connaissances dans la société*, Paris, Éditions du CNRS, 1987, p. 123-169.

Héritier-Augé, Françoise, « Parenté, filiation, transmission : présentation », *in Le Père. Métaphore paternelle et fonctions du père : l'interdit, la filiation, la transmission*, Paris, Denoël, coll. « Espace analytique », 1989, p. 107-115.

Héritier-Augé, Françoise, « Parenté et filiation. Aspects anthropologiques », *L'Information psychiatrique* 5, mai 1989, p. 455-468.

Héritier-Augé, Françoise, « De l'engendrement à la filiation. Approche anthropologique », *Topique*, 1990, p. 173-185.

Héritier-Augé, Françoise, « La valence différentielle des sexes au fondement de la société ? », entretien réalisé par Nicole Échard et Catherine Quiminal, *Journal des anthropologues* 45, sept. 1991, p. 67-78.

Héritier-Augé, Françoise, « Moitiés d'hommes, pieds déchaussés et sauteurs à cloche-pied », *Terrain* 18, *Carnets du patrimoine ethnologique, Le Corps en morceaux*, mars 1992, p. 5-14.

Héritier-Augé, Françoise, « Une anthropologie symbolique du corps », *in* S. Arom, M. Augé *et al.*, interrogés par Ruth Scheps, *La Science sauvage. Des savoirs populaires aux ethno-sciences*, Paris, Le Seuil, 1993, p. 123-135.

Héritier-Augé, Françoise, « Du pouvoir improbable des femmes », *in* Georges Duby et Michelle Perrot éd., *Femmes et Histoire*, Paris, Plon, 1993, p. 113-125.

Héritier-Augé, Françoise, « La costruzione dell'essere sessuato, la costruzione del genere e la ambiguità dell'identità sessuale », *in* Maurizio Bettini éd., *Maschile/Femminile. Genere e ruolli nelle culture antiche*, Roma-Bari, Laterza, Biblioteca di Cultura moderna, 1993, p. 113-140.

Héritier-Augé, Françoise, « Identité de substance et parenté de lait dans le monde arabe », *in* Pierre Bonte éd., *Épouser au plus proche. Inceste, prohibitions et stratégies matrimoniales autour de la Méditerranée*, Paris, Éditions de l'EHESS, 1994, p. 149-164.

Héritier-Augé, Françoise, *Les Deux Sœurs et leur mère. Anthropologie de l'inceste*, Paris, Éditions Odile Jacob, 1994.

Héritier-Augé, Françoise, *De l'inceste*, avec Boris Cyrulnik, Aldo Naouri *et al.*, Paris, Éditions Odile Jacob, 1994, coll. « Opus ».

Héritier-Augé, Françoise, *Résumé des cours et travaux*, 1984-1985, Collège de France, 1986, p. 531-550 ; 1985-1986, Collège de France, 1987, p. 527-542 ; 1986-1987, Collège de France, 1988, p. 427-450 ; 1987-1988, Collège de France, 1989, p. 445-469 ; 1989-1990, Collège de France, 1991, p. 497-518 ; 1990-1991, Collège de France, 1992, p. 559-589 ; 1992-1993, Collège de France, 1994, p. 587-602.

Hilger, M. L., *Chippewa Child Life and its Cultural Background*, Washington, Smithsonian Institution, 1951 (Bureau of American Ethnology, Bulletin n° 146).

Himes, N. E., *Medical History of Contraception*, London, 1936.

Hsu, Francis L. K., *Under the Ancestor's Shadow*, New York, Columbia University Press, 1948.

Hurtig, Marie-Claude, Kail, Michèle, et Rouch, Hélène, *Sexe et Genre. De la hiérarchie entre les sexes*, Paris, Éditions du CNRS, 1991.
Ingham, John M., « On mexican folk medicine », *American Anthropologist* 72, 1970, p. 76-87.
Jenness, D., *The Ojibwa Indians of Parry Island. Their Social and Religious Life*, Ottawa, National Museum of Canada, 1935.
Jensen, A. E., « Die Mythische Vorstellung vom Halben Menchen », *Paideuma* 2, 1950, p. 95-100.
Jonckers, Danielle, « Les " faiseurs d'enfants ". Réflexions sur le statut des femmes dans le système religieux minyanka », *Journal de la société des africanistes* 56 (1), 1986, p. 51-66.
Joubert, Laurent, *Erreurs populaires*, Éditions de Paris, 1587.
Juillerat, Bernard, *Les Enfants du sang. Société, reproduction et imaginaire en Nouvelle-Guinée*, Paris, Éditions de la MSH, 1986.
Junod, Henri A., *The Life of a South-African Tribe*, 2 vol., London, MacMillan, 1927.
Kleinmann, D., « Cendrillon et son pied », *Cahiers de littérature orale* 4, p. 56-88.
Knibielher, Yvonne, « La nature féminine au temps du Code civil », *Annales* 31 (4), 1976.
Kohler, Josef, « Zur Urgeschichte der Ehe. Totemismus, Gruppenche, Mutterecht », *Zeitschrift für Vergleichende Rechtwissenschaft*, Bd 11, 1897 ; traduit et édité par R. H. Barnes, *On the Prehistory of Marriage*, Chicago, London, University of Chicago Press, 1975, coll. « Classics of Anthropology ».
Krige, E. J., et Krige, J. D., *The Realm of a Rain Queen*, Oxford, Oxford University Press, 1943.
Kroeber, Alfred L., « Classificatory systems of relationship », *Journal of the Royal Anthropological Institute* 39, 1909, p. 77-84.
Kunstadter, P., *et al.*, « Demographic variability and preferential marriage patterns », *American Journal of Physical Anthropology* 22, 1963, p. 511-519.
Kuper, Adam, *Wives for Cattle. Bride Wealth and Marriage in Southern Africa*, London, Routledge and Kegan Paul, 1982.
La Barre, Weston, *Muelos. A Stone Age Superstition about Sexuality*, New York, Columbia University Press, 1984.
Labat, René, *Traité akkadien de diagnostics et pronostics médicaux, I, Transcription et traduction*, Paris, Académie internationale d'histoire des sciences, Leiden, E. J. Brill, 1951.
Lagae, C. R., *Les Azande ou Niam-Niam. L'organisation zande, croyances religieuses et magiques, coutumes familiales*, Bruxelles, Vromant, 1926 (Bibliothèque Congo, vol. XVIII).
Lakoff, G., *Women, Fire and Dangerous Things. What Categories Reveal about the Mind*, Chicago, The University of Chicago Press, 1990.
Lallemand, Suzanne, « L'adoption des enfants chez les Kotokoli du Togo », *Anthropologie et Sociétés* (2), 1980.
Landes, Ruth, *Ojibwa Sociology*, New York, Columbia University Press, 1937.
Landes, Ruth, *The Ojibwa Woman*, New York, Columbia University Press, 1938.

Lebeuf, A., « Les boiteries rituelles de printemps », *Publications de l'Observatoire astronomique de Strasbourg : astronomie et sciences humaines* 2, 1988, p. 81-98.

Lesser, Alexander, « Kinship origines in the light of some distributions », *American Anthropologist* 31, 1929, p. 710-730.

Lévi-Strauss, Claude, « The Family », *in* Shapiro éd., *Man, Culture and Society*, New York, Oxford University Press, 1956. Traduction française en 1971 dans les *Annales de l'université d'Abidjan*, série F, tome 3, rééditée *in Claude Lévi-Strauss. Textes de et sur Claude Lévi-Strauss*, réunis par Raymond Bellour et Catherine Clément, Paris, Gallimard, 1979, collection « Idées ».

Lévi-Strauss, Claude, « The future of kinship studies », *Proceedings of the Royal Anthropological Institute of Great Britain and Ireland*, 1965, p. 13-22.

Lévi-Strauss, Claude, *Les Structures élémentaires de la parenté*, Paris, PUF, 1949 ; 2$^e$ éd., Paris-La Haye, Mouton, 1967.

Levy, Marion J., *The Family Revolution in Modern China*, Cambridge, Mass., Harvard University Press, 1949.

Lewis, Oscar, « Manly-hearted women among the North Piegan », *American Anthropologist* 43, 1941, p. 173-187.

Lloyd, G. B. R., « The hot and the cold, the dry and the wet in greek philosophy », *Journal of Hellenic Studies* 84, 1964, p. 92-106.

Loraux, Nicole, « La race des femmes et quelques-unes de ses tribus », *Arethusa* 11, 1978, p. 43-89.

Loraux, Nicole, *Les Expériences de Tirésias. Le féminin et l'homme grec*, Paris, Gallimard, 1979, coll. « Essais ».

Loraux, Nicole, « La terre, la femme. Figures anciennes, constructions modernes », *Peuples méditerranéens* 56-57, juillet-décembre 1991, p. 7-17.

Loraux, Nicole, « Pourquoi les mères grecques imitent, à ce qu'on dit, la terre ? », *Nouvelle Revue de Psychanalyse* XIV, printemps 1992, p. 161-172.

Lorimer, Frank, *Culture and Human Fertility. A Study of the Relation of Cultural Condition to Fertility in Non-Industrial and Transitional Societies*, Paris, Unesco, 1954.

Lounsbury, Floyd G., « The formal analysis of crow- and omaha-type kinship terminologies », *in* Ward H. Goodenough éd., *Explorations in Cultural Anthropology. Essays in Honor of George Peter Murdock*, New York, McGraw-Hill, 1964, p. 351-394 ; traduction française, « Étude formelle des terminologies de parenté crow et omaha », *in Anthropologie et Calcul*, Paris, UGE, 1971, p. 60-125.

Lowie, Robert H., « Exogamy and the classificatory systems of relationship », *American Anthropologist* 17, 1915, p. 223-239.

Lowie, Robert H., « A note on relationship terminologies », *American Anthropologist* 30, 1928, p. 263-267.

Lowie, Robert H., « The omaha and crow kinship terminologies », *in Verhandlungen des XXIV Internationalen Amerikanisten Kongresses*, Hamburg, Friederichsen, de Gruyter, 1934, p. 103-108 ; repris *in Lowie's Selected Papers in Anthropology*, Berkeley, University of California Press, 1960.

Malinowski, Bronislaw, *The Sexual Life of Savages*, London, Routledge and Kegan Paul, 1929 ; 2ᵉ éd., *The Sexual Life of Savages in Northwestern Melanesia*, London, Routledge, 1932 ; traduction française, *La Vie sexuelle des sauvages du nord-ouest de la Mélanésie*, Paris, Payot, 1930.

Mathieu, Nicole-Claude, « Paternité biologique, maternité sociale », VIIIᵉ Congrès mondial de sociologie, Toronto, 1974, ISA Research Committee on sex roles in society.

Mathieu, Nicole-Claude, en collaboration avec Échard Nicole, « L'anthropologie des sexes en France », in *Actes du Colloque national Femmes, féminisme et recherches*, Toulouse, décembre 1982, AFFER, 1984, p. 176-179.

Mathieu, Nicole-Claude, « De la conscience dominée des femmes », *Les Cahiers du GRIF* 29, *L'Africaine, sexes et signes*, Paris, Éditions Tierce, hiver 1984-1985, p. 73-75.

Mathieu, Nicole-Claude, « Quand céder n'est pas consentir. Des déterminants matériels et psychiques de la conscience dominée des femmes, et de quelques-unes de leurs interprétations en ethnologie », in N.-C. Mathieu éd., *L'Arraisonnement des femmes. Essais en anthropologie des sexes*, Paris, Éditions de l'EHESS (*Cahiers de l'Homme*, n. s., XXIV), 1985, p. 169-245.

Mathieu, Nicole-Claude, « Femmes du Soi, femmes de l'Autre », in *Vers des sociétés pluriculturelles : études comparatives et situation en France*, Actes du Colloque international de l'Association française des anthropologues, Paris, 9-11 janvier 1986, Éditions de l'ORSTOM (Colloques et Séminaires), 1987, p. 604-614.

Mathieu, Nicole-Claude, « Identité sexuelle/sexuée/de sexe ? Trois modes de conceptualisation du rapport entre sexe et genre », in A.-M. Daune-Richard, M.-C. Hurtig et M.-F. Pichevin éds, *Catégorisation de sexe et construction scientifiques*, Aix-en-Provence, Université de Provence, 1989, coll. « CEFUP », p. 109-147.

Mathieu, Nicole-Claude, *L'Anatomie politique. Catégorisations et idéologies du sexe*, Paris, Côté Femmes Éditions, 1991, coll. « Recherches ».

Mead, Margaret, *Male and Female*, New York, William Morrow and Co, 1948 ; traduction française, *L'un et l'autre sexe*, Paris, Gonthier, 1966.

Mead, Margaret, *Sex and Temperament in Three Primitive Societies*, New York, Morrow, 1935 ; 2ᵉ éd., Mentor Books, 1958.

Meigs, Anna S., « A papuan perspective on pollution », *Man* 13, 1978, p. 304-318.

Meigs, Anna S., *Food, Sex and Pollution. A New Guinea Religion*, New Brunswick, Rutgers University Press, 1984.

Merlan, Francesca, « Australian aboriginal conception beliefs revisited », *Man* 21 (3), sept. 1986, p. 474-493.

Morgan, Lewis H., *Systems of Consanguinity and Affinity of the Human Family*, Washington, Smithsonian Institution, 1971 (Smithsonian Contribution to Knowledge, 17).

Murdock, George Peter, *Social Structure*, New York, MacMillan, 1949 ; traduction française, *De la structure sociale*, Paris, Payot, 1972.

Needham, Rodney, « Unilateral figures », *in Reconnaissances*, Toronto/ Buffalo/London, University of Toronto Press, 1980, p. 17-40.

Padoux, André, « Le monde hindou et le sexe. Symbolisme, attitudes, pratiques », *Cahiers internationaux de sociologie* 76, 1984, p. 29-49.

Paré, Ambroise, *Œuvres de Ambroise Paré de la Val du Maine*, préfacées par le professeur de Vernejoul et Jean Rostand, avec des illustrations de Ciry, Erni, Trémois, Paris, Éditions Pierre de Tartas (première édition en 1585), spécialement 24e Livre, chapitres 23 et 24.

Pécaut, Myriam, « Le pur et l'impure », *Lettres de l'école freudienne* 20, mars 1977, p. 101-111.

Pitt-Rivers, G. H. L., *The Clash of Culture and the Contact of Races*, Londres, G. Routledge, 1927.

Przyluski, J., *Études indiennes et chinoises, I : Les Unipèdes, in Mélanges chinois et bouddhiques*, vol. 2, Bruxelles, Institut belge des hautes études chinoises, 1933, p. 307-332.

Radcliffe-Brown, A. R., *Structure and Function in Primitive Society*, London, Oxford University Press, 1942 ; 2e éd., London, Cohen and West, 1956.

Rattray, Robert S., *Religion and Art in Ashanti*, Oxford, Clarendon Press, 1927.

Reinach, S., « Bronzes figurés de la Gaule romaine », *in Bibliographie des monuments figurés grecs et romains*, t. V, Paris, Firmin-Didot, 1891.

Reiter, Rayna R., *Toward an Anthropology of Women*, New York, London, Monthly Review Press, 1975.

Rentoul, A. C., « Physiological paternity and the Trobrianders », *Man* 31, 1931.

Richards, Audrey I., Reining, Priscilla, « Report on fertility surveys in Buganda and Buhaya, 1952 », *in* F. Lorimer éd., *Culture and Human Fertility. A Study of the Relation of Cultural Condition to Fertility in Non-Industrial and Transitional Societies*, Paris, Unesco, 1954.

Saladin d'Anglure, Bernard, « Iqallijuq ou les réminiscences d'une âme-nom inuit », *Études inuit* 1 (1), p. 33-63.

Schneider, David M., Gough, Kathleen, éd., *Matrilineal Kinship*, Berkeley, University of California Press, 1962.

Schramm, Père L., *Le Mariage chez les T'ou-jen du Kan-sou (Chine)*, Shanghai, Imprimerie de la Mission catholique, 1932.

Schroder, D., « Zur Religion den Tujen des Sininggebietes (Kubunor) », *Anthropos*, vol. 47, 1952.

Seligman, C. G., *The Melanesians of British New Guinea*, Cambridge, 1910.

Silk, J. B., « Adoption and kinship in Oceania », *American Anthropologist* 82, 1980.

Smith, Mary, *Baba de Karo*, Paris, Plon, 1954, coll. « Terre humaine ».

Spier, L., « Havasupai ethnography », *Anthropological Papers of the American Museum of Natural History*, vol. 24, New York, 1928.

Starobinski, Jean, « Sur la chlorose », *Romantisme, Revue de la société*

*des études romantiques* 11 (3), 1981, p. 113-130, numéro spécial « Sangs ».
Stephens, W. N., « A cross-cultural study of menstrual taboos », *in* C. S. Ford éd., *Cross-Cultural Approaches. Reading in Comparative Research*, New Haven, HRAF Press, 1967.
Szàbo, A., « Der Halbe Mensch und der Biblische Sundenfall », *Paideuma* 2, 1941, p. 95-100.
Tabet, Paola, « Les mains, les outils, les armes », *L'Homme* 19 (3-4), 1979, p. 5-61.
Tabet, Paola, « Fertilité naturelle, reproduction forcée », *in* N.-C. Mathieu éd., *L'Arraisonnement des femmes. Essais en anthropologie des sexes*, Paris, Éditions de l'EHESS, 1985, p. 61-146.
Tambiah, S. J., « Animals are good to think and good to prohibit », *Ethnology* 8, 1969.
Testart, Alain, « La femme et la chasse », *La Recherche* 181, octobre 1986, p. 1194-1201.
Testart, Alain, *Essai sur les fondements de la division sexuelle du travail chez les chasseurs-cueilleurs*, Paris, Maison des sciences de l'homme, 1986.
Thom, René, « Halte au hasard, silence au bruit », *Le Débat* 3, 1980, p. 119-132.
Tillion, Germaine, « L'enfermement des femmes et notre civilisation », *in* Évelyne Sullerot éd., *Le Fait féminin*, Paris, Fayard, 1978.
Vesale, André, *La Fabrique du corps humain. De humani corporis fabrica (1543)*, trad. du latin par Louis Bakelants, Paris, INSERM, Actes Sud, 1987.
Virey, Julien Joseph, *De l'éducation*, Paris, 1802.
Virey, Julien Joseph, *Dictionnaire des sciences médicales*, Panckoucke, 1811 à 1822.
Virey, Julien Joseph, *De la femme, sous ses rapports physiologique, moral et littéraire*, Paris, 1823.
Weil, André, « Sur l'étude algébrique de certains types de lois de mariage (système Murngin) », *in* Claude Lévi-Strauss, *Les Structures élémentaires de la parenté*, deuxième édition, Paris-La Haye, Mouton, 1967, p. 257-263.
Wilson, Monica, *Good Company. A Study of Nyakusa Age-Villages*, Oxford University Press, 1951.
Wilson, Monica, *Rituals of Kinship among the Nyakusa*, Oxford University Press, 1957.
Whyte, Martin-King, « Cross-cultural studies of women and the male bias problem », *Behavioral Science Research* 13 (1), 1978, p. 65-66.
Zahan, D., « Colors and body-painting in Black Africa : the problem of the " half-man " », *Diogène* 90, 1975, p. 100-119.

Chapitre I :
Entretien avec Françoise Héritier réalisé par Nicole Échard et Catherine Quiminal, paru en septembre 1991 dans le *Journal des anthropologues*, n° 45.

Chapitre II :
« Les logiques du social : systématiques de parenté et représentations symboliques », in *Sens et place des connaissances dans la société*, Paris, Éditions du CNRS, 1987, p. 123-169.

Chapitre III :
« Fécondité et stérilité : la traduction de ces notions dans le champ idéologique au stade préscientifique », in *Le Fait féminin*, sous la direction d'Évelyne Sullerot, Paris, Fayard, 1978, p. 388-396.

Chapitre IV :
« Stérilité, aridité, sécheresse : quelques invariants de la pensée symbolique », *in* Marc Augé et Claudine Herzlich éd., *Le Sens du mal. Anthropologie, histoire, sociologie de la maladie*, Paris, Éditions des Archives contemporaines, 1984, p. 123-154.

Chapitre V :
« Le sperme et le sang : de quelques théories anciennes sur leur genèse et leurs rapports », *Nouvelle Revue de Psychanalyse* 32, automne 1985, p. 111-122.

Chapitre VI :
« La mauvaise odeur l'a saisi », *Le Genre humain*, 15, printemps-été 1987, p. 7-17.

Chapitre VII :
« Moitiés d'hommes, pieds déchaussés et sauteurs à cloche-pied », *Terrain 18*, Carnets du patrimoine ethnologique, mars 1992, p. 5-14.

**Chapitre VIII :**
« D'Aristote aux Inuit : la détermination du sexe et le sens de l'ambiguïté », conférence aux XX⁰ Rencontres de Méribel, les 12-18 mars 1989.

**Chapitre IX :**
« Le sang des guerriers et le sang des femmes », *Cahiers du* GRIF, hiver 1984-1985. La version originale est parue sous le titre « Maschile/Femminile » dans l'*Enciclopedia Einaudi*, tome VIII, Turin, 1979.

**Chapitre X :**
« L'épouvantail des sociétés primitives », *Autrement*, 32, juin 1981, p. 116-123.

**Chapitre XI :**
« La Cuisse de Jupiter. Réflexions sur les nouveaux modes de procréation », *L'Homme*, avril-juin 1985, XXV (2), p. 5-22. Voir aussi « Don et utilisation de sperme et d'ovocytes. Mères de substitution. Un point de vue fondé sur l'anthropologie sociale », *in Génétique, procréation et droit*, Actes Sud, Hubert Nyssen, 1985, p. 237-253.

**Chapitre XII :**
« L'individu, le biologique et le social », *Le Débat*, 36, 1985, p. 27-32.

**Conclusion :**
« Du pouvoir improbable des femmes », *in* Georges Duby et Michelle Perrot, *Femmes et Histoire*, Paris, Plon, 1993, p. 113-125.

# INDEX

accident, 300.
accouchement, 83, 136.
acteurs sociaux, 27, 29.
adolescence, 90, 93, 203.
adoption, 52, 268, 279.
adulte, 110, 111, 116.
adultère, 95, 123, 125, 226.
affectif, 269.
Afrique, 168, 215.
 – bantoue, 101.
 – de l'Ouest, 125, 212, 217, 229.
 – traditionnelle, 37.
 v. aussi : royaumes interlacustres, sociétés de l'Ouest africain, forêt équatoriale.
âge d'homme, 303.
agriculture à la houe, 214.
aîné/cadet, 49, 56.
Ajaikapad, 186.
Akan, 127.
Akkadiens, 154, 158.
Allemagne, 168, 181.
alliance matrimoniale, 33, 34, 38, 47, 138, 140, 255.
 systèmes d'–, 33.
 structures élémentaires de l'–, 42, 46.
 structures semi-complexes de l'–, 16, 41, 47.
 structures complexes de l'–, 41, 47.
 théorie de l'–, 40.
échanges matrimoniaux, 302.
échange généralisé, 43.
échange restreint, 44.
compensation matrimoniale, 96, 266, 270.
prestation compensatoire, 257.
v. aussi : exogamie.
allongement de la vie, 18, 302.
Amazones, 211.
âme-nom, 21, 202.
aménorrhée, 108, 126.
analogie, 148.
Anaskapis, 215.
anatomie, 146.
Anaxagore, 191.
Anaximandre, 219.
ancêtre, 72, 101, 106, 110, 112, 116, 121, 144, 194, 202, 241, 259, 260, 261.
androcentrisme, 208.
androgenèse, 302.
androgyne, 198.
animalité, 125.
anthropologie, 31.
 – des sexes, 19, 27.
 – sociale, 34.
 v. aussi : ethnographie, ethnologie.
appartenance au groupe, 253.
aptitudes, 21.

archétypes, 36, 175, 178, 224.
Arctique, 222.
aridité, 87.
Aristophane, 172, 294.
Aristote, 26, 142, 178, 180, 191, 196, 203, 219, 220, 224, 298.
aristotélicien, 20, 177.
ascètes, 144.
ashanti, 96, 99, 106, 111, 112, 117, 122, 128.
*askôliasmos*, 185.
associations syntagmatiques, 22.
Assurbanipal, 145.
asymétrie, 165.
Au-Delà, 149, 237, 240, 250.
Australie, 168, 210, 215.
autels, 112, 187.
autosexualité, 124.
Autre, 282.
avortement, 84, 91.
Azande, 94, 96, 119.
Aztèques, 168, 171.

Babylone, 145.
Bachofen, 211.
Badinter, Robert, 277.
Bailey, Flora, 106, 120.
Ballonoff, Paul, 40.
Baltrusaitis, Jorge, 171.
Bancal, 185.
Barton, R. F., 91.
Baruya, 217, 218, 224.
Basse-Époque, 147.
Beauvoir, Simone de, 230.
Bélier, 146, 149.
Bemba, 104.
bêtes, 129, 145.
bifrons, 171.
bioéthique, 17.
biologique, 22, 28, 127, 131, 165, 223, 273, 275, 277, 281.
biotechnologies, 28.
  procréation médicalement assistée, 15, 16, 18, 253, 273, 277.
  fécondation *in vitro*, 264.
  don, prélèvement d'ovocytes ou d'embryons, 264, 268, 274.
  congélation, 264.
  insémination, 201.
  – avec donneur, 264, 265, 266, 268, 274.
  – *post-mortem*, 271, 272.
  location de ventre, « mère porteuse », 268, 270.
  diagnostic anténatal, 16.
  thérapie génique, 16.
  carte génétique, 16.
  clonage, 28, 256.
  critère de vérité génétique, 22, 284.
  v. aussi : fécondité, stérilité, génétique.
Boas, Frantz, 173.
Bobo, 109, 111, 126.
Bornéo, 168.
Bororo, 248.
Bossu, Antonin, 159.
bréhaigne, 267.
Brésil, 248.
Brown, Judith, 213, 214, 225.
Buckler, Ira R., 40.
Burkina-Faso, 33, 52, 71, 109, 126.
Buryat, 168.
Bushmen, 231.
Bwa, 126.

cadavre, 128, 148, 150.
Canada, 215.
capacité d'obstruction, 294.
caractérologie, 207.
Cassin, Elena, 145.
castes, 249.
catégories cognitives, 28, 35.
  – binaires, 206, 219, 220, 293.
  – dualistes, 70.
  – opposables, 130.
  oppositions conceptuelles, 20, 26.
  – dualistes, 154.
  unités conceptuelles, 22.
  v. aussi : représentations, idéologie, discours naturel, logique bipolaire, équilibre des contraires.
CECOS, 274.
célibat, 237-252, 263, 286.
Ceylan, 168.
Chagga, 243, 244.
chair, 147.
chaleur, 81, 115, 133, 136, 153, 164, 181.

chaud, 80, 153, 154, 191, 206, 219.
chaud/froid, 20, 70, 72, 86.
  v. aussi : froid, sécheresse.
chamanes, chamanisme, 202, 246.
Chapman, Anne, 215, 216, 233.
chasse, 26, 37, 180, 211, 213.
  chasseurs-collecteurs, 215, 231, 233.
  cueillette, 37, 214.
chasteté, 238.
chiens, 247.
Chine, 118, 149, 168, 171, 221, 239, 240, 300.
Christensen, J. B., 99.
cohabitation, 100.
colonialisme, 210.
commerce traditionnel, 214.
communautés monastiques, 250.
communiel, 123.
comparatisme, 33.
compétition, 26.
conception, 76, 79, 91, 103, 134, 226.
Concile de Latran, 238.
concubinage, 211, 257.
connaissance scientifique, 89.
connaissances vétérinaires, 146.
consomption, 111, 159.
constitution féminine, 26.
contamination, 124.
continence, 238, 251.
contraception, 91, 299.
  médecines contraceptives, 120.
  v. aussi : avortement, fécondité, I.V.G.
coopération, 74.
corps, 19, 22, 26, 104, 123, 133, 219, 220.
  symbolique du –, 16, 34.
  v. aussi : chair, humeurs, os, consomption, digestion, fièvre, malformation, monstres, fonctionnement physiologique, constitution féminine.
corruption, 114, 127, 139, 160.
cosmos, 143, 164.
  climat, 70, 127, 131.
  éléments naturels, 131, 143, 203.
  environnement, 155.
  équilibre du monde, 130, 219.
  harmonie, 130.
  inondations, 127.
  monde naturel, 129.
  ordre des choses, 124, 130.
  phénomènes naturels, 38.
  pluie, 73, 115.
  quatre éléments, 130.
  saisons, 220.
  v. aussi : animalité, bêtes, famine, feux, Fléau, Soleil, Lune, sécheresse, substances végétales.
Côte-d'Ivoire, 218.
couple, 169.
Courrège, Philippe, 40.
court-circuits, 124.
crémation, 144.
croyances, 91, 98, 199.
culte, 237.
culturalisme, 34.

danger, 72.
déesses-mères, 211, 212.
défauts, 205.
démocratie, 292.
Démocrite, 196.
démographie, 37.
démon, 242.
dense, 115.
Deonna W., 170, 177, 179, 181, 186.
descendance, 150, 251, 260, 266, 267.
désert, 37.
désordre, 130, 219, 224.
destin individuel, 72, 76, 81, 96.
Détienne, Marcel, 221.
deuil, 245.
déviance, 109.
diarrhées, 109, 115, 123, 154, 163.
dichotomie, 171, 173, 188.
Didon, 181.
Dieu, 180.
dieux, 124, 146, 180, 181, 182.
diffusion, 166, 173.
digestion, 143, 158, 160.
Dionysia, 185.
Dionysos, 181.
discours naturel, 20.

– rationaliste, 292.
– scientifique, 20.
v. aussi : catégories, idéologies, invariants, traits culturels, traits pertinents.
divination, 77, 247.
divorce, 48, 248.
Dogon, 217, 218.
domaine réservé masculin, 233, 248, 296, 301.
domestique, 294.
domination féminine, 211.
domination masculine, 205, 230.
donné biologique, 39, 49, 54, 56, 254.
doyennes, 225.
droite/gauche, 70, 165, 182, 191, 219.
droits, 300.
– de l'homme, 277, 285, 286, 287.
– de l'enfant, 274.
– du conjoint, 274.
droit français, 47, 280, 283.
– de veto, 214.
– à et droit de, 287.
v. aussi : biotechnologies (critère de vérité génétique), loi civile, possession d'état.
Dumézil, Georges, 174, 176.
Durkheim, Émile, 62, 88.

eau, 103, 114, 144, 147.
eau de sexe, 76, 135, 157.
économique, 205, 214.
Edfou, 147.
égalité, 300.
Égypte, 144, 146, 196.
éjaculation, 91.
élément supranaturel, 259.
Elwin, Verrier, 90, 91, 92.
embryon, fœtus, 98, 107, 168, 192, 194.
Empédocle, 191, 220.
Empuse, 185.
enfant, 80, 82, 94, 111, 133, 136, 202, 254, 258, 278.
– illégitime, 101.
– naturel, 257.
intérêt de l'–, 282, 286.
placement d'–, 269.

v. aussi : adolescence, jeune fille, nourrissons.
engendrement, 52, 258, 278, 280.
époque ptolémaïque, 146.
équilibre des contraires, 130.
Eschine, 198.
Eskimo, 168, 202.
esprits, 124, 128, 145.
États, 37.
éternuement, 32.
ethnocentrisme, 208.
ethnographie, 31.
ethnologie, 31.
Étoliens, 180.
Étrurie, 185.
études componentielles, 39.
Evans-Pritchard, 94, 272.
évolution des mœurs, 28.
exogamie, 53, 232, 302.

fabrication de l'enfant, 104.
famille, 21, 254, 285.
– matricentrée, 256, 302.
– monoparentale, 280.
famine, 126, 127.
Fanti, 99.
fécondation, 20, 77, 97, 98, 204.
fécondité, 71, 87, 95, 127, 186, 212, 230, 231, 268.
v. aussi : biotechnologies, contraception, descendance, embryon, engendrement, fabrication de l'enfant, fécondation, fertilité, fœtus, géniteur/trice, grossesse, impuissance, infécondité, jumeau, ménopause, ovulation, placenta, procréation, puberté, reproduction, stérilité, semence.
féministes, 27, 208, 292.
femme « à cœur d'homme », 226, 228.
fertilité, 98, 186.
feux, 128.
fidélité, 93.
fièvre, 153.
filiation, 15, 23, 44, 52, 134, 137, 139, 140, 213, 253, 254, 263, 269, 272, 273, 277, 278, 280, 283.
système de –, 18.

- matrilinéaire, 45, 256.
- matrilinéaire crow, 60.
- patrilinéaire, 45, 104, 119, 121, 137, 218.
- patrilinéaire omaha, 24.
- bilinéaire, 46.
- cognatique, 104.
règles de -, 285.
théorie de la -, 40.
matrilinéarité, 211.
sociétés matrilinéaires, 104, 106, 120, 211, 218.
Firth, Raymond, 118.
Fléau, 198.
fonction éducative, 269.
fonction hématopoïétique, 141.
fonctionnement physiologique, 26.
forces génésiques, 119.
forces mystiques féminines, 121.
forêt équatoriale, 37.
formalisation, 32.
Fortes, Meyer, 109.
froid, 115, 154, 191, 197, 206, 219, 242.
funérailles, 79, 111.

Galand-Pernet, F., 179.
Gaule, 211.
généralisation, 33, 34.
générations, 48, 49, 109, 113, 117, 118, 121, 130, 191, 199.
succession des -, 56.
ordre des -, 23.
génétique, 254, 274, 275, 280, 302.
géniteur, génitrice, 52, 100, 229, 268, 270, 272, 274, 279.
genres, 21, 124, 130.
*ghotul*, 90, 92, 93, 103, 113.
Gilyak, 168.
Gobert, Michelle, 282.
Godelier, Maurice, 215, 217, 224.
Gonja, 269.
Goodenough, Ward H., 40.
Graaf, Reinier de, 97.
Grèce, 168, 185.
Grande-Grèce, 185.
grec, grecque, 169, 181, 219.
Grecs, 147, 177, 198.
grossesse, 76, 83, 93, 104, 136, 158, 160, 168.

- prémaritale, 112.
gestation, 196, 261.
v. aussi : multiparité.
guerre, 26, 180, 207, 211, 214, 294.

handicap, 25.
Hatt, Gudmund, 169.
Hausa, 158.
Havasupai, 129.
Haya, 101, 265.
hémiplégie, 175.
hémorragies, 115.
Herbert, J., 186.
Herdt, Gilbert, 200.
héritage, 45.
hermaphrodite, 198, 199, 297.
Hertz, Robert, 165.
Hésiode, 199.
Himes, N. E., 91.
hindou, 142, 143, 170.
Hippocrate, 219, 220.
homosexualité, 124, 201, 202.
honte, 118.
horreur, 125.
Horus, 147.
Hsu, Francis, 118, 240, 260.
humeurs, 16, 19, 26, 140, 153, 154, 158, 219.
attirance/répulsion, 157, 159.
flux, 88.
mécanique des fluides, 154.
système des humeurs, 164.
perte de substance, 26.
théorie génétique des fluides, 140.
v. aussi : aménorrhée, diarrhées, eau de sexe, hémorragies, lait, ménopause, moelle, mucus féminin, règles, sang, semence, sperme, sueur, urine.
humide, 87, 115, 154, 219.
hydrocéphalie, 127.
hystérie, 224.

identique/différent, 20, 26, 200, 293.
identité, 21, 202, 253, 260, 265, 284.
idéologie, 69, 203, 208, 217, 220, 223, 230.

Ifugao, 91.
illusion naturaliste, 22.
imprégnation, 92.
impuissance, 77, 99, 128, 221.
impure, 242.
inceste, 124, 125, 232.
— du deuxième type, 274.
prohibition de l'–, 21, 27, 35, 47, 302.
v. aussi : alliance matrimoniale, exogamie, humeurs, sexualité.
inconscient, 86, 168.
inconvenance, indécence, 125.
incubes, succubes, 245.
Inde, 90, 168, 172, 249, 300.
Indiens du Pacifique, 168.
individu, 169, 251, 275, 278, 286, 287, 293.
Indonésie, 168.
infanticide, 91, 300.
infécondité, 77, 78.
Ingham, John 162, 207.
inhumation, 145.
initiation, 216.
interdits, 71, 139, 140.
Inuit, 21, 202, 222, 302.
v. aussi : Eskimo.
invariants, 26, 36, 38, 88, 163, 188, 255.
inversion, 213.
investiture, 179.
Irlande, 168.
Iroquois, 25, 51, 168, 213, 225, 294.
IVG, 299.

jalousie, 124.
Jason, 179, 182.
Jemison, Mary, 213.
Jensen, A. E., 169.
Jésus-Christ, 180, 298.
jeune fille, 78, 159.
jeux, 185.
jouissance, 221, 223, 238.
jumeaux, 126, 197, 198.

Kaberry, Phyllis, 210.
Knibiehler, Yvonne, 223, 224.
Kohker, Josef, 62.
Kotokoli, 269.

*kottabos*, 185.
Kroeber, Alfred L., 57, 62.
Kunstadter, P., 40.

Lafitau, 213.
lait, 83, 85, 136, 142, 153, 156, 220.
allaitement, 71.
nourrice, 85, 159.
sevrage, 259.
v. aussi : humeurs, sang, semence, sperme.
latéralité, 173.
Leeunwenhoek, Antony Van, 97.
léger/lourd, 115.
légitimité, 257.
*Le Monde*, 295, 296.
lévirat, 271.
Lévi-Strauss, Claude, 21, 27, 33, 41, 65, 248, 269.
Lewis, Oscar, 226.
libre arbitre, 234.
lien biologique, 134.
lien social, 134.
lignage, 114, 122.
ligne de descendance, 48.
lignée, 121, 145, 280, 286.
patrilignage, 101.
v. aussi : filiation.
logique bipolaire, 165.
loi civile, 275.
loi française, 273, 283.
v. aussi : biotechnologies, droit.
Lorimer, Frank, 98.
Lounsbury, Floyd G., 40, 65.
Lovedu, 96, 103, 124, 128.
Lowie, Robert H., 57, 62.
Lune, 216, 219, 222.

Madagascar, 168.
maison de jeunes, 91.
— des hommes, 201.
grande –, 213.
maladie, 70, 144, 153, 219.
v. aussi : diarrhée, fièvre, hémorragie, médecine, mort, santé, scrofules.
mâle, 202.
malformation, 127.
malheur, 70.
Malinowski, Bronislav, 91, 210.

mariage, 52, 78, 93, 95, 103, 105, 113, 122, 213, 232, 239, 248, 257, 270.
– entre morts, 243.
– fantôme, 271.
– préférentiel, 213.
– secondaire, 105.
consommation du –, 101.
épouse, femme mariée, 218, 223, 227, 229, 251.
mari, 115, 116, 117.
veuves, 48, 245, 247.
v. aussi : adultère, alliance matrimoniale, célibat, cohabitation, concubinage, divorce, fidélité, lévirat, virginité, polyandrie, répudiation.
Marquises, 168.
Masai, 91.
maternité, 79, 230, 279.
instinct maternel, 230.
Mater, 274.
mère, 45, 80, 232.
v. aussi : paternité, fécondité, reproduction.
Mathieu, Nicole, 230.
matière, 195, 196, 197.
matriarcat, 211, 217.
matrice, utérus, 124, 162, 196.
matrones, 25, 214, 225, 294.
mauvais présage, 182.
médecine, 114, 122, 128, 219, 223, 277.
médecins hygiénistes, 20.
Médée, 181.
Mencius, 241.
ménopause, 111, 225, 228, 251.
femmes ménopausées, 25, 84, 128, 159, 228, 303.
mentalités, 19.
Mérodach-Baladam, 145.
métaphore, 86.
Mexique, 162, 207.
Mitterrand, François, 295.
moelle, 135, 136, 141, 142, 147, 150.
monde à l'envers, 217.
monde arabe, 168.
Mongols T'ou-jen, 239.
monstres, 127, 171, 195, 196.

monstruosité, 169, 177, 178, 198.
morale, 89.
Morgan, Lewis, 213.
mort, 70, 125, 128, 259, 287.
pendant la grossesse ou en couches, 84.
village des morts, 81, 243.
v. aussi : accident, cadavre, infanticide, vie.
Mossi, 125, 270.
Mossuz-Lavau, Janine, 295, 299.
mucus féminin, 94.
multiparité, 196, 197, 198.
Murdock, George Peter, 51.
Muria, 90, 92, 93, 103, 112.
mutilation, 174, 176.
mythe, 33, 166, 169, 199, 212, 216, 217, 218, 222, 302.
– de Silai, 178.
mythologie germanique, 174.

Napoléon, 268.
nature, 203, 223.
– biologique, 22.
– féminine, 206.
Navaho, 104, 106, 120, 127, 129, 194, 262.
nécrophilie, 109, 125.
Needham, Rodney, 165, 169, 170, 174, 178, 188.
négatif, 207.
Ngaju, 168, 177, 178.
Nietzsche, 294.
Nigeria, 270.
nom, 259, 263, 284.
transmission du –, 44.
v. aussi : personne, âme-nom.
normes sociales, 95, 125.
nourrissons, 153, 154, 162.
nourriture, alimentation, 139, 142, 144, 164.
Nouvelle Guinée, 168, 200, 217, 224.
Nuer, 229, 267, 271, 303.
Nyakusa, 113, 115, 117, 118, 122.

objets inanimés, 125.
odeur, 154.
Odin, 174.
Ojibwa, 96, 112, 127, 128, 244, 245, 247.

Ona, 215, 218, 224, 233.
ordination des femmes, 296.
ordre social, 218, 224.
organisation politique, 37.
os, 104, 139, 142, 144, 146, 150.
   colonne vertébrale, épine dorsale, 135, 147, 148.
   théorie de la semence dans les os, 149.
   v. aussi : fonction hématopoïétique, moelle, semence.
Otomi, 150.
ovulation, ovule, 90, 97, 108.

paix, 72, 74, 207.
papyrus Jumilhac, 147.
paradigme, 22.
Paré, Ambroise, 161.
parenté, 34, 39, 213, 232, 298.
   systèmes de –, 26, 255, 285.
   terminologies de –, 41, 50.
   affinité, 51.
   consanguinité, 38, 51, 269, 275.
   chaînes de –, 44.
   proximité généalogique, 53.
   systèmes-types terminologiques, 49.
   – eskimo, hawaïen, iroquois, soudanais, 51, 59.
   – crow, omaha, 49, 51, 60.
   v. aussi : alliance matrimoniale, études componentielles, filiation, générations, inceste, lignage, rapport frère-sœur.
parias, 109.
passages, 303.
paternité, 101, 102, 202, 211, 230, 261, 266, 279.
Pater, 100, 274.
père, 45, 272.
père social, 101.
   v. aussi : maternité, patriarcal, reproduction.
patriarcal, 210.
patrimoine, 239.
péché, 237.
pensée philosophique, 219.
   – chinoise, 69.
   – grecque, 142.
Pérou, 181.

personne, 16, 134, 140, 153, 251, 259.
   composantes de la –, 101, 258.
   v. aussi : humeurs, nom, moelle, sang.
phallus, 147.
Pharaon, 148, 149.
Piegan, 226, 228.
Pitt-Rivers, G. H. L., 91.
placenta, 120, 129.
Plaines, 168.
Platéens, 181.
Platon, 146, 172, 176.
Plutarque, 147.
*pneuma*, 177, 192, 204.
politique, 28, 205, 289.
pollution, 206.
polyandrie, 250, 266.
positif, 207.
possession d'état, 269, 279.
pouvoir, 45, 70, 140, 170, 213, 224, 289.
pratiques maléfiques, 95.
pratique sociale, 35, 89.
premier-né, 109, 123, 300.
prétérition, 142, 160, 161, 174, 289.
prêtrise, 298.
probabilité statistique, 210.
processus de décision, 25.
procréation, 25, 107, 186, 238, 260.
prospérité, 72.
Przyluski, J., 186.
puberté, 21, 79, 82, 113, 114, 122, 259.
   rituels de –, 110, 116.
   sacrifices de –, 100, 110.
   v. aussi : fécondité, sang.
puissances surnaturelles, 81.
pure, 206.

qualités, 205.

Radcliffe-Brown, A. R., 62.
rapport frère/sœur, sœur/frère, 24, 64, 298.
   fratrie, 56.
   frère, 259, 266.
   sœur, 218, 259.

paires de germains, 65.
v. aussi : parenté.
rapports de dépendance, 37.
rationalité, 134, 156.
Rattray, 96.
récessivité, 141.
référence, 50.
règles (menstrues), 76, 79, 83, 90, 114, 115, 136, 193, 262.
règles de conduite, 89.
Reinach, Salomon, 179, 180.
réincarnation, 106, 202.
reine, 128.
relevailles, 101, 266.
religion, 77, 237.
– révélée, 220.
– chrétienne, 182, 237.
– cathare, 250.
– catholique, 237.
bouddhisme, 237, 242.
islam, 69, 238.
judaïsme, 238.
doctrine de l'Église, 238.
Église catholique romaine, 296, 297.
v. aussi : Au-delà, croyances, cultes, Dieu, dieux, interdits, prêtrise, puissances surnaturelles, sacrifice, sacrilège, sectes, sorcellerie, surnaturel.
Rentoul, A. C., 91.
représentations, 35, 153, 164, 209, 301.
système de –, 23, 70, 119, 140, 277, 296.
constructions culturelles, 22.
v. aussi : catégories cognitives, idéologie.
reproduction, 20, 88, 133, 147, 233, 240, 253, 267.
contrôle de la –, 25, 302.
maîtrise de la –, 299.
v. aussi : accouchement, avortement, biotechnologies, fécondité, relevailles.
répudiation, 120.
réseaux, 38.
ressemblance, 134, 193, 195.
Richards, Audrey, 101, 265.
riche, 227.

rites, 140.
– agraires, 186.
Rome, 198, 268.
Rosanvallon, Pierre, 291.
Roti, 169.
Roumanie, 168.
royaumes interlacustres, 101.

sacrifice, 112, 121.
sacrilège, 198.
Saintyve, 32.
Saladin d'Anglure, Bernard, 202, 222.
Sambia, 200.
Samo, 33, 52, 63, 71, 100, 103, 104, 105, 111, 117, 121, 125, 130, 153, 156, 247, 257, 263, 269.
Samoyèdes, 168.
sang, 16, 76, 80, 82, 85, 103, 104, 114, 116, 120, 122, 130, 133, 142, 153, 192, 220, 234, 262, 263, 298.
– menstruel, 108, 120, 156, 191.
hutte menstruelle, 217.
incompatibilité des sangs, 117.
v. aussi : accouchement, aménorrhée, fonction hématopoïétique, hémorragies, règles, relevailles.
santé, 164.
Sauneron, Serge, 146.
savoirs, 164.
Schramm, Père, 239.
scientifique, 90, 141, 204, 223.
scrofules, 159, 160.
Seaver, 213.
sécheresse, 87, 127, 128.
sec/humide, 20, 154, 218.
dessèchement, 109, 158.
v. aussi : cosmos, humide.
sectes, 144.
Selby, Henry A., 40.
Seligman, C. G., 92.
Selk'nam, 215.
semailles, 185.
semence, 104, 107, 113, 115, 146, 150, 177, 188.
v. aussi : humeur, moelle, reproduction, sang, sperme.
seuils, 113, 303.

Sévère-Alexandre, 187.
sexe, sexes
- anatomique, 21.
- fort, faible, 69, 207.
aptitudes, qualités selon les –, 69.
détermination du –, 108, 191.
différence sexuée, 19, 20, 172, 254.
égalité, inégalité des –, 29, 220, 231, 296.
rapports sociaux de –, 17.
valence différentielle des –, 24, 61, 65, 298.
v. aussi : hermaphrodite, sexualité, tâches.
sexualité, 28, 172, 237, 263.
activité sexuelle, 115.
apprentissage sexuel, 90.
fellation, 201.
liberté sexuelle prénuptiale, 91, 95.
masturbation, 127, 224.
rapports sexuels, coït, 27, 71, 76, 85, 91, 135, 156, 157, 168.
rapports inachevés, *coïtus interruptus*, 113, 117, 124.
rapports *post-partum*, 102.
v. aussi : chasteté, continence, homosexualité, impuissance, jouissance, nécrophilie, sexe, viol, virginité, virilité, zoophilie.
Siam, 185.
Silai, 176, 177, 178.
Sinangolo, 92.
Sinope, 187.
Siva, 172.
social, 131, 223.
société, 35, 36, 38.
- occidentale, 205.
sociétés amérindiennes, 211.
- de l'Ouest africain, 100.
- mycéniennes, 212.
- océaniennes, 268.
- préhistoriques, 231.
Soleil, 216, 219, 222.
sorcellerie, 84, 96, 119, 128, 154, 226, 228, 241, 251.
sororités, 241.
souffle, 136, 145.

spermatozoïdes, 97, 108.
sperme, 76, 82, 85, 92, 94, 103, 108, 133, 142, 150, 156, 192, 200, 204, 220, 223, 262.
v. aussi : semence.
stérilité, 71, 87, 91, 125, 127, 228, 253, 261, 279, 283, 286.
- féminine, femmes stériles, 78, 95, 106, 121, 129, 225, 251, 267, 303.
- masculine, 77, 97, 262, 264, 265.
v. aussi : fécondité, impuissance, reproduction, semence, sperme.
substances végétales, 114, 121.
succession, 45.
sueur, 153.
suffrage, 292.
Sumer, 144, 198.
Sunda, 169.
surnaturel, 96.
surplus agricoles, 37.
survie, 144.
symbolique, 22, 203, 205.
symétrie, 170, 194, 213.
systèmes sociaux,
- à classes d'âge, 303.
- à moitiés, 43.
- à sections, 43.
- dualistes, 53.
v. aussi : filiation, lignage, ordre social.
Szàbo, A., 169.

tâches, 250, 251.
répartition sexuelle des –, 27, 231, 248, 294.
v. aussi : sexe.
Tambiah, S. J., 132.
Tarente, 185.
taureau, 148, 149, 187.
techniques, 246.
techniques de production, 37.
terrain, 33.
Terre, 73, 144, 212.
Terre de Feu, 168, 215, 224, 233.
théories évolutionnistes, 211.
Thérèse d'Avila, 239.
Thom, René, 38.

Thonga, 96.
Thucydide, 180.
Tibet, 250, 266.
Tikopia, 118, 168.
Tincq, Henri, 297.
Tite-Live, 199.
Toda, 250.
Tonga, 268.
T'ou-jen, 242.
traitements informatiques, 40.
traits culturels, 35.
traits pertinents, 36, 37.
travaux savants, 98.
Trobriandais, 91.
Tupi-Kawahib, 269.
Tyr, 174.

unilatéralité, 175.
Upanisads, 144.
urine, 94.

valorisation, 207.
vampire, 81.
verbe, 298.
vérité originelle, 215.
vertu, 226.
*veto*, 294.
vide, 115.
vie, 20, 82, 88, 133, 136, 139, 144, 147, 150, 234.
– intra-utérine, 202.
transmission de la –, 119.
cycle vital, 98.
survie, 144.
vivants et morts, 144.
v. aussi : allongement de la vie, démographie, mort.
vieillesse, 225.
viol, 299.
violence, 216, 218, 295.
Virey, Julien, 223.
virginité, 78, 240.
virilité, 181, 299.
volonté, 279.
vote, 294.

Weil, André, 40.
Whyte, Martin King, 209.
Wilson, Monica, 114.

Yaghan, 129.
Yakout, 168.
Yatenga, 125, 270.
yin/yang, 221, 242.
yoruba, 270.
Yoyotte, Jean, 147.

Zahan, Dominique, 170.
Zaria, 158.
Zeus, 212, 302.
zoophilie, 109, 125.

# TABLE

AVANT-PROPOS ..................................................... 9

CHAPITRE I – La valence différentielle des sexes au fondement de la société ? ................................ 15

CHAPITRE II – Les logiques du social
*Systématiques de parenté et représentations symboliques* .......................................................... 31

CHAPITRE III – Fécondité et stérilité
*Au cœur de la toile idéologique* ........................... 69

CHAPITRE IV – Stérilité, aridité, sécheresse
*Quelques invariants de la pensée symbolique* .... 87

CHAPITRE V – Le sperme et le sang
*De quelques théories anciennes sur leur genèse et leurs rapports* ...................................................... 133

CHAPITRE VI – La mauvaise odeur l'a saisi
*De l'influence du sperme et du sang sur le lait nourricier* ............................................................... 153

CHAPITRE VII – Moitiés d'hommes, pieds déchaussés et sauteurs à cloche-pied
*Figures archaïques de la masculinité*................... 165

CHAPITRE VIII – D'Aristote aux Inuit
*La construction raisonnée du genre*.................... 191

CHAPITRE IX – Le sang du guerrier et le sang des femmes
*Contrôle et appropriation de la fécondité*........... 205

CHAPITRE X – Figures du célibat
*Choix, sacrifice, perversité*..................................... 237

CHAPITRE XI – La cuisse de Jupiter
*Réflexions sur les nouveaux modes de procréation*..................................................................... 253

CHAPITRE XII – L'individu, le biologique et le social
*La question de la reproduction et du droit à l'enfant*..................................................................... 277

CONCLUSION – Du pouvoir improbable des femmes.................................................................... 289

BIBLIOGRAPHIE............................................................. 305
INDEX ........................................................................... 319

Cet ouvrage a été transcodé et mis en pages
chez Nord Compo (Villeneuve-d'Ascq)

Imprimé en France par
Maury Imprimeur - 45330 Malesherbes
en septembre 2020

N° d'impression : 247882
N° d'édition : 7381-2834-11
Dépôt légal : septembre 2012

*Imprimé en France*

Inscrivez-vous à notre newsletter !

Vous serez ainsi régulièrement informé(e)
de nos nouvelles parutions et de nos actualités :

https://www.odilejacob.fr/newsletter